跨境电商
网络营销与策划

梁娟娟　林少华 ◎主编
高彩云　杨子电　殷佳玲 ◎副主编

电子工业出版社
Publishing House of Electronics Industry
北京·BEIJING

内 容 简 介

本教材根据跨境电商网络营销岗位的工作任务及能力要求而设计，分为七个项目，分别为：跨境网络营销认知、跨境网络营销环境与市场调研、跨境网络市场分析、跨境电商站外营销工具、跨境电商站内营销工具、跨境电商网络营销数据分析、跨境网络营销策划。通过对本书的学习，学生不仅能够掌握在网络条件下开展跨境网络市场调研以及各种跨境网络营销的技术手段和方法，还基本能够独立分析和解决跨境网络营销实践中遇到的问题。

本书可作为高职院校跨境电子商务、国际经济与贸易、物流管理、国际商务等专业相关课程的教材，也可作为跨境电商行业从业人员的学习及培训用书。

未经许可，不得以任何方式复制或抄袭本书之部分或全部内容。
版权所有，侵权必究。

图书在版编目（CIP）数据

跨境电商网络营销与策划 / 梁娟娟，林少华主编. —北京：电子工业出版社，2024.2
ISBN 978-7-121-47142-1

Ⅰ．①跨⋯　Ⅱ．①梁⋯　②林⋯　Ⅲ．①电子商务－网络营销－高等学校－教材　Ⅳ．①F713.365.2

中国国家版本馆 CIP 数据核字（2024）第 027107 号

责任编辑：刘淑敏　　文字编辑：牛亚杰
印　　刷：中煤（北京）印务有限公司
装　　订：中煤（北京）印务有限公司
出版发行：电子工业出版社
　　　　　北京市海淀区万寿路 173 信箱　邮编：100036
开　　本：787×1 092　1/16　印张：16.5　字数：402 千字
版　　次：2024 年 2 月第 1 版
印　　次：2024 年 2 月第 1 次印刷
定　　价：59.00 元

凡所购买电子工业出版社图书有缺损问题，请向购买书店调换。若书店售缺，请与本社发行部联系，联系及邮购电话：(010) 88254888，88258888。
质量投诉请发邮件至 zlts@phei.com.cn，盗版侵权举报请发邮件至 dbqq@phei.com.cn。
本书咨询联系方式：(010) 88254199，sjb@phei.com.cn。

前　言

随着互联网基础设施的完善和全球性物流网络的优化，跨境电商一直保持着较高的增长态势，交易规模日益扩大。但随着市场竞争环境的日趋激烈，"流量为王"的时代到来，跨境卖家如何获得更多的流量？在数字贸易大背景下，采用恰当的网络营销策略，有助于跨境电商企业更好地开拓海外市场，提高产品市场占有率。

与其他同类教材相比，本书的特色主要体现在以下几个方面：

1. 根据工作过程构建教材体系

本教材对职业岗位所需的知识和能力结构进行了恰当的设计安排，采用任务驱动教学的模式编写，力求教材内容贴近工作过程。教材设计了"情景案例""任务实施""任务小结""拓展训练""任务评价"等栏目。

2. 教材内容先进实用

本教材强调专业知识的先进性，将新知识、新案例、新规范、新标准、新方法等融入教材。注重培养学生的应用能力和创新能力，体现了"实用性"和"职业性"并举的高职教育特色。

3. 校企"双元"开发

本教材由高职高专院校跨境电子商务专业带头人、工作在教学一线的骨干教师与企业人员共同完成。注重行业指导、企业参与，"双元"合作开发教材。可为读者提供理实一体化的教学实训平台，并引进企业真实项目供教学使用，使教材内容与跨境电商工作岗位的要求高度匹配。

建议使用本教材的教师在教学中注重案例分析与讨论、课堂讲解、实践操作的有机结合。参考学时为48~64学时，各项目的参考学时如表0-1所示。

表 0-1　学时分配表

项　目	内　容	学　时
项目一	跨境网络营销认知	4～6
项目二	跨境网络营销环境与市场调研	6～8
项目三	跨境网络市场分析	6～8
项目四	跨境电商站外营销工具	8～12
项目五	跨境电商站内营销工具	8～10
项目六	跨境电商网络营销数据分析	8～10
项目七	跨境网络营销策划	6～8
	课程考评	2
	总计	48～64

　　本教材由梁娟娟、林少华担任主编，高彩云、杨子电、殷佳玲担任副主编。梁娟娟负责拟定大纲，构建全书框架，确定编写体例、全书统稿。具体编写分工如下：项目一、项目七由高彩云编写，项目二由梁娟娟编写，项目三由杨子电编写，项目四、项目五由林少华编写，项目六由殷佳玲编写。广州大洋教育科技股份有限公司的曾健青提供合作企业案例。

　　本教材还特别邀请了隋东旭老师对全书内容做了细致的审校，邀请了合作企业中有资深跨境电商网络营销推广经验的高管进行合作审核，使得教材更具有实际应用的价值。感谢电子工业出版社姜淑晶、牛亚杰编辑对教材进行的仔细审查和修改。感谢广州大洋教育科技股份有限公司为教材配套了免费的实训资源（获取方式见附录 A）。

　　由于编者学术水平有限，书中难免存在表达欠妥之处，因此，编者由衷地希望广大读者朋友和专家学者能够拨冗提出宝贵的修改建议，修改建议可直接反馈至编者的电子邮箱：ljjgdzy@163.com。

编　者

目 录

项目一 跨境网络营销认知 001
  任务一 认识跨境电子商务 003
  任务二 认识跨境网络营销 011

项目二 跨境网络营销环境与市场调研 018
  任务一 跨境网络营销环境 020
  任务二 跨境网络市场调研内容 034
  任务三 跨境网络市场调研的方法和步骤 047

项目三 跨境网络市场分析 062
  任务一 跨境网络消费者分析 064
  任务二 跨境网络市场细分 075
  任务三 跨境网络目标市场定位 084

项目四 跨境电商站外营销工具 090
  任务一 搜索引擎营销 092
  任务二 电子邮件营销 105
  任务三 海外社交媒体营销 110
  任务四 社群营销 131

项目五 跨境电商站内营销工具 135
  任务一 亚马逊站内营销活动 137
  任务二 敦煌网站内营销活动 150
  任务三 速卖通直通车付费推广 161

项目六 跨境电商网络营销数据分析 167
  任务一 数据分析的认知 169
  任务二 跨境电商数据分析的认知 174

任务三　跨境电商主流平台店铺数据分析 …………………………………… 191

项目七　跨境网络营销策划 ……………………………………………………… 226

　　任务一　跨境网络品牌营销策划 …………………………………………… 229

　　任务二　跨境网络产品营销策划 …………………………………………… 242

　　任务三　跨境网络活动营销策划 …………………………………………… 248

附录 A：实训平台免费账号开通指引 ………………………………………… 254

参考文献 ……………………………………………………………………………… 258

项目一　跨境网络营销认知

【学习目标】

◎ **知识目标**
1. 掌握跨境电子商务的定义。
2. 掌握跨境电子商务的特点。
3. 掌握跨境网络营销的定义。
4. 掌握跨境网络营销的手段。

◎ **技能目标**
1. 能够搜集数据，调研境外市场跨境电子商务的发展情况。
2. 能够利用网络工具开展市场调研。
3. 能够利用跨境网络工具初步开展跨境网络营销。

◎ **素质目标**
1. 通过对新知识、新技术的学习，能够具备一定的跨境电子商务行业的敏感度，善于捕捉相关商业机遇，不断提升自身的信息素养，促进个人能力的持续发展。
2. 通过知识积累和课程实践，提升自身的创新创业能力。

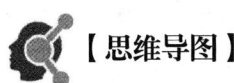【思维导图】

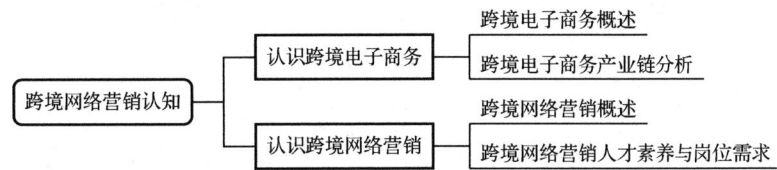

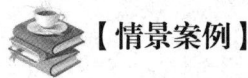【情景案例】

跨境电子商务已驶入快车道

2022年11月24日,《国务院关于同意在廊坊等33个城市和地区设立跨境电子商务综合试验区的批复》正式发布,截至2022年年底,中国跨境电子商务综合试验区数量达到165个,覆盖31个省区市,基本形成了陆海内外联动、东西双向互济的发展格局。在之前的6月18日,"2022第五届全球跨境电商节暨第七届深圳国际跨境电商贸易博览会"在深圳福田会展中心盛大开幕。该届全球跨境电商节以"文化跨境、品牌出海、智量强国"为主题,展会规模30 000平方米,吸引了800余家参展商、300余位政企领袖与会,数以万计的行业精英聚集一堂。各地知名品牌云集、新锐品牌异军突起,江苏常熟、绍兴柯桥、安吉绿色家居产业带、慈溪小家电产业带、嘉兴产业带、浙江义乌产业带齐聚会展中心。展会期间举办了十余场大型论坛活动,从跨境财税、知识产权、跨境物流、海外仓储、金融支付、平台科技、品牌智造等多角度展示跨境电子商务全行业最新颖的商业模式、最顶尖的服务能力以及最前沿的行业技术,共话跨境电子商务服务能力、商业模式智能化新升级。

从整个市场大环境来看,跨境电子商务行业机遇与挑战并存,仍然大有可为。从跨境电子商务行业持续健康发展的导向看,品牌建设与合规发展是构建企业核心竞争力的内在要求。从"中国制造"到"中国质造",需求驱动生产正成为跨境电子商务的新趋势,文化品牌管理提升与精品化运营是中国出海企业的时代命题。要用世界听得懂的语言讲好中国故事,让中国了解世界,让世界爱上中国。未来,深圳市跨境电子商务协会将携手100个千亿级集聚产业带打造全球化中国品牌名片,并通过供应链数字化平台建设赋予其价值和潜力,为全产业增速发展增加核心竞争力,建设一支带有中国文化符号的领袖企业,以不同维度、不同产业、不同视角全面记录中国和世界融入的过程。

【案例解析】

通过该案例大家了解到跨境电子商务交易量大,增长速度快。跨境电子商务综合实验区基本实现全国性覆盖,相关特色产业带已经初步形成。随着国家不断出台跨境电子商务利好政策,营商环境得到改善,我国跨境电子商务进入高速发展期。

任务一　认识跨境电子商务

【学习目标】

◎ 知识目标
1. 掌握跨境电子商务的定义。
2. 掌握跨境电子商务的特点。

◎ 技能目标
1. 能利用工具搜集国内外跨境电子商务的发展情况。
2. 能对国家促进跨境电子商务发展的相关政策文件有所了解。

◎ 素质目标
1. 对经济全球化背景下的"一带一路"倡议有系统认识，不断提升思想素质。
2. 能够利用多种学习手段，不断提升自身的信息素养。

【思维导图】

```
                            ┌── 跨境电子商务概述
        认识跨境电子商务 ──┤
                            └── 跨境电子商务产业链分析
```

【任务背景】

中国跨境电子商务发展迅猛，且相较传统外贸在信息传导、成本控制、跨境支付结算等方面具有较大优势。电商渠道逐渐替代传统的多层级分销渠道，全球进出口贸易正经历电商的持续渗透。当前中国跨境出口商品趋于更大量级、更多种类和更高客单价，未来更多高性价比的中国商品将借助跨境电子商务逐步走向全球。

【任务实施】

（一）跨境电子商务概述

1. 跨境电子商务的定义

跨境电子商务（Cross-Border Electronic Commerce）是指分属不同关境的交易主体，通过电子商务平台达成交易、进行支付结算，并通过跨境物流及异地仓储送达商品、完成交易的一种国际商业活动。

2. 跨境电子商务的特征

跨境电子商务作为发展对外贸易的新模式，近年来受到国家的重视，并得到很多政策的支持，发展前景良好。

（1）随时性

随着经济全球化的深入发展，对外贸易逐渐具备全球化的特点，但依旧受地理位置的限制，不同国家的信息具有不对称性。然而跨境电子商务逐渐突破了地理空间的局限性，利用电子商务平台，消费者可以随时获得自己所需的商品。

（2）高风险性

跨境电子商务的不断发展，虽然为贸易双方带来了利益与便利，但是贸易风险也因此增加。一方面，跨境电子商务各交易环节参与主体较多，部分贸易活动缺乏有效的监管主体，有些企业的真实性难以得到核实，极有可能会给消费者带来损失。另一方面，不同国家之间的商品质量安全评价标准也存在差异，极易造成一些纠纷。此外，一些商家所销售的商品与其本身价值不相符，消费者因退货程序烦琐或高昂的运费，不得不放弃维护自身的权益。

【相关知识】

国办发〔2021〕24号《关于加快外贸发展新业态新模式的意见》中"积极支持运用新技术新工具赋能外贸发展"的部分内容

推广数字智能技术应用。运用数字技术和数字工具，推动外贸全流程各环节优化提升。发挥"长尾效应"，整合碎片化订单，拓宽获取订单渠道。大力发展数字展会、社交电商、产品众筹、大数据营销等，建立线上线下融合、境内境外联动的营销体系。集成外贸供应链各环节数据，加强资源对接和信息共享。到2025年，外贸企业数字化、智能化水平明显提升。

完善跨境电商发展支持政策。在全国适用跨境电商企业对企业（B2B）直接出口、跨境电商出口海外仓监管模式，完善配套政策。便利跨境电商进出口退换货管理。优化跨境电商零售进口商品清单。稳步开展跨境电商零售进口药品试点工作。引导企业用好跨境电商零售出口增值税、消费税免税政策和所得税核定征收办法。研究制定跨境电商知识产权保护指南，引导跨境电商平台防范知识产权风险。到2025年，跨境电商政策体系进一步完善，发展环境进一步优化，发展水平进一步提升。

扎实推进跨境电子商务综合试验区建设。扩大跨境电子商务综合试验区（以下简称综试区）试点范围。积极开展先行先试，进一步完善跨境电商线上综合服务和线下产业园区"两平台"及信息共享、金融服务、智能物流、电商诚信、统计监测、风险防控等监管和服务"六体系"，探索更多的好经验好做法。鼓励跨境电商平台、经营者、配套服务商等各类主体做大做强，加快自主品牌培育。建立综试区考核评估和退出机制，2021年组织开展考核评估。到2025年，综试区建设取得显著成效，建成一批要素集聚、主体多元、服务专业的跨境电商线下产业园区，形成各具特色的发展格局，成为引领跨境电商发展的创新集群。

培育一批优秀海外仓企业。鼓励传统外贸企业、跨境电商和物流企业等参与海外仓建设，提高海外仓数字化、智能化水平，促进中小微企业借船出海，带动国内品牌、双创产品拓展国际市场空间。支持综合运用建设—运营—移交（BOT）、结构化融资等投融资方式多元化投入海外仓建设。充分发挥驻外使领馆和经商机构作用，为海外仓企业提供前期指导服务，协助解决纠纷。到2025年，力争培育100家左右在信息化建设、智能化发展、多元化服务、本地化经营等方面表现突出的优秀海外仓企业。

完善覆盖全球的海外仓网络。支持企业加快重点市场海外仓布局，完善全球服务网络，建立中国品牌的运输销售渠道。鼓励海外仓企业对接综试区线上综合服务平台、国内外电商平台等，匹配供需信息。优化快递运输等政策措施，支持海外仓企业建立完善物流体系，向供应链上下游延伸服务，探索建设海外物流智慧平台。推进海外仓标准建设。到2025年，依托海外仓建立覆盖全球、协同发展的新型外贸物流网络，推出一批具有国际影响力的国家、行业等标准。

【想一想】

贸易保护主义是西方发达国家在应对经济增长乏力、停滞甚至倒退时所采取的一种重要手段，是"逆全球化"的典型表现，并有多样化和强制性的特点。

想一想：为什么有的国家不断在进行贸易保护和经济制裁，而我国却在执行"一带一路"倡议，并不断出台支持和发展跨境电子商务行业的政策与措施？

3. 跨境电子商务的发展

跨境电子商务因买卖双方以网络为桥梁而相互匹配，跨境电子商务行业的发展依赖互联网技术的发展，受益于消费习惯的转变，行业增长持续性强。跨境电子商务行业的发展历程是跨境贸易逐步实现线上化，并通过智能化手段逐步完善服务流程与客户体验，推动传统外贸各环节线上化、数据化与透明化的过程。目前，跨境电子商务行业的发展历程已有二十余年，可分为萌芽期、成长期、成熟期三个阶段。

（1）萌芽期

萌芽期（1999—2004年）：传统跨境贸易首次借助互联网技术得到发展。在此阶段，由于网络技术尚不发达，跨境电子商务平台仅提供线上黄页服务，撮合交易双方，而交易流程依附传统贸易渠道在线下完成。同样由于互联网渗透率较低，客户群体以B端为主，且市场透明度较低，存在相对低效的现象。其间由于行业配套设施不完善，消费者体验较差，行业发展较为缓慢。

（2）成长期

成长期（2004—2015年）：国内电商发展赋予跨境电子商务可行性。在此阶段，随着互联网技术的快速发展与广泛应用，线上交易功能逐步完善，淘宝、天猫、京东等国内B2C

电商模式初步兴起并得到普及，推动国内居民养成线上购物习惯。同时数字化的供应链服务开始出现，助力降低交易成本并提升交易效率。国内 B2C 电商模式的发展强化了跨境 B2C 线上化模式的可行性。跨境电子商务行业内逐步出现 B2C 出口领域的速卖通、兰亭集势等平台，以及 B2C 进口领域的洋码头、天猫国际等平台，承接消费者在线上进行跨境购物的需求。在 B2C 线上化模式之后，B2B 交易亦逐步实现线上化，同时支付、物流、外贸综合服务等供应链服务逐步由平台提供，从而实现交易数据的初步沉淀。

（3）成熟期

成熟期（2015 年至今）：平台提供生态化服务，实现高度数字化。在此阶段，数字化技术已高度成熟，跨境电子商务平台可利用人工智能、大数据、云计算等数字化技术提供一站式营销、交易、支付结算、通关、退税、物流、金融等服务，并打造外贸综合服务体系。对于跨境电子商务交易双方而言，可根据多年沉淀的交易数据实现供需精准匹配，并借助平台上低成本、专业、完善的生态化服务完成线上交易和履约。随着消费者需求个性化趋势加深，履约链条出现复杂化趋势，各平台的数字化处理能力得到提升，行业出现更多机会。

【相关知识】

我国跨境电子商务发展的推动力

我国跨境电子商务发展的推动力主要来自五个方面，如表 1-1 所示。

表 1-1　我国跨境电子商务发展的推动力

推动力类别	推动力因素
产业基础	外贸中小企业多达数百万家；我国为世界制造业基地；通关及国际物流条件改善
技术进步	互联网及移动技术带动电商领域创新突破；C2B/C2M 需求拉动柔性生产
交易保障	电商平台聚合效应；跨境支付体系逐步成熟；在线交易衍生多样金融服务
消费升级	线上购物习惯持续渗透；进口商品质量与价差优势；国内中产阶级消费需求
政策支持	跨境电子商务全面试点；行业监管逐步成熟；资本投入与创业氛围

（二）跨境电子商务产业链分析

跨境电子商务行业空间庞大且分散，产业链尚无统一规范的分类方式，可根据在产业链中职能的不同将跨境电商企业分为跨境电商分销企业、跨境电商物流企业、跨境电商支持企业三种类型。

1. 跨境电商分销企业

跨境电商分销企业为跨境电子商务行业的核心，负责货物的生产、制造、销售、售后服务等环节。跨境电商分销企业可按照贸易方向分为进口与出口，二者均具备多样落地形式，为市场带来纷繁业态。

（1）跨境电商进口分销企业

进口跨境电商由于市场空间广阔，具备多样的落地形式，可在各细分市场获取并转化流量。按各分销环节整合程度分类，各跨境电商进口平台可分为综合型与垂直型两类。其中综合型平台在采购、销售等环节与第三方平台合作；而垂直型平台在产业链上的整合程度更高，对经营各环节具备更强的控制力，可有效规范人员管理，集中整合各流程数据及各业务资源等信息，从而在保障服务质量的同时加速服务优化。按招商开放程度分类，各跨境电商进口平台可分为自营型与平台型。其中自营型平台不包含第三方店铺，由平台统一负责售前、售后服务；而平台型平台接受第三方商家加盟合作，从而满足更大范围的客户需求。不同的分类标准对应不同类型的平台，如表1-2所示。

表1-2 跨境电商进口平台分类

按招商开放程度	按各分销环节整合程度	
	综 合 型	垂 直 型
自营型	考拉海购	蜜芽网、聚美极速免税店、我买网、唯品会、波罗蜜日韩购
平台型	天猫国际、淘宝全球购、京东国际、亚马逊	海蜜全球购、贝贝网、跨境通

整体上看，进口跨境电商的发展历程，市场核心驱动力为国内消费者对进口商品的整体需求，而需求主要源自部分进口商品的质量、品牌效应或性价比等指标，较同类国产商品存在一定的优势。

（2）跨境电商出口分销企业

根据交易对象、交易数量和交易频率的不同，跨境电商出口分销企业主要分为跨境电商B2B出口企业与跨境电商B2C出口企业两种类型。

① 跨境电商B2B出口企业

跨境电商B2B出口企业大都选择通过跨境电商平台进入全球市场，这样既可以快速打开国际贸易渠道，又能保障网上交易的便捷、安全和高效。跨境电商B2B出口平台主要包括第三方平台和独立平台两类，如表1-3所示。

表1-3 跨境电商B2B出口平台分类

平 台 类 型	平 台 性 质	代 表 平 台
第三方平台：信息撮合平台	提供交易前信息展示和交流服务	中国制造网、阿里巴巴国际站
第三方平台：交易服务平台	提供交易中的服务	速卖通、敦煌网
独立平台	简化供应链，为海外中小零售商解决"最后一公里"问题	兰亭集势、大龙网

② 跨境电商B2C出口企业

跨境电商B2C出口企业也是以跨境电商平台为销售渠道的，主要有大型多国电商平台、海外本土电商平台、独立站三类，如表1-4所示。

表 1-4　跨境电商 B2C 出口平台分类

平 台 类 型	平 台 性 质	代 表 平 台
大型多国电商平台	体量庞大，货物来源国家以及销售国家都很多，覆盖面广	易贝、亚马逊、速卖通、Shopee
海外本土电商平台	货物来源国家繁多，但销售对象主要为本土消费者	Lazada、ZALORA
独立站	平台自身完成采购/生产、分销环节，不开设第三方店铺	SHEIN、有棵树

其中大型多国电商平台、海外本土电商平台汇集大量第三方店铺，货物来源国与销售国都很多，为跨境电商 B2C 出口企业的增长提供肥沃土壤；独立站为近年新兴的落地形式，具备一定垂直性，基本来自超级大卖家，建站目的主要是品牌建设，或减轻平台绑定以获取相对稳定的客源及业绩。

2．跨境电商物流企业

跨境电商物流企业在跨境电子商务行业中负责货物的流转，确保贸易链条的完整。物流企业可按照货物流转环节分为运输和仓储，二者相辅相成，满足多样且多变的市场需求。相对于境内电商物流，跨境电商物流的运输链条以及运输时间较长，组织相对灵活且不可控因素更多，难以达到与境内物流相同的体量。按照是否在销售前存入目的国仓库，跨境电商物流可分为直邮模式与代发模式。

（1）直邮模式

直邮模式下，进口与出口均可大致分为邮政国际邮件、国际商业快递和国际专线三类，分别在覆盖范围、时效、性价比方面占据优势。其中，邮政国际邮件凭借覆盖全球的运输范围以及相对低廉的价格占据行业主流；而国际专线凭借相对专业的处理能力以及低于国际商业快递的价格具备较高性价比，市场规模增速领先。

（2）代发模式

代发模式下，卖家提前备货至目的国仓库，在当地消费者下单后再由仓库代为发货，实现整体上的降本增效。按达成销售前是否完税清关，代发模式又可分为前置仓模式与保税仓模式。其中前置仓位于目的国境内关内，用于存储已完税清关的货物；而保税仓位于目的国境内海关特殊监管区或保税物流中心内，用于存储未完税清关的货物。因此对我国跨境电商平台而言，代发模式下进口货物提前备货至国内保税仓或前置仓，而出口货物则借助海外仓。

3．跨境电商支持企业

跨境电商支持企业主要为跨境电商企业在出海的各个环节上提供专业产品及服务。比如数据分析服务、广告营销服务、独立站建站服务等。跨境电商支持企业主要发挥辅助作用，负责支付、资金融通、代运营等环节，为跨境电子商务行业带来成长活力。

【课堂案例】

飞书深诺：跨境电商数字营销服务提供商

飞书深诺是一家出海数字营销平台。飞书深诺的全面数字营销解决方案包括定制化解决方案服务、软件运营服务（Software as a Service，SaaS）及其他营销服务，如图1-1所示。飞书深诺凭借全球媒体资源、数据技术应用、专家服务团队及三大行业垂直子品牌，引领海外营销专业服务标准，助力企业获得海外成功，建立全球品牌。

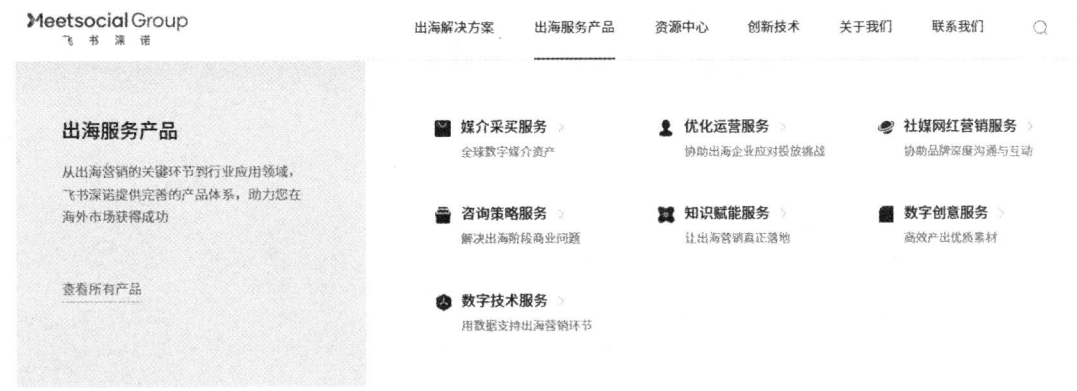

图1-1　飞书深诺出海服务产品

【任务小结】

通过该任务的学习，学生可以了解跨境电子商务的定义、特征及发展，对跨境电子商务产业链中的分销、物流、支持企业有了一定的认识，为后续任务的学习打下理论基础。

【任务评价】

根据表1-5进行评价。

表1-5　认识跨境电子商务学习评价表

评价内容	自我评价（30分）		同学互评（30分）		教师评价（40分）	
	分值	评分	分值	评分	分值	评分
跨境电子商务概述	15		15		20	
跨境电子商务产业链分析	15		15		20	

【拓展实训】

1. 进入飞书深诺官网，查看中国出海品牌价值榜单报告，选择一个你熟悉的国货品牌，谈谈你对该品牌出海的感悟。

2. 查找并学习近年来国家出台的关于促进跨境电子商务发展的政策与文件。

项目一 跨境网络营销认知

任务二　认识跨境网络营销

【学习目标】

◎ 知识目标
1．掌握跨境网络营销的定义。
2．掌握跨境网络营销的手段。

◎ 技能目标
1．能利用相关跨境网络营销工具开展跨境网络营销。
2．能具备一定的跨境网络营销敏感度，善于通过捕捉行业前沿信息和话题热点来引流。

◎ 素质目标
1．具备从事跨境网络营销工作相应岗位的能力。
2．培养学生的团队合作精神和应变能力。

【思维导图】

```
                          ┌── 跨境网络营销概述
认识跨境网络营销 ──┤
                          └── 跨境网络营销人才素养与岗位需求
```

【任务背景】

作为一名想从事跨境网络营销行业相关工作的毕业生，小张经常预想在未来面试时HR提出这样的问题：你了解跨境电子商务吗？你知道跨境网络营销的岗位要求吗？你为进入这个行业做了哪些准备？你有着怎样的职业生涯规划？

为了能够在未来面试时脱颖而出，顺利进入跨境网络营销行业，小张决定，在前期已经对跨境电子商务有所了解的基础上，再进一步学习跨境网络营销的定义、手段、岗位要求等方面的知识。

【任务实施】

（一）跨境网络营销概述

1．跨境网络营销的定义

目前，跨境网络营销没有一个准确的定义，但我们可以结合跨境电子商务的定义去理

011

解。跨境网络营销是一种以互联网为媒介和平台，以全新的方式、方法和理念实施市场营销活动，通过跨境物流完成运输，使分属不同关境内的交易主体之间的交易活动更有效的新型营销方式。

2. 跨境网络营销手段

（1）搜索引擎营销

搜索引擎营销是指利用搜索引擎、分类目录等具有在线检索信息功能的网络工具进行网站推广的方法。由于搜索引擎的基本形式可以分为网络蜘蛛型搜索引擎（简称搜索引擎）和基于人工分类目录的搜索引擎（简称分类目录），因此跨境搜索引擎营销的形式也相应地有基于搜索引擎的方法和基于分类目录的方法，前者包括搜索引擎优化（Search Engine Optimization，SEO）、关键词广告、固定排名、基于内容定位的广告等多种形式，而后者则主要是在分类目录合适的类别中进行网站登录。

利用搜索引擎分析网站时，需要结合网站的很多因数，如权重、内容、外部链接等一系列相关的因数进行分析，才给予相应的排名。当然，做好站外优化并不一定就能有效地提高网站排名，内外兼修、里应外合才是最佳手段。从目前的发展趋势来看，搜索引擎在营销中的地位非常重要，并且受到越来越多企业的认可。搜索引擎营销的方式也在不断地发展演变，因此跨境企业应及时根据变化选择合适的搜索引擎营销方式。大部分网站都会不断优化网站结构，以获得更好的自然排名结果，当然这是一项长期的工作，需要企业长期的投入和关注。

搜索引擎营销

（2）社会化媒体营销

社会化媒体营销是利用社会化网络、在线社区等互联网媒体平台来进行营销、公共关系和客户服务维护及开拓。

在国外，社交平台的用户活跃度非常高，像 Facebook、Twitter 等社交平台的影响力很强，人们会借助社交平台来晒自己的收藏、分享自己的新宝贝、交流生活方面的问题等。商家借助社交平台的分享性和互动特点来推广品牌，有助于形成口碑传播。社会化媒体传播的内容量大且形式多样，可以让跨境企业每时每刻都处在营销和与消费者互动的状态。因此跨境企业不仅需要注重内容设计与互动技巧，还需要对营销过程进行实时监测、分析、总结与管理，并根据市场与消费者的实时反馈调整营销目标。

（3）跨境电商平台营销

现在跨境电商平台是众多国内出海者首先选择的出海工具，它们都能为商家获得百万客户，销售自身商品。随着跨境电商平台的增多，很多商家已经不再局限于一种出海工具，而是将多种工具结合着使用，以便为自己谋求更多的利润。

前文中，我们已经通过表 1-3、表 1-4 对常见的 B2B 和 B2C 平台进行了简单的归类整理。在选择跨境电商平台进行营销时，企业应该结合自己的产品特点选择相应的平台。如果想要做美国的 B2B 市场，阿里巴巴国际站的效果会比较明显；如果面向的是欧洲市场的小型批发商，敦煌网是非常好的选择；如果面向的是东南亚市场，Shopee 可能更合适。

（4）电子邮件营销

电子邮件营销是以电子邮件为主的营销手段，常用的方法包括电子刊物、会员通信、专业服务商的电子邮件广告等。基于用户许可的电子邮件营销与滥发邮件不同，可以减少对用户的滋扰、提升潜在用户定位的准确度、增强与用户的联系、提高品牌忠诚度等。

电子邮件营销是中小型跨境电子商务企业常用的营销推广方式，也是投资最小的一种方式。不管是跨境电子商务公司还是跨境电子商务 SOHO 人士，电子邮件营销都是很好的维系客户的方法。

（5）广告营销

广告营销，即企业通过广告对产品进行宣传推广，吸引消费者注意并促成交易，扩大产品销售额，提升品牌知名度、美誉度和影响力的活动。从类型上看，广告营销可以分为户外广告营销和媒体广告营销。户外广告营销是指企业在大型商场、地铁站、电影院等人口密集、人流量大的场所进行广告投放。媒体广告营销主要指企业在报纸、广播、电视、网络等媒介上进行广告投放。

广告营销投入大、见效快，是亚洲地区最主流的推广方式。随着渠道、产品和技术的不断进步，广告营销的手段也在不断增加。对很多跨境企业来说，Twitter、Facebook 等社交媒体渠道的广告投放是广告营销的主要手段。

（6）软文营销

软文营销是指通过特定的概念诉求，以摆事实、讲道理的方式使消费者走进企业设定的"思维圈"，以强有力的针对性心理攻击迅速实现产品销售的文字模式和口头传播。软文营销是基于特定诉求与分析，对消费者进行心理引导的一种营销模式。从本质上来说，它是企业软性渗透的商业策略在广告形式上的实现，通常借助文字表述与舆论传播使消费者认同某种概念、观点或分析思路，从而达到企业品牌宣传、产品销售的目的。

跨境软文营销可以通过国外新闻、第三方评论、访谈、采访、口碑等形式进行。软文一般由跨境企业或广告公司的文案人员负责撰写，技巧性强。其精妙之处就在于一个"软"字，藏而不露，等用户发现的时候，其实已经掉入了被精心设计过的"广告"陷阱中。它追求的是一种春风化雨、润物无声的传播效果，其文字可以不华丽、不震撼，但一定要深入人心、娓娓道来，一字一句都是为消费者的利益着想。

软文营销

（7）视频营销

视频营销主要基于以视频网站为核心的网络平台，以内容为核心，创意为导向，利用精心策划的视频内容实现产品营销与品牌传播的目的，具有感染力强、形式内容多样、创意新颖、主动传播性强、传播速度快、成本低等特点，包括电视广告、网络视频、宣传片、微电影等多种形式。

跨境视频营销的视频既可以由中小企业独立制作，也可以由小型外包或众包公司制作，还可以由专业团队来制作。视频营销一旦成功，口碑的影响力将无法想象，因此，广告一定要有创意，以便形成病毒式营销，吸引国外消费者的眼球，直插用户软肋。如 Nespresso

胶囊咖啡的视频广告片，就邀请乔治·克鲁尼等明星主演，打造了一系列的精美微电影，让人看完就忍不住来上一杯。

（8）DTC营销

DTC（Direct To Consumer）营销是直接面向消费者的品牌营销模式，不通过任何中间销售渠道，由产品制造商通过直营渠道直接向消费者提供商品，从商品、渠道、品牌传播、数字技术等环节，都围绕更好地满足消费者需求去设计和运营，其核心理念是"以消费者为中心"。主要有海外购物平台直销、社交媒体营销、网红营销、跨境电商直播等形式。

跨境DTC营销可以有效控制销售成本，让品牌方与消费者建立直接关联。这种营销模式不但可以让消费者享受无中间商赚差价的心动价格，还能帮助跨境企业在研发、营销和用户运营层面精耕细作，让研发、销售、反馈三个环节形成更短的路径数据流，更快速地应对市场变化。DTC品牌也被称为数字原生垂直品牌，这些品牌可以凭借数字化的优势，快速赢得境外消费者的青睐。

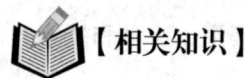【相关知识】

传统模式与DTC创新模式的比较

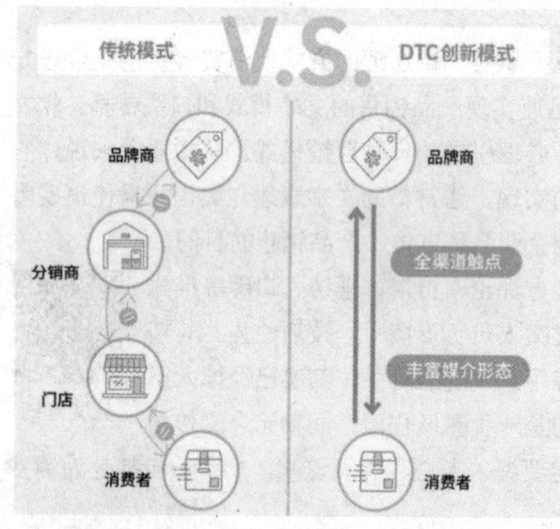

图1-2 传统模式与DTC模式的比较

与传统模式相比，DTC创新模式去除了中间商这一环节（见图1-2），通过各种渠道直接触达消费者，与消费者进行大量互动，获取一手的数据，从而能够对消费者的需求迅速做出反应、快速改善产品，赢得消费者的口碑。没有了层层中间商，DTC品牌也在以更高的性价比俘获着年轻人的心。品牌或厂商借助官网、社交媒体等渠道同消费者直接交流，建立社群来维护同消费者的关系，拉近了两者之间的距离，提高了消费者黏性。

现阶段，随着海外流量向社交端转移，品牌价值成为连接中国制造和海外消费者的纽带，随着DTC的兴起，跨境原生品牌、新消费品牌以及传统品牌都开始了全球化布局，将跨境电子商务带入"品牌出海"时代。2020年独立站井喷式发展之后，大批DTC品牌脱颖而出，不仅点燃了跨境卖家对独立站模式的热情，还为行业繁荣提供了参考样本。

跨境网络营销的方法有很多，除了上述几种跨境网络营销手段，跨境电子商务网站的域名、产品名称、数量、文字描述、网站的设计和风格、价钱、企业邮箱等都会对网站有影响，选择外国人最常搜索的关键词如"wholesale、cheap、discount"等，然后设计成欧美国家人民喜欢的简洁风格。产品要多，描述要清楚、详细，这些都是网站在操作时需要注意的细节，把这些都做好了，跨境电子商务网站的推广就做得很成功了。

【想一想】

所有的行业从新生到成熟都会经历三个阶段，每个阶段的市场机会和策略是不一样的。第一阶段：行业红利期，增速迅猛。第二阶段：稳定期，增速放缓。第三阶段：成熟期，成为传统行业。跨境电子商务行业也不例外。

想一想：跨境电子商务企业在这三个不同的阶段，分别应该采取什么样的网络推广方法？

（二）跨境网络营销人才素养与岗位需求

跨境网络营销是企业整体营销战略的组成部分，是为实现企业总体经营目标所进行的跨境营销活动。而营销的本质，就是传递价值，发现和满足客户需求，实现对资源的争夺，最终帮助企业和消费者实现双赢，这是每一个从事相关职业的人应该有的基本认识。

鉴于跨境电子商务本身的交叉性学科性质，从事相关岗位的人需要具备相应的外语能力、电子商务技术和外贸业务知识，需要对国外客户的网络消费理念和文化有所了解，并掌握一定的跨境电子商务平台营销技巧，是具备一定的国际视野、实操能力和创新思维的复合型人才。

1. 职业素养

跨境电子商务的快速发展，使跨境网络营销人才的需求日益增长。因为企业自身的实际情况不同，所以对人才的专业知识要求、职业技能、实践能力等要求也要有所不同。只有通过招聘和培训，不断提升人才的能力素质，才能促进企业不断向前发展。

（1）专业知识素养

跨境网络营销人才需要具备现代管理和信息经济理念，掌握一定的国际贸易、电子商务、市场营销、物流管理、产品管理、客户关系管理、外语、心理学、法学、计算机硬件和软件等方面的知识以及电子服务综合技能。只有具备扎实的专业基础和良好的知识结构，具备一定的互联网创新创业素质，才能适应现代社会商务运营、专业管理和技术服务的需要。

（2）外语能力

此岗位还需要相关人员具备较高的外语能力，如阅读能力、口头表达能力、产品描述与写作能力、跨文化交际能力以及沟通能力等，以保障对其他商务知识的灵活运用，熟练操作外语背景下相关平台的软件和营销工具。

（3）实践能力

实践能力是跨境电子商务岗位人才必备的核心技能之一，从业人员需要在掌握专业核心技能的基础上广泛涉猎各学科知识，培养实操能力，如与外国客户的谈判能力、风险应对能力、大数据应用能力等。

2. 工作任务

跨境网络营销相关的工作岗位种类繁多，主要包括：跨境电商店铺运营相关岗位、商务信息处理相关岗位、跨境电商客户服务相关岗位等。下面大家一起来了解一下这些岗位。

（1）跨境电商店铺运营相关岗位

该类岗位主要针对跨境电商第三方平台店铺和自建站店铺，其岗位工作内容、专业知识要求、职业技能要求如表1-6所示。

表1-6 跨境电商店铺运营相关岗位分析

岗位工作内容	专业知识要求	职业技能要求
在第三方电子商务平台上开设网店	• 电子商务专业知识 • 网店功能结构知识 • 网上支付及电子支付知识	• 能够进行网店开设申请 • 能够设置网店布局 • 能够设置网店功能模块 • 能够设计网店风格主题 • 能够进行商品和信息录入 • 能够设置支付方式
网店维护	• 网店功能结构知识	• 能够调整网店布局 • 能够增删网店功能模块 • 能够修改网店风格

（2）商务信息处理相关岗位

跨境商务信息处理包括：网络信息收集整理、商品信息操作、商务信息发布等，其岗位工作内容、专业知识要求、职业技能要求如表1-7所示。

表1-7 商务信息处理相关岗位分析

岗位工作内容	专业知识要求	职业技能要求
网络信息收集整理	• 搜索引擎使用方法 • 网络问答、论坛、RSS、邮件订阅等工具的使用方法 • 论坛、博客相关知识	• 能够使用网络检索工具采集信息 • 能够使用网络问答、论坛、RSS、邮件订阅等信息交流工具搜索信息 • 能够搜索符合要求的相关网站、论坛、博客 • 能够对网络信息进行分类整理
商品信息操作	• 网络信息发布方法 • 网络广告发布方法 • 常用的商品发布平台和信息发布平台 • 商品分类知识	• 能够进行商品信息的发布 • 能够进行商品信息的撤销 • 能对商品信息进行更新和维护
商务信息发布	• 网络信息发布方法 • 论坛、博客相关知识	• 能够按照要求在网站上发布、维护和撤销商务信息 • 能够按照要求在外部网站、论坛、博客、SNS上发布商务信息

（3）跨境电商客户服务相关岗位

跨境电商客户服务主要涉及售前、售中、售后环节，其岗位工作内容、专业知识要求、职业技能要求如表 1-8 所示。

表 1-8　跨境电商客户服务相关岗位分析

岗位工作内容	专业知识要求	职业技能要求
售前咨询	• 店铺留言、即时通信工具、电子邮件使用技巧 • 电话咨询服务技巧 • 网络成交技巧	• 能够完成商品信息、价格方面的售前咨询 • 能够完成商品交付方面的售前咨询 • 能够完成商品服务保障方面的售前咨询 • 能够完成支付方面的售前咨询
售中操作	• 网上购物知识 • 网上单证知识 • 常用的订单操作平台和物流平台	• 能录入和生成订单 • 能够进行订单信息的审核 • 能够进行订单信息的变更 • 能够进行订单状态的查询
售后服务	• 售后服务规范 • 售后服务技巧 • 电子商务法律知识 • 消费者权益法律知识	• 能够在线进行客户常见问题的解答 • 能够记录和整理客服相关信息 • 能够按照要求进行客户回访

【任务小结】

通过该任务的学习，学生能理解跨境网络营销的定义，了解跨境网络营销手段，对跨境网络营销工作岗位的要求有初步的了解，为后续任务的学习做好准备。

【任务评价】

根据表 1-9 进行评价。

表 1-9　认识跨境网络营销学习评价表

评价内容	自我评价（30分）		同学互评（30分）		教师评价（40分）	
	分值	评分	分值	评分	分值	评分
跨境网络营销概述	15		15		20	
跨境网络营销人才素养与岗位需求	15		15		20	

【拓展实训】

1. 登录 Shopee 或速卖通，调研其十大销售榜单，了解其热销商品类目。

2. 登录智联招聘、前程无忧、58 同城、Boss 直聘等网站，了解跨境网络营销岗位的工作任务、知识和技能要求。

项目二　跨境网络营销环境与市场调研

【学习目标】

◎ **知识目标**
1. 了解跨境网络营销宏观环境分析的要素。
2. 了解跨境网络营销微观环境分析的要素。
3. 了解跨境网络市场调研的内容。

◎ **技能目标**
1. 能够掌握跨境网络营销环境分析的方法。
2. 能够掌握网络市场调研的方法。
3. 能够开展网络市场调研。

◎ **素质目标**
1. 培养学生实事求是的职业精神。
2. 培养学生的创新能力。

【思维导图】

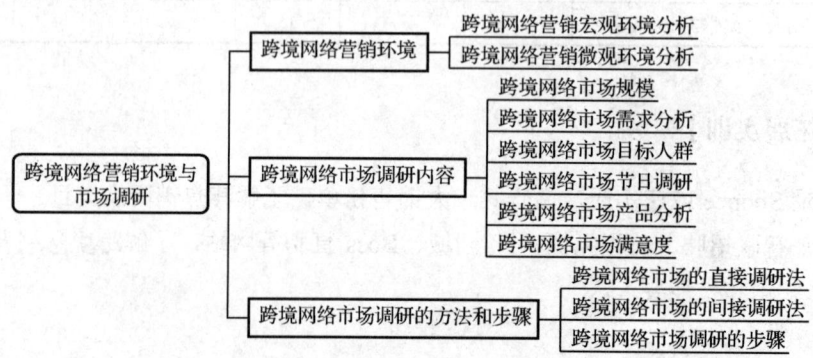

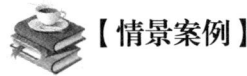【情景案例】

国货出海如何"解锁"高附加值

咖啡作为舶来品,中国企业要在这个行业找到高附加值并不容易。咖啡机品牌HiBREW创始人曾秋平是工程师出身,从给意大利企业代工到决定打造自己的品牌,他用了3年多时间。如今他们的自主咖啡机品牌,比国际品牌的定价还要高一些。

"我们跟意大利的客户去沟通学习后,第一年产品就卖了100多万台。通过代工过程掌握了相关技术,甚至还改良了客户存在的一些缺陷。"曾秋平告诉第一财经的记者,在与国外同行客户合作时,他时常会提出改进和创新建议,却往往难以获得认可。于是他开始想,是不是能做自己的品牌,把产品研发出来证明给客户看。

注册品牌不难,要把品牌"从0到1"传播出去,却需要突破种种瓶颈。"我们碰到的真正问题在于最小订单量。"曾秋平说,产品研发出来后,要卖给不同国家的不同客户,有的客户需求量较小,一次下单也就300~400台,而工厂接受品牌定制的最小订单量不低于1000台。

为了突破这一瓶颈,他向小客户发出邀请,使他们既成为品牌的使用者又成为销售者。而他就按照1000台的规模去定制,再分发给3~4个这样的客户,解决最小订单量问题的同时,又请客户在市场上宣传了自己的品牌。

除了把客户发展成销售者,曾秋平还充分利用客户的反馈建议。"在速卖通这样的跨境电商平台上,有一个让卖家和客户互动交流的工具,这对我们的研发是非常有帮助的。"他表示,作为以研发为优势背景的品牌,他们对于消费者的反馈非常看重,也及时把市场给予的建议融在了产品的迭代改良中。他们打造的一个爆款,就是利用了消费者所提的"增加一条七档水位线"建议做的升级版。在炎热的夏天,因为具有冷萃功能,曾秋平的咖啡机在中东地区也卖得火爆。

"我们能提供的配件比国际品牌更丰富,比如卖咖啡机的同时会把电子秤和粉锤都配上,价格就会高出十几美元。如果海外的客户想自己配齐这些,成本肯定会高过我们给的套装价格。"他说,对于"人无我有"的产品,就用单品PK;如果是"你有我优"的产品,那么就用套装等营销方式去抢市场。

"我们不只是上个产品放个链接,而是要有针对性地对当地市场做拓品优化,并备好仓,引进流量,持续迭代。"邱凯凯说。国货出海的附加值还体现在研发、设计打样在内的供应链优势上。

"今天有想法,画个草图,我们明天就能找工厂做出来。"邱凯凯提出,"设计师和工厂是两条腿一起走的,一个做趋势引领,一个做产品优化。我们不跟风,而是要通过设计来引领市场。"为此,他们近年来也尤为重视专利保护以及工厂供应保护——专利优势和高效的供应链反应同样是高附加值的重要因素。

【案例解析】

HiBREW品牌保持高客单价的优势是基于对当地市场的充分了解,并不断优化产品。利用跨境海外仓,产品可以更快地抵达用户那里,因此企业需要对市场进行更加精准的预判。通过这个案例大家可以体会到跨境网络营销市场调研的重要性。

任务一　跨境网络营销环境

【学习目标】

◎ 知识目标
1. 了解跨境网络营销宏观环境分析的要素。
2. 了解跨境网络营销微观环境分析的要素。

◎ 技能目标
1. 能够进行跨境网络营销宏观环境分析。
2. 能够进行跨境网络营销微观环境分析。

◎ 素质目标
1. 培养学生实事求是的职业素养。
2. 培养学生的创新能力。

【思维导图】

【任务背景】

　　网络营销主要是利用现有的数字媒体渠道，提升在网络上的能见度，进而带来可以盈利变现的机会。从实际运用面来看，不管是跨境电商还是国内电商，通过有效的网络营销推广，能够提高知名度，带来买家流量，提高成交概率，创造可观的收入。对于跨境电商运营人员而言，如何有效开展跨境网络营销环境分析，对于后续网络营销活动至关重要。

【任务实施】

（一）跨境网络营销宏观环境分析

1. 政治环境

　　如今正处于数字经济时代，数字技术已被广泛运用于商务行业，电子商务特别是跨境电子商务得到蓬勃发展。一方面，我国跨境电商以其独特的优势受到供货商及消费者的青睐，中国已成为全球主要的 B2C 跨境交易市场。另一方面，我国跨境电商也面临走出国门竞争激烈、壁垒增多等挑战。在数字经济时代的大环境下，其仍处于战略机遇期。中国跨境电商的发展对全球跨境电商市场、对境外贸易投资也起到了催化作用和巨大的拉动作用。

【课堂案例】

各国政府对在线零售的监管趋严

随着在线购物在国民中普及开来，政府保障国民网购合法权益的义务变得越来越紧迫。当然，征税也是政府介入电子商务、保障不同市场主体公平竞争的一大动力。这是跨境电商行业所面临的政治环境和社会环境所共同驱动的结果。近年来，亚马逊受到了来自各国政府的各种频繁调查，比如反垄断，比如保护用户隐私，比如误导用户涉嫌欺诈等。欧洲 VAT 新税法，日本逆算法变更等的出台，无不标志着 B2C 电子商务已经迎来了强监管时代，跨境卖家不得不面对这些多出来的政策法规的约束，做好合法合规准备。

2. 经济环境

随着经济全球化程度的加深，国与国之间的联系更加密切，交易更加频繁。"一带一路"倡议进一步促进了各国间要素的自由流动和商品的自由贸易。在这一趋势下，跨境电商这一新型贸易方式，通过跨境电商交易平台简化了传统国际贸易方式的交易流程，降低了交易成本，扩大了交易量。

近年来，我国跨境电商增速远高于外贸整体增速。据海关统计，我国跨境电商进出口规模 5 年增长近 10 倍。近年来，大宗商品价格暴涨、物流成本激增等因素加快全球产业链重构，国际贸易形势日趋复杂，外贸企业开拓国际市场的机会大幅减少。国际贸易订单正从大批量、少频次、标准化商品向小批量、多频次、个性化商品转变。为应对以上变化，传统民营中小企业日益重视跨境电商等新模式，加快传统外贸数字化转型步伐。

【课堂案例】

北美市场"黑五网一"遇冷

新冠疫情的持续对北美市场的经济产生了不好的影响，北美人民的收入在降低，甚至部分人靠领失业救济金生活。人们对未来的预期也转向悲观，即便有钱也开始注重储蓄、减少消费，加上不断上涨的物价，购买力也在下降。这一年的"黑五网一"，这个北美人民的购物狂欢季，在线零售额竟然迎来了小幅下降。不得不说，经济不景气已经开始制约在线零售的增长了。跨境电商卖家们面对这一情形，也要评估好备货计划，同时做好竞争加剧的心理准备。

3. 社会环境

当今，移动终端用户规模不断增加，用户在任意时间、地点和技术条件下都可以完成跨境网上交易，推动跨境电商市场在原有基础上呈现指数级增长。社会对跨境电商的认知不仅表现在用户规模的持续扩大，更表现在跨境电商经营主体数量的增加。在企业方面，阿里巴巴、京东等大型电子商务企业迅速壮大，他们在发展国内电子商务的同时，也在积极拓展海外市场；国美、苏宁等传统零售企业相继推出电子商务业务，开发"海外购"跨境电商。

【课堂案例】

新兴市场未来空间广阔

随着中、日、澳及东南亚主要国家间的《区域全面经济伙伴关系协定》（Regional Comprehensive Economic Partnership，RCEP）正式签订，继北美、欧盟后的第三大全面贸易伙伴关系联盟正式建立，在全球呈三足鼎立之势。对跨境电商而言，这无疑是来自政治环境的重大利好，尤其是对原本就深耕东南亚市场和日本市场的卖家来说。尽管目前我国商品出口的主要目标市场依旧是欧美这样的成熟市场，但此次疫情后东南亚市场、拉美市场以及中东市场的高增长也令我们看到了新的市场空间。

尽管如此，跨境电商卖家进入新兴市场还是要慎重，因为东南亚市场有其卖价相对较低、物流相对复杂、规模相对较小等不如主流市场的地方。跨境电商卖家可以借助一些分析工具，如罗兰贝格的FIRE指标体系，从F（社会基础环境）、I（跨境商贸环境）、R（电商设施环境）及E（经济实力环境）四个维度来评判新兴国家的市场是否适合企业进入。

4. 技术环境

跨境电商行业一直在借用技术加强自身竞争力，比如运用人工智能+大数据技术优化消费者洞察，或借助大数据分析优化供应链管理。后疫情时代，助燃了元宇宙（Metaverse）这个词的火爆，科技巨头纷纷布局，一些小而美的公司也拔得头筹。据了解，一家以色列初创公司Zeekit推出的虚拟试衣间，使得退货率降低36%，而这甚至只是迈向元宇宙的一小步。虚拟体验能够提高国外终端用户的体验，这对于我国电商强供给（供应链强大）的现状来说，很有价值。

【课堂案例】

元宇宙打造虚拟IP代言人，实现私域闭环

元宇宙对于跨境电商最重要的作用之一是能够以低成本创造虚拟IP，突破平台对流量的禁锢。通过打造长期可控的IP虚拟人物，从而实现内容+产品+渠道的跨境私域闭环。跨

境卖家暂时还无须掌握太高深的互联网技术，但万变不离其宗，利用元宇宙打造私域流量闭环的总路线大体是一致的。

虽说目前的元宇宙建设初现雏形，但以当前的趋势来看，跨境电商参与进去也只是时间问题，这对商家而言是一次转型的机会，抓住先机，就等于抓住了商机。

（二）跨境网络营销微观环境分析

1. 供应商分析

随着互联网信息技术的迅猛发展，跨境商品交易与电子商务的结合逐步加深。当前，全球化与数字化已成不可逆转之势，它们将进一步推动跨境电商产业发展壮大，跨境电商供应链服务需求也将随之增加。跨境电商供应链是指围绕商品采购、运输、销售、消费等环节提供服务，构成连接上游品牌方、下游消费者，并承载信息流、货物流、资金流的功能网链服务结构。相比境内电商，跨境电商供应链链条更长，涉及环节更多，物流流程长，资金周转慢，信息流复杂。

（1）线下采购

在传统的业务模式下，卖家通常会直接联系生产厂家或者去批发市场进行线下采购。通过这种方式，卖家能很好地把控产品质量，但资金方面的压力较大。如果对市场预测不准确，会导致库存积压，存在一定的风险。

渠道建议：根据国内的产业带优势进行重点的货源采购。比如，童装的跨境电商卖家，可以重点与浙江省湖州市织里镇的厂家联系，因为全国三分之一的童装都产自织里镇。如果是主营灯饰的跨境卖家，采购货源地一定要多关注广东省中山市，因为中山市是中国的照明产品生产基地。如果是做假发类目的，采购货源地首选全国最大的假发生产基地——河南省许昌市。

（2）选品展会

卖家可以通过参加选品展会来找寻适合自己的货源供应商。值得注意的是，采购新产品时，卖家一定要考虑到独特的产品特性，这些特性将有助于实现竞争差异化，填补市场空白和吸引消费者。通过对竞争格局、类别潜力和最小库存单位（Stock Keeping Unit，SKU）的深入分析，卖家将能够对采购对象和采购量做出决定。此外，卖家还要审查供应商的商业模式和产品细节，确定是否符合采购标准。

渠道建议：通过参加环境资源峰会、中国进出口商品交易会（广交会）、香港电子展等选品展会寻找适合自己的并符合采购标准的资源供应商。

（3）跨境供货平台

对于商家来说，通过这种供货模式可轻松实现零成本出海。在商品展示阶段，商品信息、优惠信息等均会自动同步至跨境供货平台，自动翻译成当地语言面向当地消费者。收到海外订单后，商家只需要发货至国内指定集运仓。在集运仓签收阶段，如有商品问题，商家按平台规则进行售后处理即可；如集运仓签收无问题，那么后续的转运、清关、末端配送及售后服务，均由平台或分销商负责。比如，天猫、淘宝推出的跨境供货平台，成功签约的商家，就可开启出海模式。

（4）海外社交媒体平台找货源

在 Facebook、TikTok、Instagram 等海外社交媒体平台，很多厂家会发布产品的推广视频，通过这类平台也可以找到不错的货源。另外，卖家也可以经常去跨境电商专业论坛逛逛，比如，福步论坛、亚马逊之家等。

海外社交媒体平台找货源

（5）在 B2B 网站上找货源

卖家也可以直接去一些 B2B 平台上找货源，如阿里巴巴、慧聪网、中国制造网等。因为这些平台聚集了各类厂家，很多都提供批发业务，产品也配有图片。不过，这些厂家都是按照起订量来出货的。因此，在进货之前，先要看下产品对应的起订量。在下订单之前，可以先拿样品，看产品的质量如何再决定。在 B2B 平台，卖家也可以通过发布采购信息的方式，吸引商家来报价。

（6）利用人际关系寻找货源

人际关系是一个非常重要的资源。现在的物流行业、培训行业这么发达，做跨境电商这一块的培训也是有很多的，因为做电商离不开物流，所以，如果有做物流和培训这一块的朋友，让他们给你介绍货源也是不错的方式。此外，也可以通过做各行各业的朋友，可以看看他们这一块做得怎么样。

（7）在百度等搜索引擎通过关键词搜索货源

现在的人们在遇到问题的时候，先是在网络上搜索一下，看能不能找到合适的解决方法。如果没有找到的话，才考虑去请教朋友或同事。在百度这类搜索引擎上，通过输入"XXX 货源"等关键词去找（见图 2-1），也会出现不少信息，然后再从这些信息中进行筛选。

图 2-1　百度搜索页面

因为现在的供应商也在寻找合作伙伴，他们也会通过网络进行宣传。为了让跨境电商公司、贸易公司等看到他们的商品信息，他们也会建网站、弄排名、做广告等，所以卖家可以通过在搜索引擎中输入关键词搜索查找。

（8）其他方法

如果卖家已经认准一款产品，那么零售电商平台挖货源的正确方式是，针对该产品，从相应头部店铺买一个样品，仔细看包装背后的小字，往往有生产商和委托方信息，随后查询相关供货商的信息。

2. 消费者分析

跨境电商贸易针对的主要是国外的消费群体，那么作为卖家如果想要更好地售出自己的产品，就需要进一步了解自己面对的消费群体的消费习惯和消费心理。这对于卖家卖出产品，同时开发新产品具有重要意义。所以我们来了解一下各国跨境电商消费者的消费特点。

北美市场是我国跨境对外贸易的主要市场。美国作为发达国家，有先进的技术和高质的消费群体，它的电子商务市场是非常完善的，这就说明网上消费者数量庞大，消费水平高，购物质量也相对较高。由于美国存在大量来自各国的移民，所以人们接受新事物的能力强，包容度高，只要觉得这个产品的质量好、品质优，并且对自己有用，他们就很愿意尝试和购买新的产品。这在很大程度上能促进卖家积极开拓和研发新产品。

欧洲市场主要以英国、法国、德国等为主。英国人注重礼仪，在选购产品时看重细节，追求产品的高质量和实用性。卖家在这个市场可以有针对性地做一些改造和创新。法国消费群体的目的性很强，想要买什么就会直接搜索相关的关键词，网购群体基本集中在 20~45 岁这个年龄段。很多法国消费者购买的都是与旅游、文化和服务相关的产品，这得益于法国发达的旅游产业。德国人以其严谨和专业闻名，他们自身设计的产品质量好，所以卖家想进入德国市场，就得先在质量上过关甚至要更精细些。德国人基本上很少购买高档奢侈品，但是注重风俗和节日，卖家可以在了解德国的风俗习惯之后有针对性地推出产品。

还有就是日本市场，亚马逊入驻日本后基本就涵盖了日本的电商市场。日本的互联网普及率高，人们的消费意愿强烈，所以卖家可以针对日本消费群体做有针对性的产品创新，做到简约高质。同时选择正确的平台，在日本的市场上也能有一席之地。

近年来，东南亚电商市场规模的增速更加惊人。在东南亚地区，在线购物成为一种流行的生活方式，60%以上的东南亚互联网用户有在线购物行为，其中大部分用户通过社交媒体进行在线购物。东南亚人均客单价低，对价格十分敏感，这与他们的电商尚处于起步阶段有关。虽然入局东南亚本土市场很难，但不可否认的是，这个市场确实存在很大的机会。

3. 竞争对手分析

在跨境电商经营过程中，分析竞争对手是很重要的一个环节。分析竞争对手不仅可以优化产品，还可以为我们的运营、营销等日常活动提供参考。对于跨境卖家来说，竞争对手是最好的老师。卖家想要打造好产品，就要准确找出自己的竞争对手。通过对他们的产品详情页面以及卖点等多方面进行准确分析，吸收他们的长处为自己所用，能提高卖家自身打造爆款产品的概率。如果不进行竞品分析就盲目开始，很容易让产品陷入无人问津的滞销状态。

（1）明确竞争对手

当我们决定打造一款产品的时候，首先要知道谁才是我们的竞争对手，确定了竞争对手，才能进一步观察、分析，向他们学习。一般来说，竞争对手不会只有一个，也不仅仅指的是和我们卖相同产品的卖家，还包含具有相同功能的可替代产品、价格处于同一水平的相似产品等。我们可以通过销量排名，找出同类产品中销量较高的店铺，分析产品类目，逐渐明确竞争对手的范围。竞争对手的数量可以确定在 20 个左右，然后再对这些竞争对手进行分析和学习，取其精华，去其糟粕。

以藤编家具类产品为例，我们到阿里巴巴国际站上查看一下竞争对手的情况。进入阿里巴巴国际站官网，选择产品标签，搜索 "rattan furniture（藤编家具）"，如图 2-2 所示。可以发现搜索框会出现一系列与藤编家具有关的长尾关键词，这些关键词为我们后续的竞争对手分析提供了参考依据，后续我们可以从下拉关键词中去查看一下与自身产品关联度较高的竞争产品的情况。

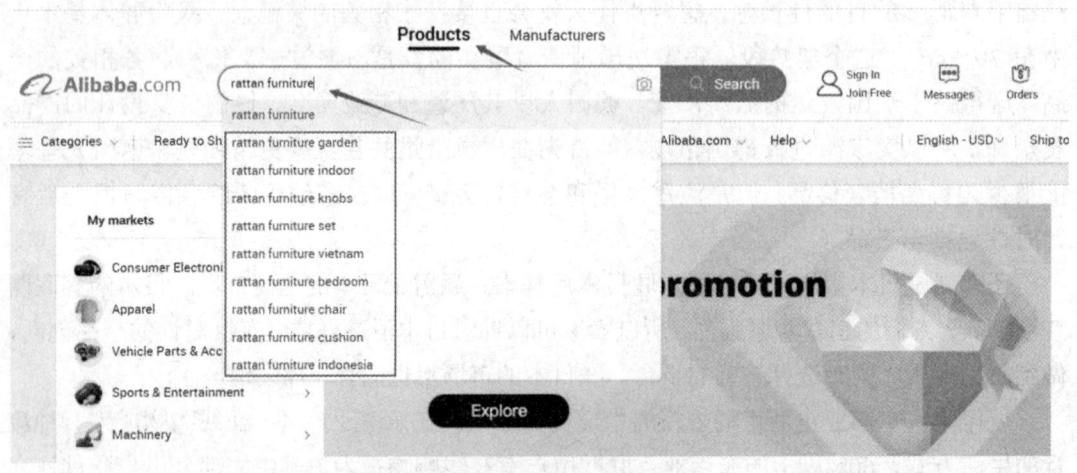

图 2-2　阿里巴巴国际站搜索页面

接下来，点击 "search（搜索）" 按钮，查看搜索结果，如图 2-3 所示。

项目二　跨境网络营销环境与市场调研

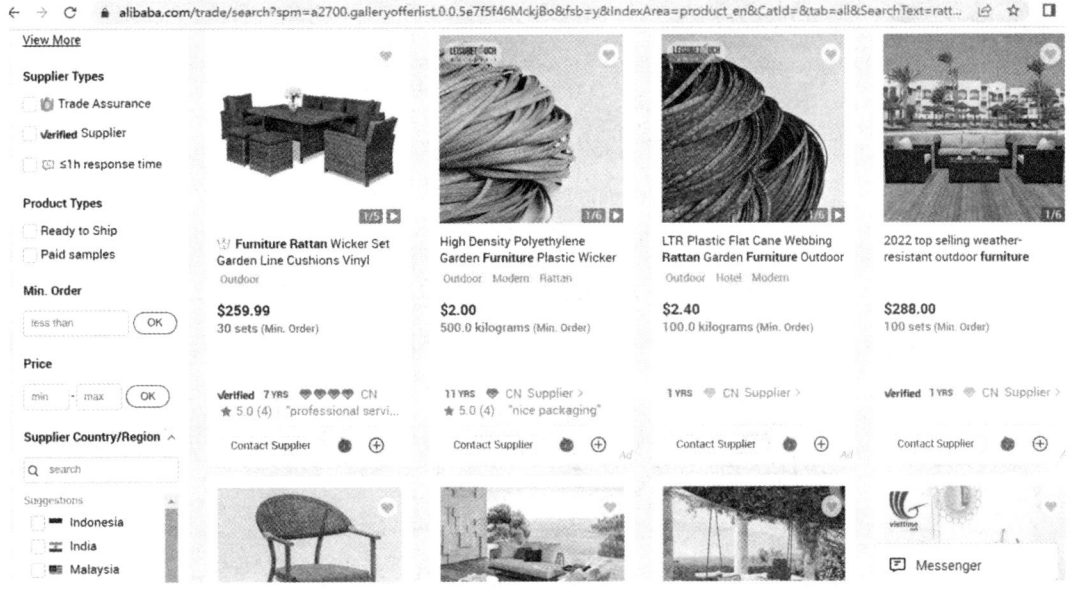

图 2-3　阿里巴巴国际站搜索结果页面

要想找出这些竞争对手，除了可以看销量高的店铺，还可以从这几方面来入手：

① 善用核心关键词搜索功能，查看前 3 页的搜索结果，如图 2-4 所示。哪些产品卖得好一些，那些就是我们学习分析的竞争对象。

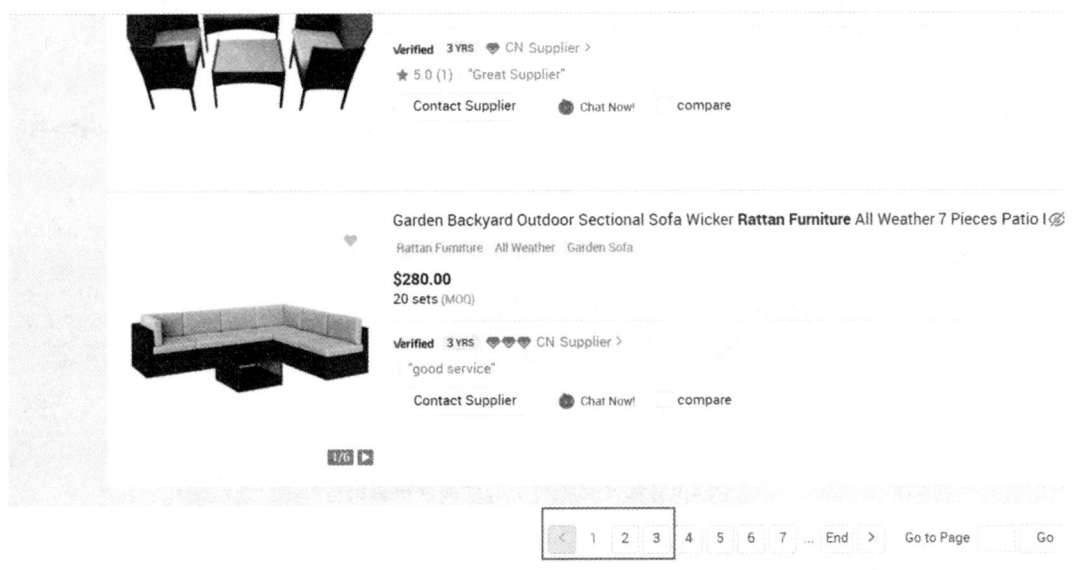

图 2-4　阿里巴巴国际站搜索结果前 3 页

② 选出 20 个竞品 listing，关注这些做得好的 listing 上出现的那些关联 listing，如图 2-5 所示。

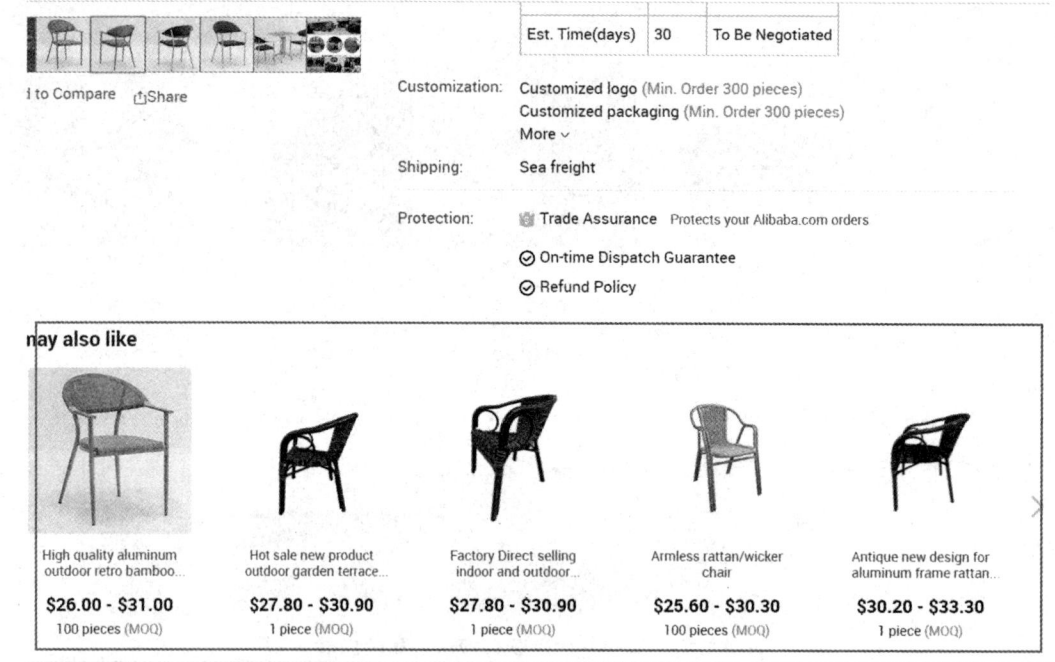

图 2-5 阿里巴巴国际站竞品的关联 listing 页面

不过竞争对手名单并不是一成不变的，如图 2-6 所示。随着市场的变化，也会出现一些后起之秀，分析者要做的就是根据市场的变化来调整企业的竞品清单。遇到势头好的，就将它纳入竞品清单中；遇到呈现下滑趋势的，就可以不再关注。

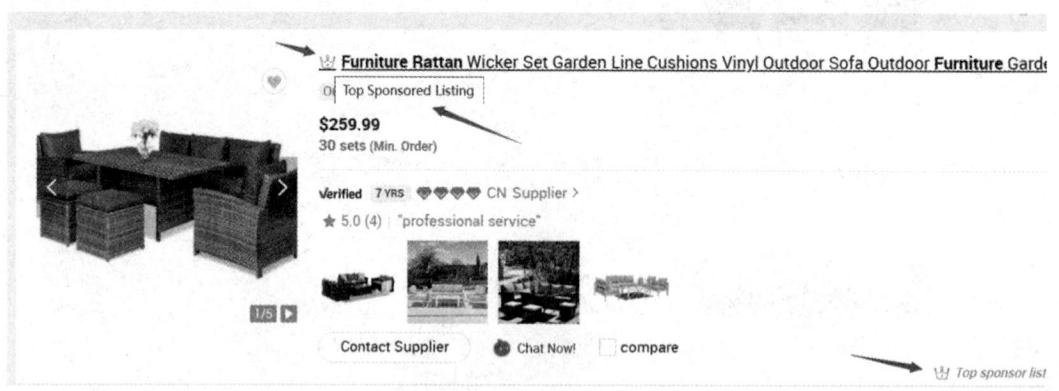

图 2-6 优秀竞争对手的产品详情页面

（2）分析竞争对手的产品结构

竞争对手能做起来，肯定是有其优势的，那我们就要分析竞争对手的产品结构是怎么搭配的，有哪些特别的地方。要不断分析，确定竞争对手主打的细分市场所在，才能发现自身和竞争对手的差距在哪里。

竞争对手的产品结构可以到企业的店铺页面查看，打开产品详情页，右边有企业信息，如图 2-7 所示，点击进入。

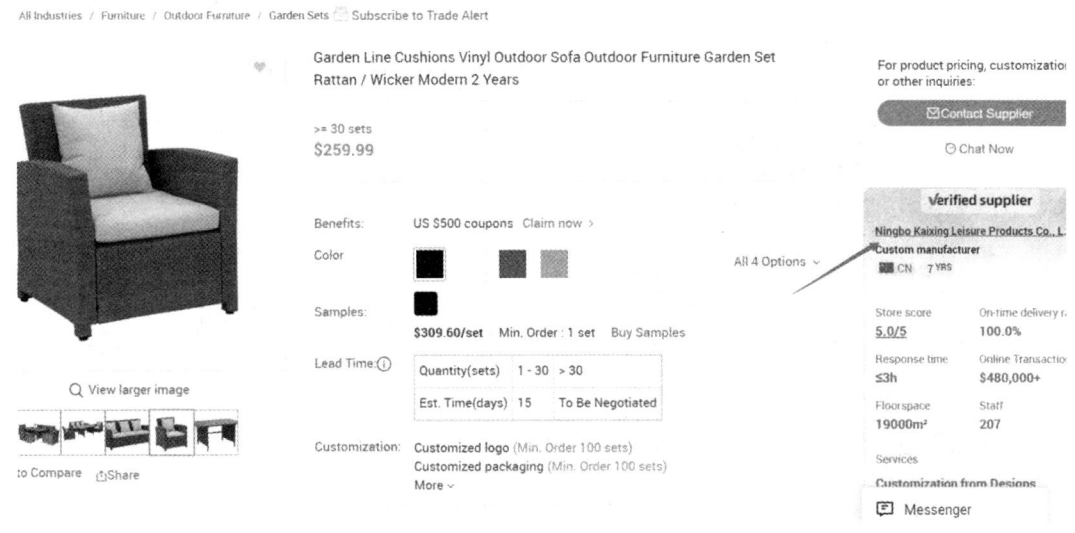

图 2-7　企业店铺信息页面

在企业店铺首页的产品菜单下，可以查看该竞争对手的所有产品信息，如图 2-8 所示。

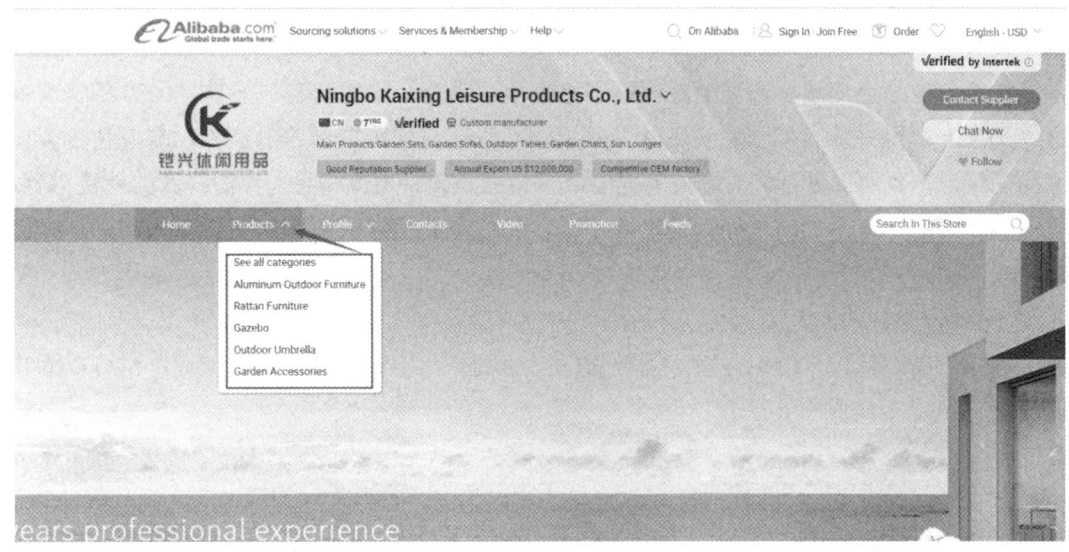

图 2-8　竞争对手产品结构页面

（3）分析竞争对手的 listing

① 关键词

优秀的竞争对手能够被我们发现，一定是因为他的产品排名靠前，产品优化做得很不错。所以，我们要找出站点排名前 20 的 listing 标题，对确定为竞品的 listing 逐个分析，包括它们的图片、标题、关键词、产品描述、价格、评价等，遇到好的点，卖家可以记录下来并应用于自己的 listing 优化中。

以速卖通上的某款藤编包为例，分析一下此产品的关键词，我们可以看到清晰的产品卖点，如图 2-9 所示。

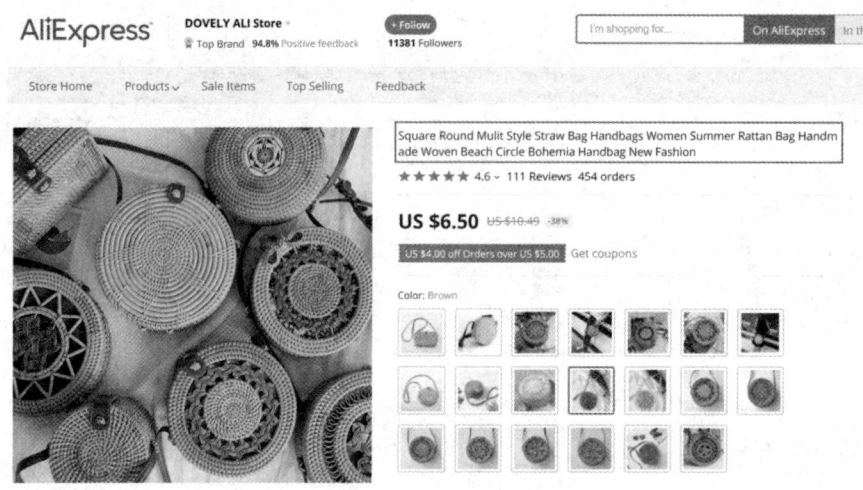

图 2-9　速卖通产品标题页面

通常情况下，我们找到竞争对手后，就要分析他们的产品标题、属性结构，根据竞争对手的关键词来调整自己的关键词词表，争取让产品获得更高的曝光度。此外，关注详情页也可以了解竞争对手的产品细节，帮助我们提高自家产品的转化率。

② 图片

结合其他站点的图片，甚至是国内知名的电商平台，比如淘宝、天猫、1688 等，观察这些平台上卖得好的卖家图片到底好在哪里，有没有我们可以借鉴的地方，哪些角度会让产品的细节得到更多展示。不管是国内电商平台还是国外电商平台，我们要做的就是借鉴、吸取做得好的卖家图片的长处为自己所用。但我们不能把别人的图片直接拿来用，这样会有侵权风险。

③ 评价

分析竞品的评价详情也是卖家需要做的工作之一，不管是好评还是差评，都可以为我们所用，如图 2-10 所示。

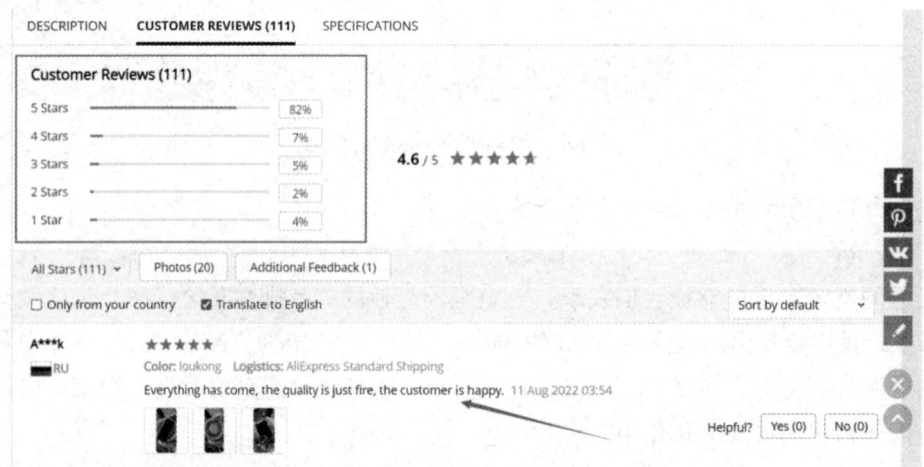

图 2-10　用户评价页面

我们可以提炼出好评用来撰写自己的 listing 文案，而对差评的分析，也可以让我们反思自己的产品是否也有这样的问题，有哪些可以改进的地方。如图 2-11 所示的差评中，用户提到了物流、发货、产品尺寸等问题。

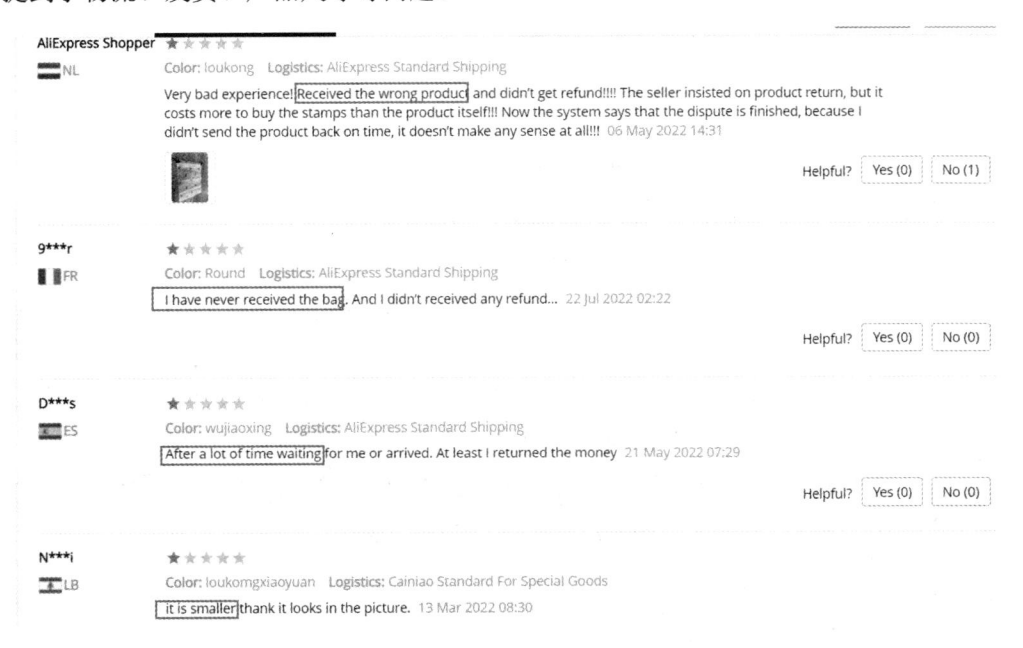

图 2-11　用户差评展示页面

毕竟，评价是消费者对于产品使用的最真实有效的反映，好评率高，相对来说产品的销量也会高一些。

（4）分析竞品的广告策略

很多卖家在运营过程中会采用"优质店铺复制法"，也就是照搬优秀店铺的套路来做运营。但是这么做也不见得就有很好的效果，有可能产品质量也很好，可就是卖不动，销量上不去。所以我们还要记得分析竞品的广告策略，通过对关键词的查询来找出竞品的广告位，分析他们的广告投放情况和投放目的，反思一下自己在广告投放方面有哪些不足的地方，找出竞品的成功之处，来调整自己的广告策略。

（5）分析竞品的价格

有的卖家考虑价格的时候只盯着产品的成本，这样的做法太过死板。我们要根据竞争对手的价格，来核算和评估自己在打造产品过程中的前景。经过分析对比后若发现产品的利润空间太小，那我们在接下来的选品方面就得慎重对待了。

（6）分析侵权要素

做跨境电商有一点需要注意，平台上热卖的产品，很多卖家都会选择跟着销售。热卖一方面意味着销量，另一方面热卖产品的背后也存在着侵权风险。对很多平台来说，产品侵权是一件严重的事情。所以，卖家在售卖产品之前一定要跟供应商核实，或者询问有经验的卖家，或者查询专利网站，不得售卖侵权产品。

有时候，竞争对手也是最好的老师。对于卖家来说，要想让自己的销量稳步增长，一定要做足竞品分析。跨境电商竞品分析绝不是一蹴而就的，需要卖家们持续不断地通过分析竞品，根据得到的数据结果来调整优化自己的产品。竞品分析最起码每周都得进行一次，只有通过大量的分析，了解竞品的优缺点，才能帮助我们扬长避短。抓住竞品运营的细节和思维，才能培养卖家自己打造产品的思路。

4. 行业趋势分析

（1）产业集中度上升，推动企业建立自有品牌

随着我国电子商务法和跨境电商系列新政策的出台，我国跨境电商行业保持良好的发展态势。以欧美为主的国家在税收、运营等方面持续规范跨境电商企业发展，也加快了我国跨境电商企业的转型进程。在全球化趋势和消费升级的促进下，我国跨境电商市场份额进一步向头部企业聚集，市场集中度不断提升。相较于传统出口贸易，跨境出口电商在减少商品流通环节、提高商品流通率方面具有明显优势，拥有强大品牌、供应链布局的企业增长势能强劲。因此，越来越多的跨境出口电商持续强化品牌意识，深度运营产品的创新设计，加强对产品消费趋势的把控，加强海外客户对自身品牌的认知，拓展销售渠道和完善供应链体系，通过提升产品的品牌溢价构建核心竞争壁垒。

【课堂案例】

花西子在海外卖爆

2022年，海外社交媒体YouTube的顶级美妆博主Jeffery Star，选择花西子作为自己回归的首秀，并且形容花西子是"世界上最美的彩妆"。该条宣传视频总时长约25分钟，播放量高达277.9万次，曾登上全球趋势榜前五。Jeffery Star在YouTube的粉丝有1600万人，经过这次宣传，花西子在海外市场的影响力更上一层楼。通过社交媒体的曝光、引流和营销，花西子在海外的独立站每月流量超百万。

随着中国文化自信的不断增强，以及全球电商市场的爆发式增长，为国货美妆产品的出海带来了全新机遇。作为国货彩妆，花西子以东方彩妆审美，收割一大波海外粉丝。在海外市场品牌的建设过程中，花西子选择TikTok、YouTube、Instagram等社交媒体平台作为营销的主阵地。在不同平台上，其营销侧重点和宣传内容投放也各不相同。在Instagram上，花西子主要投放的是平面类的内容（比如产品细节图、模特平面照、妆效高清图）。在TikTok上，花西子的内容投放则偏向创意类短视频（比如使用花西子产品打造各种主题妆容）。而在YouTube上，花西子则是投放一些以长视频为主的妆教视频（比如与美妆博主合作推广，或是垂直类美妆博主的软广插入）。因此，有针对性地调整社交媒体上的宣传投放内容，使其符合不同渠道受众的观看习惯，是花西子在海外社交媒体平台营销及品牌建设时高效触达消费者的方法之一。

（2）海外仓的运营能力将逐渐成为跨境出口电商企业的核心竞争优势之一

随着全球买家对在线购物体验的要求逐渐提高，海外仓的作用日益凸显。当前主流的

跨境出口物流方式普遍存在配送慢、清关慢、易丢包、退换难等问题，搭建完善的海外仓储体系将有效解决该类问题。因此，具备一定技术与规模优势的跨境电商企业将逐步加大海外仓储体系建设力度，提升海外仓的运营能力，实现整个仓储物流端的高效管理，进而提高销售效率与库存周转能力，由此形成自身的核心竞争优势之一，并借此筑起较高的行业壁垒。

（3）跨境电商产品种类不断丰富，提升营销转化率成为发展重点

我国跨境电商企业的数量增多和消费者需求的多样化，促进跨境经营产品的种类不断丰富，目前已覆盖电子通信、计算机及相关设备、服装服饰、家具家居、庭院园艺、宠物用品、母婴玩具、汽车配件等产品领域。随着跨境电商平台持续向移动端转移，企业需要打造线上多平台的数据融合，拓展运营渠道。同时，通过不断加大产品研发投入，持续推陈出新，增加 SKU 数量等多方位满足用户的购买需求，并加强对老用户的良好服务，提升重复购买率和营销转化率。

（4）海外市场行业法规逐渐完善，强监管大势所趋

近年来，海外主要国家或地区有关电商的法规已经逐渐更新完善，尤其是在税务方面进展较快。2021 年 1 月 1 日起英国已经要求电商平台代征代缴部分产品的增值税，欧盟也于 2021 年 7 月 1 日起开始执行电商平台代扣代缴增值税的政策。合规经营已经成为跨境电商行业发展的必然趋势，跨境电商企业需要加强合规能力建设，这也将有利于改善行业的竞争秩序。

【任务小结】

通过该任务的学习，学生能够了解跨境网络营销宏观环境分析和微观环境分析的要素，掌握跨境网络营销环境的分析方法，为后续任务的学习做好准备。

【任务评价】

根据表 2-1 进行评价。

表 2-1　跨境网络营销环境学习评价表

评价内容	自我评价（30分）		同学互评（30分）		教师评价（40分）	
	分值	平均分	分值	平均分	分值	平均分
跨境网络营销宏观环境分析	15		15		20	
跨境网络营销微观环境分析	15		15		20	

【拓展实训】

任选一款家居类目的产品，请分别从宏观和微观的角度来分析该产品在 Shopee 平台东南亚市场的网络营销环境。

任务二　跨境网络市场调研内容

【学习目标】

◎ 知识目标
1. 了解跨境网络市场规模。
2. 了解跨境网络市场需求。

◎ 技能目标
1. 能够对跨境网络市场目标人群进行分析。
2. 能够进行跨境网络市场节日调研。
3. 能够对跨境网络市场产品进行分析。
4. 能够开展跨境网络市场满意度调查。

◎ 素质目标
1. 培养学生实事求是的职业素养。
2. 培养学生的创新能力。

【思维导图】

```
                        ┌── 跨境网络市场规模
                        ├── 跨境网络市场需求分析
                        ├── 跨境网络市场目标人群
跨境网络市场调研内容 ────┤
                        ├── 跨境网络市场节日调研
                        ├── 跨境网络市场产品分析
                        └── 跨境网络市场满意度
```

【任务背景】

跨境网络市场调研是指跨境电商企业基于互联网，系统地进行跨境营销信息收集、整理、分析和研究的过程。跨境电商涉及的流程比较复杂，跨境网络市场调研的过程就特别重要。

【任务实施】

（一）跨境网络市场规模

在全球环境和 RCEP 的催化下，东南亚已成为全球电子商务发展最快的地区，其跨境市场也被市场看好。下面以东南亚跨境电商网络市场为例进行分析。

受疫情影响,东南亚各国人民的消费习惯被改变。消费者被迫转到线上消费,越来越倾向于在网上消费来满足日常所需,跨境电商正符合了这样的需求。

1. 交易空间扩大

RCEP设计了一系列贸易便利化条款,通过无纸化贸易、抵达前处理等一系列方式,我国和东南亚国家在跨境电商方面的交易约束逐步减少,而且交易空间进一步扩大,各种奶制品、果蔬肉蛋等也可以转移到线上进行交易,进一步刺激了跨境电商贸易的发展。

2. 优惠政策增多

当前我国在制定跨境电商进出口货物关税的过程中,对某些区域的关税政策有一定的优惠,但从整体角度分析,优惠的力度依然较小,主要适合一些规模较小、频次较低的贸易。

而RCEP当中关税减免方面的条款可以使电商的发展得到促进。该协定可以实现90%以上的货物贸易零关税,各缔约国之间可以依照自身的发展需求,在10年内实现货物的自由贸易。通过研究分析,预计在2035年前,我国和东南亚国家在贸易过程中,有一半以上的贸易额由跨境电商实现。

3. 流量红利增加

东南亚市场电子商务平台直播正迅速增长。统计数据显示,马来西亚和新加坡电子商务平台上的直播时间增加了200%,菲律宾60%的品牌会采用直播带货的方式来吸引客户。疫情的催化让拥有众多人口的东南亚国家成为跨境电商新蓝海,RCEP带来的利好发展趋势给外贸人拓展东南亚电商市场带来了新机遇。

数据显示,东南亚国家的数字营销支出同比增速在9%~16%。从营销方式来看,最主要的宣传方式为谷歌(Google)等渠道的搜索竞价排名。另外,以Facebook、YouTube和Instagram等为主的社交媒体渠道的定向广告投放也在不断发展。从成本端来看,目前东南亚地区的广告展示成本仅为欧美地区的30%~40%,存在较大的流量红利空间。

相关研究报告显示,东南亚地区互联网渗透率高达74%,高于中国及世界平均水平。更有利的消息是,东南亚地区的电商渗透率相较于中国的35%,仍然存在很大的提升空间,这无疑为各跨境电商企业孕育出了更广阔的行业发展空间。

(二)跨境网络市场需求分析

近五年来,东南亚地区经济增长势头迅猛,又拥有巨大的人口红利。日益崛起的经济,对数字经济的高额投资,移动设备的全面普及等,都为东南亚地区的跨境电商奠定了庞大的市场体量基础。

1. 政策优势

东南亚地区以原材料出口为主,制造业水平低,依赖进口,尤其依赖中国。而中国在橡胶等原材料上则十分依赖东南亚国家联盟(东盟)的出口,两者在产业结构上有很强的互补关系。中国与东盟相邻,自古大量华商就在东南亚各国经商,虽然存在地缘政治影响,但文化接近,贸易互信度也比较高。

随着"一带一路"倡议的深化以及 RCEP 的签署,中国和东南亚国家之间有了更大的交流合作空间。国内企业进入东南亚市场将获得更大的双边准入政策支持。东盟也超越欧盟成为我国第一大贸易伙伴。

2. 经济基础

作为新兴经济地区的东南亚,其数字经济巨大的实力和增长潜力更是不容小觑。谷歌、淡马锡和贝恩联合发布的《2022 年东南亚数字经济报告》显示,东南亚国家联盟(包括印度尼西亚、马来西亚、菲律宾、新加坡、泰国和越南)内六个国家的整体互联网渗透率高达 76%,远高于世界平均水平(59.5%)。预计六国数字经济将每年增长 6%,到 2030 年总规模将达到 1 万亿美元。

3. 电商市场

目前,东南亚的电子商务市场已经发展到另一个层次,东南亚电商零售市场是一个持续增长的潜在市场。促使东南亚电商业务成倍增长的转折点是由于大众广泛使用互联网、智能手机和其他电子设备访问不同国家的电商平台。该市场的消费者熟悉网上购物,购买行为的趋势也更加复杂。例如,购买的产品具有更高的单价,表现出对网购的信心,消费者愿意为更高质量的商品和服务支付更多费用,通过网络购买的产品种类多样化。

东南亚是我国与周边国家开展贸易合作的重要区域。东南亚跨境电商的发展受到了多方面的推动。一方面,各国政府积极推动数字经济的发展,提高数字化水平,促进电商市场的发展。另一方面,跨境电商平台的迅速崛起也推动了东南亚跨境电商市场的发展。例如,阿里巴巴旗下的 Lazada 和腾讯旗下的 Shopee 都在东南亚地区的电商市场中占据重要的地位。这对电子商务企业和跨境物流企业来说是一个很好的机会,利用产品销售和物流活动的数据分析,差异化满足不同用户的需求,提升该区域企业产品的市场竞争力。

(三)跨境网络市场目标人群

接下来,我们以东南亚各国目标市场人群为例进行分析。

1. 越南

（1）市场特征

中国是越南的资本性产品和中间产品的最大供应国。越南主要从中国进口机器、设备附件、计算机电子零件、纺织品、皮鞋原料、电话和电子零件，以及运输车等。

（2）客户特点

越南的商业往来偏重个人交情，进入越南市场的卖家可以与越南的合作伙伴多进行感情投资，即与决策人员多接触，建立感情，疏通关系。如果越南人做决策所花的时间比预期的要长，也别失望，因为决策慢是越南人的一个特点。

2. 泰国

（1）市场特征

五金、机电产品占据泰国自中国进口产品的半壁江山。贱金属及制品、化工产品、塑料橡胶分属进口的第二、第三和第四大类产品。

（2）客户特点

泰国为佛教国度，与泰国人打交道要有佛性思维。泰国客户很愿意尝试新产品，所以有新产品出来时泰国客户都会一试，以图市场接受认可。但是卖得好的产品还是大众化的款式。

3. 印度尼西亚

（1）市场特征

中国出口印度尼西亚的潜力产品有：手表配饰、个护美妆、服装及配饰、电子类、母婴类、照明类、家用电器类等。

（2）客户特点

印度尼西亚人大多信奉伊斯兰教，还有一些人信奉基督教和天主教。与其谈生意时，不要谈论有关当地的政治、宗教等话题。印度尼西亚商人强调行业互助精神，待人很有礼貌，但较难成为他人的知心朋友。然而一旦你与其建立了推心置腹的交情，与其合作就比较容易。

印度尼西亚是一个传统的、等级制度比较明显的国家。这就意味着来自那些人人平等的、不拘礼节的国家的访问者在与当地人进行交流的时候也许会遇到一些麻烦，所以一定要避免公开谈论、责备你的谈判对象。

4. 马来西亚

（1）市场特征

电子电器产品、机器设备及配件和化学化工产品是马来西亚很重要的进口产品。在农产品进口领域，谷类产品（包括未碾磨的小麦、大麦、玉米）是最重要的进口产品；在矿物及矿物燃料进口领域，原油、精炼石化产品进口较多。

（2）客户特点

与马来西亚客户谈判时一般会从无关痛痒的小话题开始，每一方都会说一些夸赞对方国家、天气及物产之类的话，然后才会间接地进入会谈的正题。马来西亚客户很可能希望你留一份或是两份备份材料给他，以便给他的合伙人看。

5．新加坡

（1）市场特征

新加坡是东南亚地区最富裕的国家。其经济属外贸驱动型，主要进口商品有机械器具、化学产品、矿物产品、塑料橡胶、仪器仪表等。

（2）客户特点

"华裔之国"新加坡的华人乡土意识极强，不少人心系两地，他们很乐意回祖国经商。与海外华人进行交易，采用方言洽谈，有时可以起到一种独特的作用，有助于谈判的进行和成功。新加坡是一个文明的国家，讲礼貌已成为他们的行动准则。在新加坡进行贸易谈判时，一定要注意礼貌，否则将破坏成交机会。例如在谈判时如果跷二郎腿，把鞋底朝向客户，会给新加坡商人留下很差的印象。

6．菲律宾

（1）市场特征

菲律宾自全球进口的前五大商品分别是机电产品、特殊交易品及未分类商品、矿产品、化工产品、贱金属及制品。

（2）客户特点

菲律宾商人英语水平良好，华商又多，是一个相对容易开拓的新兴市场。他们的很多习惯跟美国人相似。与菲律宾人做生意时，一定要找信誉好、实力强的船运公司，以防不法货代或船代与不法商人勾结骗取货物。

（四）跨境网络市场节日调研

跨境电商出海，借"势"营销是必不可少的一环，而因地制宜，借当地节日进行品牌营销，将是电商出海的重要契机，下面了解一下东南亚地区跨境电商全年促销节点。

1．春节

很多受中华文化影响的国家也有过春节的习俗，如新加坡、马来西亚、越南等。在越南，大家会买桃花和金橘盆景。桃花用来辟邪，同时也是幸运的象征；金橘盆景象征富贵和吉祥。新加坡有 80%以上的人是华裔，因此，农历新年是一年中非常重要的节日。正月初一到初三，是法定公众假期。传统节日盛装、灯笼、舞狮和舞龙，是必不可少的节日装扮。

推荐品类：灯笼、红包、对联、福字等春节装饰品。

2．泼水节

泼水节，又称宋干节，是东南亚地区的传统节日，为期 3 天，在每年公历的 4 月 13 日至 15 日。该节日的主要活动有斋僧行善、沐浴净身，人们互相泼水祝福、敬拜长辈，参加放生活动及歌舞游戏，祈求洗去过去一年的不顺。

推荐品类：水枪玩具、防晒服饰、凉鞋、防水拖鞋等。

3．中秋节

中秋节是中国的传统节日，在备受中华文化影响的东南亚地区也有相当大的影响力。例如越南的中秋节也是儿童节，小朋友会拎着鲤鱼灯出门玩耍，家长还会给小朋友送喜欢的礼物。

推荐品类：儿童玩具、花灯、月饼等。

4．"双十一"

Lazada 将阿里的"双十一"购物节引入东南亚地区，"双十一"越来越成为东南亚地区电商的重要促销节日，众多电商平台会搞促销活动。Shopee 发布的 2022 年"双十一"数据显示，大促的 2 小时，平台多个类目售出商品数较平日全天涨幅超 20 倍，这足以体现出东南亚人民的网购热情。与此同时，站内营销矩阵为大促引入源源不断的流量。手机、智能家电、美妆产品、户外用品等跨境卖家增长势头强劲。

推荐品类：3C 电子、美妆护肤、居家生活、时尚配饰等为最受欢迎的跨境商品品类。

5．黑色星期五

黑色星期五（简称"黑五"）来源于美国，是美国感恩节后的第二天。随着美国电商平台在全球范围内建立起影响力，黑色星期五在东南亚也成了一个重要的电商促销节点。而紧跟黑色星期五的"双十二"也成为营销节日。为了获取流量，Lazada 平台更是将国民选秀节目的最终舞台放在"双十二"当晚，流量在最终舞台迎来峰值，为商家带来海量消费者。

推荐品类：全品类商品。

6．圣诞节

圣诞节一直是跨境电商迎合消费者的良机。由于临近年末节日季，消费者热衷于为家中添置 LED 灯、圣诞帽、3D 墙贴等装饰品，营造欢乐气氛。很多消费者都会在圣诞节前通过跨境电商平台选购相关商品，对于跨境电商卖家来说，利用好这波流量优势，可以获得更多的市场订单。

推荐品类：气球套装、圣诞横幅、圣诞贺卡等圣诞装饰品。

（五）跨境网络市场产品分析

对于跨境电商市场的产品分析可以通过跨境电商平台进行。以东南亚市场为例，我们可以依托其主流跨境电商平台去进行产品分析。

1. Shopee 平台产品分析

Shopee 成立于 2015 年，是东南亚地区与中国台湾地区最大的电商平台，覆盖新加坡、马来西亚、菲律宾、印度尼西亚、泰国和越南等，同时在中国的深圳、上海和香港设立办公室，是东南亚地区发展最迅猛的电商平台。

（1）Shopee 新加坡

新加坡市场最畅销的三个跨境商品类目分别是 3C、家居、女装。同时，珠宝配饰、男装、男鞋等品类也极具发展潜力。家具、卫浴、灯饰是 Shopee 新加坡特别关注的子类目，特别是高质量卫浴方面的产品比较受欢迎。珠宝配饰是新加坡市场特别关注的品类，当地流行趋势丰富，ins 风、欧美时尚风、日韩小清新风都备受喜爱。该类目下的所有子类目都具有非常旺盛的生长力，更多高品质垂直店铺卖家入驻 Shopee，单量持续走高。潮流男鞋所有子类目都有明显的增长趋势，跨境卖家可多挖掘男性消费潜力。

（2）Shopee 马来西亚

在 Shopee 马来西亚，女士睡衣和女装上衣均是日单量高的"明星子类目"。热卖的内裤价格在 2RM（RM 为马来西亚货币缩写）左右、内衣价格在 5RM 左右，SKU 出单效率非常高，简约的设计风格更受当地消费者青睐。跨境卖家在女装上衣供应端的丰富度和拿货成本上占据极大的优势，可以重点关注 10RM 以下商品，综合利用 Shopee 平台的最低价保证、折扣券、限时特卖及关键字广告等工具打造爆款。

在 Shopee 马来西亚，美妆工具需求量大，热销排行榜上不乏跨境商品的身影。美妆工具是国货一大特有品类，产品丰富且价格实惠，堪称"跨境专供"。移动电源是马来西亚销量极佳的子类目，跨境卖家可关注价格实惠的款式，移动电源和音频设备均需通过海外仓销售。

在 Shopee 马来西亚市场，年轻人及新家庭的数量多，母婴用品及家居品类方面的消费需求旺盛。其中，家居修缮在 Shopee 马来西亚市场是最大的子类目之一，跨境卖家可立足国货优势深耕该品类。与此同时，男性用户数量在高速增长，户外运动、汽配等产品的销量也相应提升。

（3）Shopee 菲律宾

跨境业务在菲律宾市场中最热销的三大类目是 3C、家居和护肤美妆。菲律宾买家近期更喜爱有印花、条纹和与电影相关的服饰。另外，韩式风格的连衣裙、上衣和外套在菲律宾市场颇受欢迎，出单迅速。大码服饰在菲律宾市场发展潜力极大，目前该类别跨境卖家较少，值得卖家立足国货优势迅速占据该市场，深耕该品类。内衣、睡衣和泳衣也是跨境卖家发展潜力十足的品类。手表、眼镜、发饰的搜索率高、曝光率高、销量佳，跨境卖家可搭配 Shopee 关键字广告提高曝光率，高效快速出单。在 Shopee 菲律宾市场，男性用户数量在高速增长，运动旅行类相关产品的销量也相应提升。厨具、餐具是热销的长尾类目，发展潜力大。菲律宾市场的年轻人及新家庭的数量多，在家居品类方面的消费需求旺盛。

婴童用品一直是菲律宾市场的热销大类，跨境卖家产品款式丰富，建议卖家朋友上新 7 美元以下的商品。"terno（特尔诺）"在菲律宾语中是"套装"的意思，服装套装加上这个关键词还可以提高搜索率。菲律宾是东盟第二大汽配市场，对汽配的需求量大。手机及相关配件在菲律宾市场一直十分畅销。

（4）Shopee 印度尼西亚

家居是印度尼西亚电商销量最大的品类之一，特别是斋月期间，家居商品需求量快速跃升。美妆也是日单量增长的强劲动力，不少跨境卖家已经凭借这个类目在印度尼西亚市场一炮而红，单量上升空间还很大，可重点关注。3C 电子品类是跨境卖家的强项，许多中国制造的独特款式在印度尼西亚市场爆款频出，包揽了许多活动的销量冠军。

日韩风格的服饰在印度尼西亚市场相当流行，单量较高。但由于宗教原因，卖家在选择女装上衣和外套选品时需注意选择宽松、长袖的款式。国货在商品多样性上具备优势，跨境卖家在产品款式上的选择具有较大优势。在女包类目中，材质较为轻巧的背包、手提包对跨境卖家而言是理想的选择，具有增长潜力。而印度尼西亚女士需佩戴头巾，头巾销量甚佳，价格偏低的款式经常热卖。

（5）Shopee 越南

发饰是该品类跨境商品销量第一的子类目，国货丰富的 SKU 具有强竞争力，同时可进一步提高商品的性价比，让价格更有优势。首饰方面，越南买家更偏好韩式风格，卖家可上新相关新款，对于便宜的首饰，可搭配其他商品做捆绑促销。在眼镜用品领域，中国跨境卖家在价格和款式方面具有明显优势，盛夏可上新更多太阳镜，进一步提高单量。

餐厨用品是 Shopee 越南家居市场销量最高的子类目，这个子类目产品比较标准，季节性不明显，跨境卖家销量良好，但同时可进一步挖掘更多差异化商品。装修用品是该品类市场销量第二高的商品。装饰用品是该品类跨境卖家销量最佳的子类目，比如照明类商品跨境卖家有销量极佳的 SKU，可进一步上新 LED 灯、台灯等给买家更多选择。当地典型的买家是女性家庭成员，价格敏感度较高，更倾向于价格便宜且实用的商品。

2. Lazada 平台产品分析

Lazada 成立于 2012 年，总部位于新加坡，是东南亚地区最大的网上购物和商家入驻平台。目前完全覆盖新加坡、马来西亚、菲律宾、印度尼西亚、泰国和越南等多个东南亚国家。作为东南亚电商生态系统的先驱，Lazada 为超过 155 000 家本地和国际卖家以及 3000 个品牌提供服务。同时为东南亚的 5.6 亿消费者提供服务，拥有超过 3 亿个 SKU，提供最广泛的产品。阿里巴巴几乎完全控股 Lazada，足证 Lazada 与东南亚跨境电商的潜力与重要性。

（1）Lazada 新加坡

新加坡作为东南亚最重要的金融中心和国际贸易中转站，人口虽然不多，但其经济发达，消费能力强，有着极高的互联网和智能机普及率，是东南亚最为成熟的电商市场。新加坡人网上购物更倾向于购买非本土的产品。Lazada 新加坡用户对包袋、服饰、家居用品、美容产品等都有着较高的热度。值得一提的是，新加坡地区由于没有午休，大部分消费者选择在晚间购物，卖家可以考虑在这个时间段进行广告投放。

（2）Lazada 马来西亚

作为东南亚最具活力的电商生态系统之一，这几年来马来西亚的互联网和智能手机渗透率不断提高，数字消费者也在不断增多，国际玩家不断进入马来西亚的电商市场，同时占据着最大的市场份额。Lazada 马来西亚用户对手表、服装、运动户外等产品都比较喜欢。

（3）Lazada 菲律宾

在东南亚地区的电商市场中，菲律宾市场是唯一一个由 Lazada 占主导地位的市场。Lazada 菲律宾的每月访问次数达 3500 多万次，市场竞争力非常强。该地区目前畅销的商品，如手表、鞋、包袋、美容产品、家居用品和服饰等都是不错的选品方向。从价格区间来看，大多数商品的价格在 20~30 美元，所以低价也是卖家选品需要考虑的因素。

（4）Lazada 印度尼西亚

印度尼西亚拥有超过 1.3 亿个互联网用户，正在成为亚洲最大的智能手机市场之一。据 Statista 的数据分析，随着人们的消费习惯继续向在线转变，预计到 2025 年，印度尼西亚电子商务市场将产生 460 亿美元的在线零售额，排名位于中国和印度之后，具有较大的市场空间。产品方面，鞋、包袋、服饰和家居用品等都是印度尼西亚人感兴趣的。

3. Tokopedia 平台产品分析

Tokopedia 成立于 2009 年，是印度尼西亚最受欢迎的在线电商平台，其访问量达到了 1.328 亿次，在印度尼西亚的市场影响力是比较高的。与 Shopee 和 Lazada 等竞争对手相反，Tokopedia 仅在印度尼西亚提供服务，阿里巴巴是其股东。

（1）平台卖家

目前，Tokopedia 平台注册商户高达 600 万个，由小型零售商和品牌方组成，卖家数量超过 1100 万个，几乎 100% 是中小微企业，所以中小企业到 Tokopedia 开店也是更有优势的。

（2）平台产品

Tokopedia 平台的产品大多属于中低价位，尽力迎合当地居民的需求。具体到商品品类，电子和电器类贡献了该平台主要的 GMV，占总 GMV 的 40% 以上。相较而言，Shopee 印度尼西亚的品类组合则更加分散，其中几个贡献最大的品类分别为时尚（占 30%）、健康与美容（占 20%）、家居与生活（占 12%）和电子与电器（占 13%）。

（3）业务范围

Tokopedia 是以 C2C 业务起家的，近年来进军 B2C 领域并开始为品牌提供旗舰店等业务模式，是同时兼顾 C2C 和 B2C 两种模式的平台。虽然 Tokopedia 的优势也比较多，但是 Tokopedia 平台现在是不支持跨境销售的。当然，中国卖家如果符合 Tokopedia 的开店要求，那么也可以去申请一个账号开店，之后发货的话，需要先将货物运输到印度尼西亚当地的仓储中心，之后再联系 Tokopedia 合作的物流公司上门揽件派送。

【相关知识】

Tokopedia 平台的配送与运输

在印度尼西亚有 17 000 个岛屿，因此，建立高效的物流系统是 Tokopedia 的重要任务之一。此前，Tokopedia 没有运营中心，Tokopedia 卖家需要自行寻找合适的运营中心和货运公司；而现在，Tokopedia 已经启动了自己的运营中心——TokoCabang。

TokoCabang 的价格十分便宜，并且 Tokopedia 卖家无须为每件物品支付超过 0.2 美元的费用，就可以存放 60 天以上。TokoCabang 目前在 Jakarta、Surabaya 和 Bandung 都可以使用。目前，Tokopedia 上 65% 的商品都可以在当天或第二天送达客户手中。通过人工智能，预计将来 90% 的商品都能做到次日达。

4．Tiki 平台产品分析

Tiki 平台于 2010 年在越南成立，是越南第二大电商平台。Tiki 全称在越南语中意为"搜索和保存"，这个名字反映了公司的早期愿景——为当地消费者提供更好、更实惠的购物体验。与 Shopee、Lazada 等外来者不同，Tiki 是一家纯本土的电商平台。

（1）平台优势

Tiki 曾多次获得过京东的投资，而京东也在 2019 年成为 Tiki 的第一大股东。Tiki 可以说是最像京东的越南电商，注重自建物流时效，某些产品可以在两小时内交货。在用户群上，Tiki 主要瞄准在河内和胡志明市的高收入人群，而越南电商 70% 的交易都集中在这两个城市。Tiki 在越南消费者心目中拥有良好口碑。在越南所有电子商务平台中，它的退货率最低，客户满意度最高。Tiki 以其卓越的客户服务、可靠的物流和仓储合作伙伴关系，以及强大的品牌选择空间取得了如今的成就。Tiki 成功地控制了整个端到端供应链，在面对来自海外的竞争对手时，这成为其某种本土优势。

（2）平台产品

经过多年的发展，Tiki 现在成为一家拥有 4000 多名员工和 2000 多个注册用户的综合电商平台，提供 4500 多个品牌的商品。其生态系统内包括电商平台 Tiki、实体零售店 Tiki Trading，以及仓储及物流供应链平台 Tiki NOW Smart Logistics。目前，Tiki 在平台内嵌入了几个迷你应用，例如投资储蓄的 Infina，购买定制保险的 Ezin 等，并向不同的垂类进行扩张，包括生鲜和药品配送。这样看来，Tiki 计划的是打造成一个超级应用平台，拥有一套完整的生态链。Tiki 官网首页如图 2-12 所示。

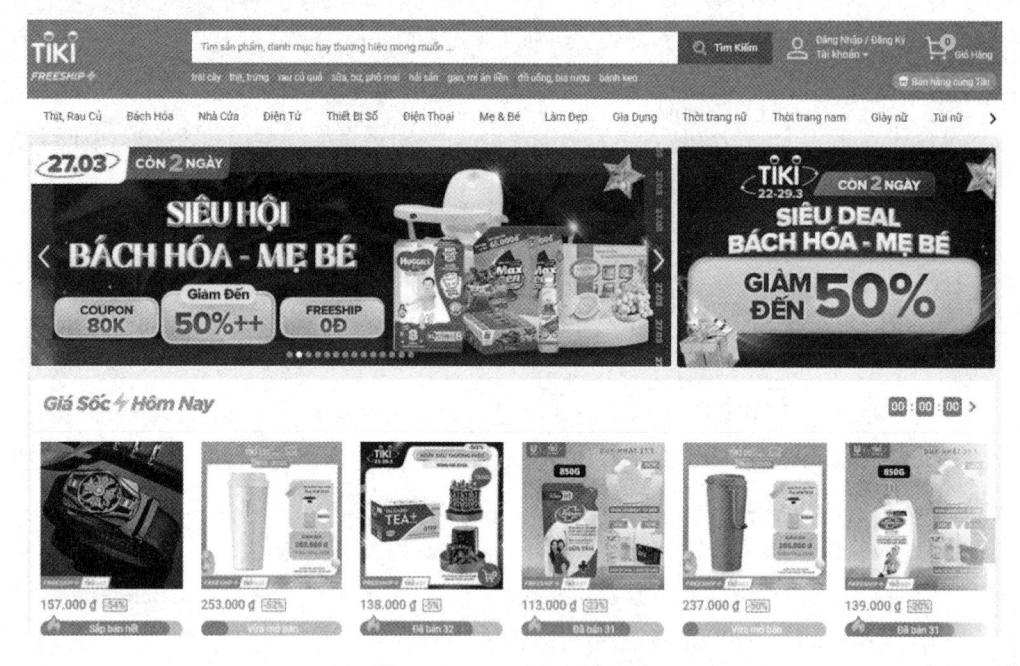

图 2-12　Tiki 平台官网首页

5．blibli 平台产品分析

blibli 是印度尼西亚的第二大电商平台，于 2010 年进入印度尼西亚电商市场，官网首页如图 2-13 所示。

图 2-13　blibli 平台官网首页

（1）平台优势

blibli 在印度尼西亚各地提供免费送货服务，且可为所有产品提供分期付款服务，分期最长期限高达 12 个月。blibli 卖家有两种类型，一种是卖家自营，另一种是平台寄售。根据不同类型的卖家，平台佣金也有所不同，该平台对于国际卖家是开放注册的，中国卖家也可以入驻。不过需要卖家准备好相应的资料，主要是企业相关资料、运营者身份认证、其他第三方电商平台店铺相关信息、要销售的产品相关信息等。

（2）平台产品

blibli 的特点在于只销售本土的品牌。产品主要包括家居装饰品、传统服装、不同岛屿风味的料理、本国旅游以及艺术表演和体育赛事的门票。作为印度尼西亚最大和最全面的网络商城先驱，blibli 的口号是"大选择，大交易"，可满足日常需求，包括生活方式、汽车、爱好和运动需求以及家庭需求等多种类型。该平台覆盖的品类包括手机、平板电脑和可穿戴的小工具、相机、电脑等电子设备，以及时尚男装、时尚女装、保健、美容、母婴、体育及户外活动门票和优惠券、家居生活、玩具和视频游戏等十五个大类几十万种产品，致力于随时随地为用户提供安全、舒适、轻松、有趣的在线购物体验。

（六）跨境网络市场满意度

对跨境电商来说，35%的消费者将物流视为电子商务中的最大问题。超过 90%的消费者投诉和卖家回应与延迟发货以及缺乏沟通的运输状态有关。相比之下，新加坡、泰国和越南的消费者更满意他们的物流。在每个包裹的派送过程中，消费者和包裹派送公司之间的联系次数平均为 4.6 次，这个过程是购买后增强购物体验的好时机，可以大幅提高在线购物消费者的信心。

1. 物流配送影响满意度

更快的包裹交付，意味着更高的消费者满意度，东南亚各国网络市场消费者满意度情况如表 2-2 所示。随着运输时间的增加，每个时期的消费者满意度降低 10%～15%。包裹运输时间与消费者满意度之间的关系表明，快速、及时和响应迅速的服务对于电子商务仍然很重要。30%～40%的消费者对送货服务不满意，运输质量极大地影响了消费者的满意度和平台的收益。由于消费者满意度是忠诚度的关键，因此优化运输体验对于增加客源、获得收益至关重要。

表 2-2　东南亚各国网络市场消费者满意度情况

序号	国家	满意度情况
1	新加坡	新加坡人对电商包裹派送很满意，超过 75%的消费者对包裹派送百分之百满意。影响消费者满意度的关键是交付速度，如果运输时间为 0～3 天，75%的消费者对派送服务很满意；如果运输时间延长到 6～9 天，则对其满意的消费者比例大幅下降到 34%
2	越南	随着越南电商产业的蓬勃发展，越南消费者对于包裹派送的满意度居东南亚地区榜首，表明越南电商行业前景乐观
3	马来西亚	43%的马来西亚消费者对他们的电商包裹派送体验不满意。在东南亚地区，马来西亚的包裹派送时间最长，平均时长为 5.8 天，而东南亚地区的平均时长为 3.3 天
4	泰国	在泰国，不同派送时长的消费者满意度与派送时长为 0～3 天的消费者满意度大致保持一致，后者仅高一点。与派送速度相比，泰国电商消费者更关心包裹派送状态是否不断更新
5	印度尼西亚	印度尼西亚的电商数量在过去 5 年中增长迅速，增长率达 10.3%，但在包裹派送方面仍存在挑战，36%的消费者对电商包裹派送体验表示不满

2. 沟通反馈影响满意度

与消费者积极沟通并满足预期交货时间将提高消费者满意度。消费者对运输的期望可以通过更主动的通信和交付状态更新来管理。消费者希望得到定期发货通知，交货状态更新以及必须满足的预计交货日期。管理沟通过程是运营商改善运输体验和帮助卖家提高消费者满意度的机会。调查表明，37.22%的消费者投诉是因为延迟交货；32.59%的消费者投诉是因为运输时间不符合预期；还有16.11%的消费者投诉是因为不满意售后服务。

超过90%的投诉与对消费者的负面回应、运输时间和延迟交货有关，在包裹派送状态方面缺乏沟通。在东南亚地区，消费者的好评内容通常较短，消费者通常喜欢使用表情符号写好评。相反，差评会更详细、更全面和更情绪化。

综上可知，物流的确是东南亚电商市场最大的痛点，快捷的物流才能给消费者带来良好的购物体验。跨境电商卖家可通过解决此痛点来提高物流数据，从而提高消费者满意度。

【任务小结】

通过该任务的学习，学生了解了跨境网络市场的规模，能够进行跨境网络市场需求分析、跨境网络市场目标人群分析、产品分析和跨境网络市场满意度调查，为后续任务的学习做好准备。

【任务评价】

根据表2-3进行评价。

表2-3 跨境网络市场调研内容学习评价表

评价内容	自我评价（30分）		同学互评（30分）		教师评价（40分）	
	分值	平均分	分值	平均分	分值	平均分
跨境网络市场规模	5		5		5	
跨境网络市场需求分析	5		5		5	
跨境网络市场目标人群	5		5		5	
跨境网络市场节日调研	5		5		5	
跨境网络市场产品分析	5		5		5	
跨境网络市场满意度	5		5		15	

【拓展实训】

某跨境电商公司计划在Lazada平台面向马来西亚市场销售家居类产品，现需要进行一次网络市场调研，请你为其撰写一个市场调研方案。

任务三　跨境网络市场调研的方法和步骤

【学习目标】

◎ 知识目标
1. 了解跨境网络市场的直接调研法。
2. 了解跨境网络市场的间接调研法。
3. 了解跨境网络市场调研的步骤。

◎ 技能目标
1. 能够开展跨境网络市场调研。
2. 能够撰写跨境网络市场调研报告。

◎ 素质目标
1. 培养学生实事求是的职业素养。
2. 培养学生的创新能力。

【思维导图】

跨境网络市场调研的方法和步骤
- 跨境网络市场的直接调研法
- 跨境网络市场的间接调研法
- 跨境网络市场调研的步骤

【任务背景】

以互联网为载体的调查研究方法不断发展，在某些特定情境中，网络调查研究法确实具备了一些传统调查研究方法所没有的独特优势，不仅提高了调查研究效率，同时也拓展和深化了传统调查研究方法的应用范围。尤其随着大数据时代的到来，网络数据的背后是相互联系的各种人群，网络大数据的处理能力直接关系着调查研究的有效性。

【任务实施】

（一）跨境网络市场的直接调研法

问卷调研是指通过制定详细周密的问卷，要求被调查者据此进行回答以收集资料的方法。所谓问卷是一组与调研目标有关的问题，或者说是一份为进行调查而编制的问题表格，又称调查表。它是人们在社会调查研究活动中用来收集资料的一种常用工具。调研人员借助这一工具对社会活动过程进行准确、具体的测定，并应用社会学统计方法进行量的描述和分析，获取所需要的调查资料。

1. 在线问卷调研法

根据载体的不同，问卷调研可分为纸质问卷调研和网络问卷调研。纸质问卷调研就是传统的问卷调研，调查公司通过雇用工人来分发这些纸质问卷，以回收答卷。这种形式的问卷存在一些缺点，分析与统计结果比较麻烦，成本比较高。而另一种网络问卷调研就是用户依靠一些在线调查问卷网站，这些网站提供设计问卷、发放问卷、分析结果等一系列服务。这种方式的优点是无地域限制，成本相对低廉，缺点是答卷质量无法保证。目前国内主要的第三方调查平台有问卷网、问卷星、调查派等，为研究人员提供网络问卷及问卷调研服务。

二维码调查法是在线问卷调研的一种新形式，改变了传统的面对面调查、电话调查、邮寄调查、电子邮件调查等方式，打破了传统的被动式调查方法在设备、时间和环境上的限制。受访者可以随时随地使用随身携带的移动终端设备扫码参与调查，大大减少调查对象参与调查的阻力与成本。通过断点续答功能（回答部分内容退出后下次登录可继续回答），还能有效地利用调查对象的碎片化时间开展调查，更加便捷。

由于问卷调研相对其他方法而言，更容易收集到用户的目标、行为、观点和人口统计特征的量化数据，所以这个工具是定量研究的第一选择。

2. 网上观察法

网上观察主要是利用相关软件和人员记录登录网站的浏览者的活动。相关软件能够记录浏览者浏览网站时所点击的内容。以卖家在亚马逊平台开展竞品调研为例，实施网上观察活动的内容包括：

第一，需要观察竞品的功能卖点，例如参数、配置、优势等。

第二，需要了解使用场景，人机交互的一些体验曲线。

第三，价格观察，可以分析竞品的成本与利润，以及它的优惠券使用方法和运营手法。

第四，评论观察，对于评论我们可以分析评论值、痛点、卖点，据此来做一些产品的改进点。

第五，人群观察，研究产品的主要客户人群。

第六，可以根据品牌找到这家公司，了解这家公司的实力以及规模。

3. 网上实验法

实验法是调查人员根据调查的要求，用实验的方式将调查的对象控制在特定的环境条件下，对其进行观察以获得相应的信息。控制对象可以是产品的价格、品质、包装等，在可控制的条件下观察市场现象，揭示在自然条件下不易发生的市场规律。这种方法主要用于市场销售实验和消费者使用实验。跨境电商卖家可以在线上店铺后台的发布商品页面中，不定期修改销售商品的价格，观察销售量的变化趋势；也可以调整店铺在售商品的物流模式，比如包邮和不包邮，对比销量的变化情况，得出最优的网上实验结论，为后续的运营决策提供参考依据。

4．专题讨论法

通常情况下，调研人员会就某些话题在特定的人群中发起讨论，借此收集相关信息。随着社交媒体的发展，发起话题的载体日益多元化，比如可以通过微博、微信、论坛、贴吧等平台，定期整理用户的反馈意见。

许多大型公司都会运用社交媒体进行营销和产品管理。比如，华为用足了粉丝营销的优点，利用 TikTok、Facebook、Twitter 等海外社交媒体平台与用户展开交流。活跃的粉丝会在日常生活中分享与企业产品相关的内容，能有效增加品牌曝光度。对于企业发起的话题，粉丝会积极地参与到讨论中来。通过与粉丝的互动，企业可以获得有价值的反馈和建议，进一步改善产品功能、质量及用户体验等。总之，拥有活跃粉丝可以提升品牌产品的影响力、曝光度和转化率，同时获得用户反馈和数据支持，进一步优化内容和运营策略。

5．电子邮件法

借助电子邮件进行抽样调查也是网络调查研究经常使用的方法。这个方法对较为复杂、无法用标准化问卷进行调查研究的对象尤为有效。只要问卷设计合理，操作恰当，这种形式的网络调查，不仅问卷回收率较高，而且调查研究主体还可以根据研究需要随时做进一步的深入调查。

6．视频会议法

利用视频会议工具，采用小型座谈会的形式，挑选一组具有同质性的消费者或客户，由一个经过训练的主持人以一种无结构、自然的形式与一个小组的具有代表性的消费者或客户交谈，从而获得对有关问题的深入了解。这种视频会议主要有两个特殊作用：一是深入探索知之不多的研究问题。团体焦点访谈适合迅速了解客户对某一产品、计划、服务等的印象；诊断新计划、服务、产品（如开发、包装）或广告中潜在的问题；收集研究主题的一般背景信息，形成研究假设；了解团体访谈参加人对特定现象或问题的看法和态度，为问卷、调查工具或其他量化研究采用的研究工具的设计收集资料等。二是为分析大规模的定量调查提供补充。该方法可在定量调查之后进一步收集资料，以便更全面地解释定量研究结果。

（二）跨境网络市场的间接调研法

1．利用搜索引擎

搜索客户，是跨境电商从业人员必备的基本技能之一，通过搜索引擎搜索便是最为普遍的方法。每个国家都有常用的搜索引擎，每个搜索引擎的使用效果不同。下面以 Bing（必应）国际版搜索引擎为例（见图 2-14），来介绍一下搜索引擎的使用技巧。

图 2-14　Bing 国际版搜索引擎首页

（1）加上双引号

加双引号能够使搜索结果完全匹配到所输入的关键词，使搜索结果比普通输入所得到的结果更为精准。

使用方法："关键词"（双引号与关键词之间无空格），例如，"led lights"，搜索结果如图 2-15 所示。

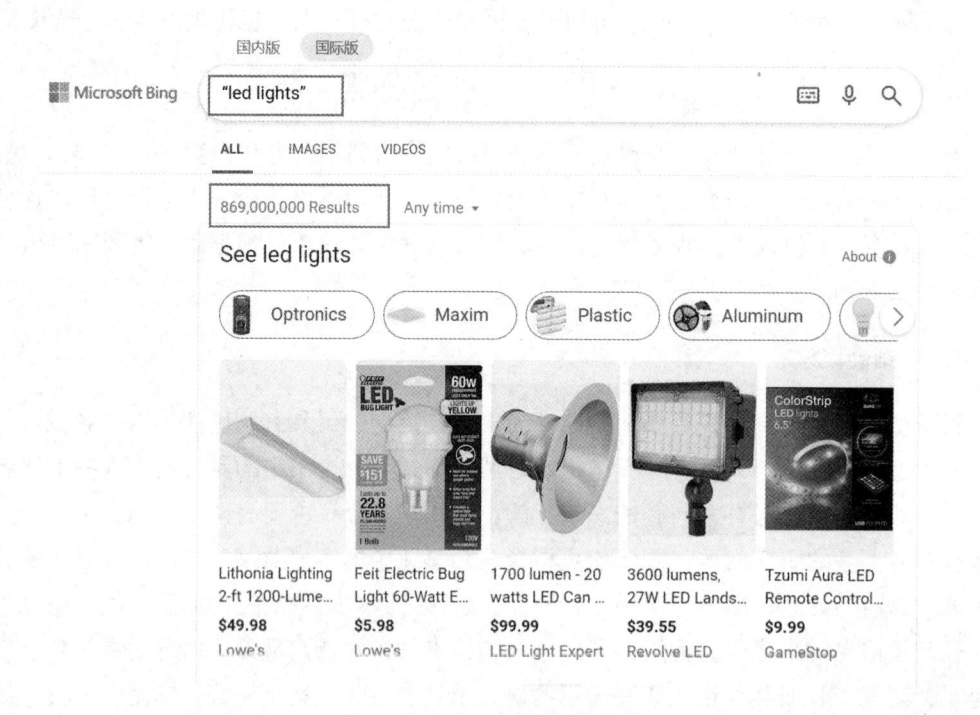

图 2-15　"led lights" 搜索结果

（2）利用星号

加 "*" 表示对含有关键词 A 或关键词 B 的网页进行搜索，"*" 表示任何内容，这样搜索到的结果里或者包含关键词 A，或者包含关键词 B，或者两者都有。

使用方法：关键词 A*关键词 B（*前后皆有空格）。

例：输入 "led * lights"，搜索结果如图 2-16 所示。

项目二　跨境网络营销环境与市场调研

图 2-16　"led * lights"搜索结果

(3) 利用减号

减号是从某一搜索结果中排除含有关键词 A 的内容页面，这项指令能够很有效地把不需要的内容屏蔽掉。

使用方法：关键词 A-关键词 B（减号后与关键词 B 之间无空格，减号后的多个关键词之间用逗号隔开）

例：输入"led lights -china, -alibaba.com, -amazon.com"，搜索结果如图 2-17 所示。

图 2-17　"led lights"加减号后的搜索结果

(4) 使用 location（位置）指令

使用 location 指令进行搜索时所显示的结果仅显示指定区内与关键词相关的内容网页。

使用方法：关键词+location+冒号（英文状态下）+地区（关键词与 location 之间有空格，location 与冒号之间无空格，冒号与地区之间有空格）

例：输入"led lights location: England"，搜索结果如图 2-18 所示。

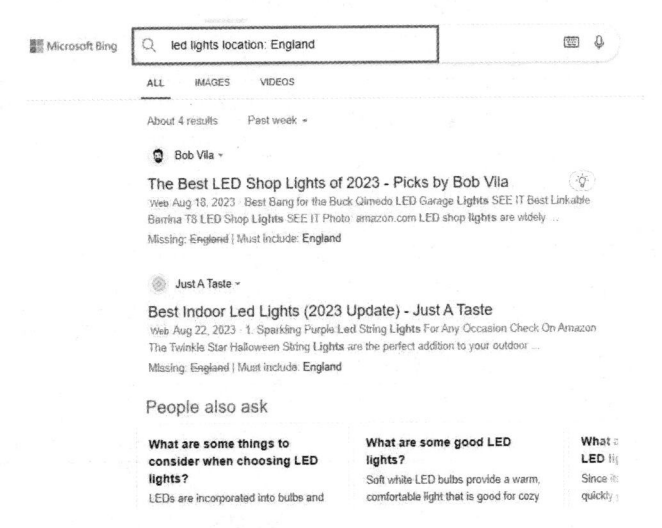

图 2-18　使用 location 指令搜索"led lights"的搜索结果

(5) 使用 intitle（关键词在标题中）指令

搜索时使用让标题中含有关键词的指令，可以精确搜索范围。与其相似的指令还有 inurl（关键词在域名中）、intext（关键词在网页文本中）。

使用方法："intitle: 关键词"（冒号前后皆无空格）

例：输入"intitle:led lights"，搜索结果如图 2-19 所示。

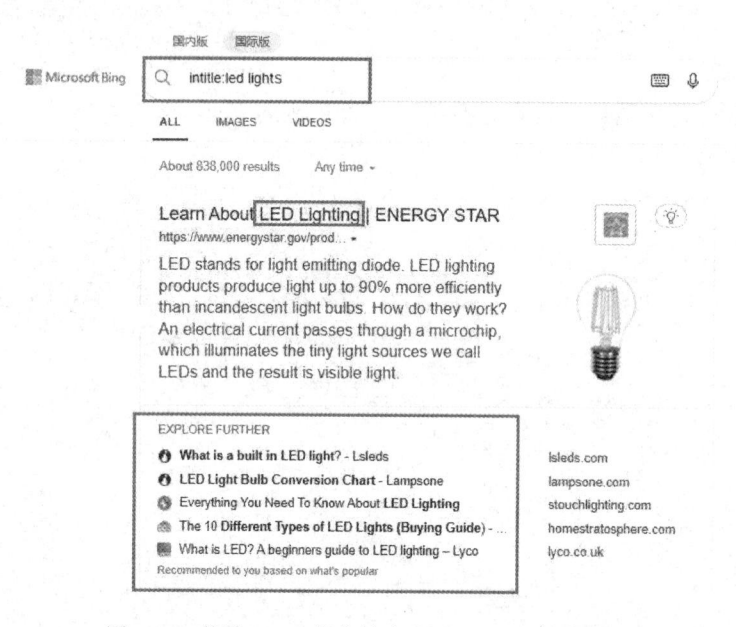

图 2-19 使用 intitel 指令搜索"led lights"的搜索结果

【相关知识】

使用以下关键词可以限定搜索范围，如表 2-4 所示。

表 2-4 Bing 高级搜索技巧

关键词	定义	示例
contains:	只搜索包含指定文件类型的链接的网站	若要搜索包含艺术音乐（.wma）文件链接的网站，则键入 art music contains:wma
filetype:	仅返回以指定文件类型创建的网页	若要查找与熊猫相关的，以 PDF 格式创建的网页，则键入 panda filetype:PDF
language:	返回指定语言的网页，在关键词 language: 后面直接输入语言代码	若只需查看有关古董文物的俄语网页，则键入 antiques language:ru
loc：或 location:	返回特定国家或地区的网页，在关键词 loc: 后面直接输入国家或地区代码	若要查看有关英国雕塑的网页，则键入 Sculpture loc:GB
prefer:	着重强调某个搜索条件或运算符，以限定搜索结果	若要查找足球的相关网页，但搜索内容限定在足球队，则键入 football prefer:football team

2. 利用相关的网站

（1）出口退税率查询

登录国家税务总局官网，进入"出口退税查询"页面，查询商品出口退税情况，如图 2-20 所示。

图 2-20　出口退税率查询页面

（2）HS 编码（海关编码）查询

登录 HS 编码查询网站，查询相关商品信息，如图 2-21 所示。

图 2-21　HS 编码查询页面

(3) 进出口商品税率查询

登录中国海关总署官网,进入"进出口商品税率查询"页面,如图 2-22 所示。

图 2-22　进出口商品税率查询页面

(4) 各国商品反倾销查询

登录中国贸易救济信息网,对各国商品反倾销信息进行查询,如图 2-23 所示。

图 2-23　各国商品反倾销信息查询页面

(5) 汇率查询

登录中国银行官网,查询货币实时汇率,如图 2-24 所示。

项目二 跨境网络营销环境与市场调研

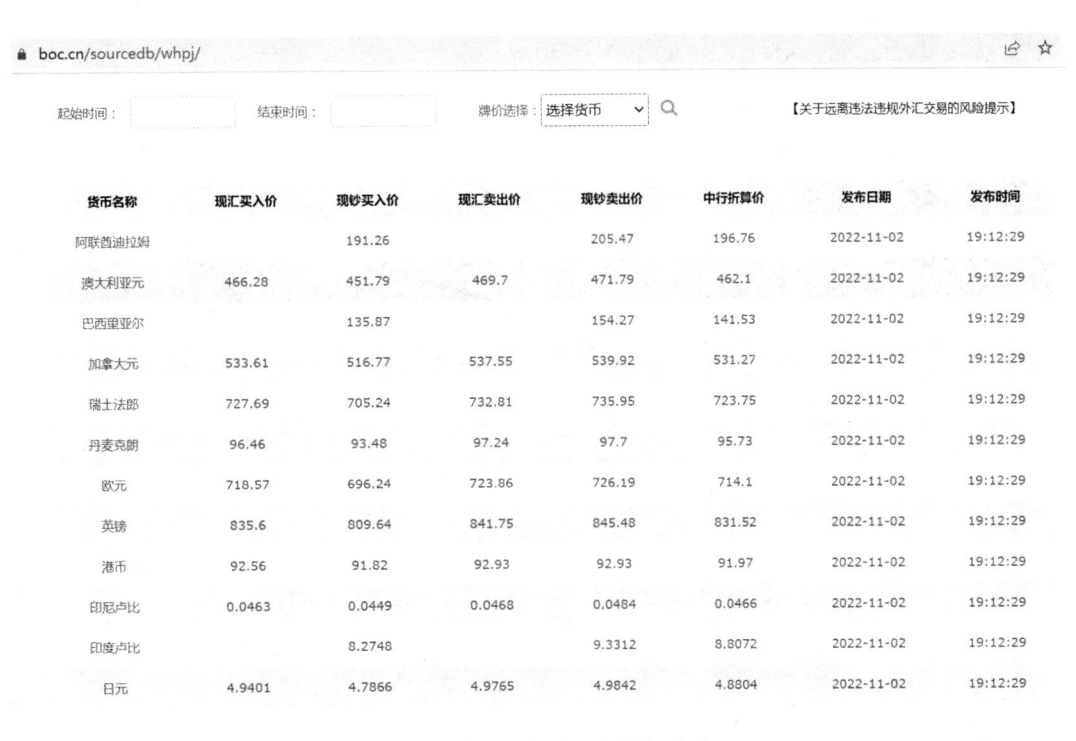

货币名称	现汇买入价	现钞买入价	现汇卖出价	现钞卖出价	中行折算价	发布日期	发布时间
阿联酋迪拉姆		191.26		205.47	196.76	2022-11-02	19:12:29
澳大利亚元	466.28	451.79	469.7	471.79	462.1	2022-11-02	19:12:29
巴西里亚尔		135.87		154.27	141.53	2022-11-02	19:12:29
加拿大元	533.61	516.77	537.55	539.92	531.27	2022-11-02	19:12:29
瑞士法郎	727.69	705.24	732.81	735.95	723.75	2022-11-02	19:12:29
丹麦克朗	96.46	93.48	97.24	97.7	95.73	2022-11-02	19:12:29
欧元	718.57	696.24	723.86	726.19	714.1	2022-11-02	19:12:29
英镑	835.6	809.64	841.75	845.48	831.52	2022-11-02	19:12:29
港币	92.56	91.82	92.93	92.93	91.97	2022-11-02	19:12:29
印尼卢比	0.0463	0.0449	0.0468	0.0484	0.0466	2022-11-02	19:12:29
印度卢比		8.2748		9.3312	8.8072	2022-11-02	19:12:29
日元	4.9401	4.7866	4.9765	4.9842	4.8804	2022-11-02	19:12:29

图 2-24　货币实时汇率查询页面

（6）世界各国货币名称

在百度搜索引擎里输入关键词"世界各国货币名称"，如图 2-25 所示。

欧洲货币

欧洲	货币名称		货币符号		辅币进位制
	中文	英文	原有旧符号	标准符号	
欧洲货币联盟	欧元	Euro	EUR	EUR	1EUR=100eurocents（生丁）
冰岛	冰岛克朗	IcelandicKrona（复数：Kronur）	I.Kr.	ISK	1ISK=100aurar（奥拉）
丹麦	丹麦克朗	DanishKrona（复数：Kronur）	D.Kr.	DKK	1DKK=100ore（欧尔）
挪威	挪威克朗	NorwegianKrone（复数：Kronur）	N.Kr.	NOK	1NOK=100ore（欧尔）
瑞典	瑞典克朗	SwedishKrona（复数：Kronor）	S.Kr.	SEK	1SEK=100ore（欧尔）
芬兰	芬兰马克	FinnishMarkka(orMark)	MK.;FM.;FK.;FMK.	FIM	1FIM=100penni（盆尼）
俄罗斯	卢布	RussianRuble(orRouble)	Rbs.Rbl.	RUB	1卢布=100kopee（戈比）
波兰	兹罗提	PolishZloty	ZL.	PLN	1PLN=100groszy（格罗希）

图 2-25　世界各国货币名称查询页面

(7）各国日历和节假日

登录 Time and Date 官网，查看各国日历和节假日等信息，如图 2-26 所示。

图 2-26　各国日历和节假日信息查询页面

(8）各国时差查询

登录 Time and Date 官网，查看各国时间，了解各国时差信息，如图 2-27 所示。

图 2-27　各国时差信息查询页面

(9)邮箱地址验证

登录 What Is My IP Address 官网,查询邮件是否为竞争对手所发送,如图 2-28 所示。

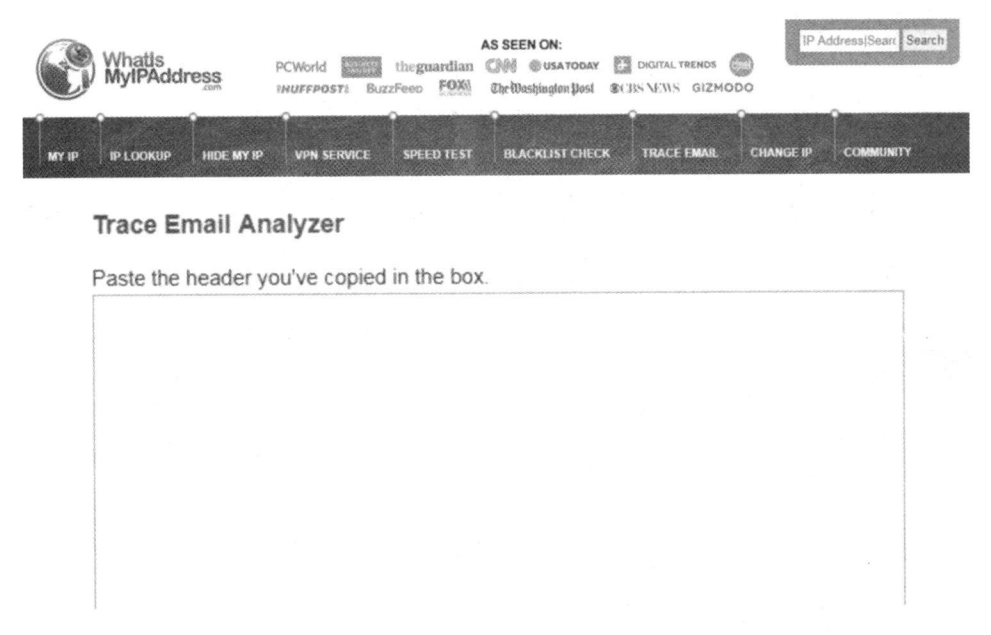

图 2-28　邮箱地址验证页面

(10)英文缩写查询

登录英文缩写查询网站 Acronym Finder,输入英文缩写,进行查询,如图 2-29 所示。

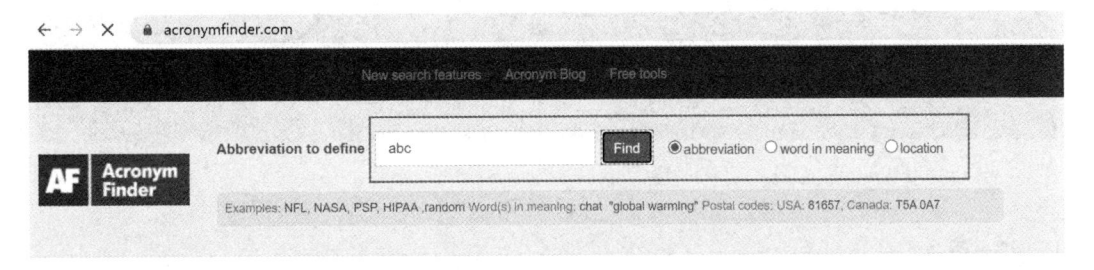

图 2-29　英文缩写查询页面

3. 利用跨境电商社区

(1)顾小北和他的朋友们

顾小北和他的朋友们是国内非常知名的跨境电商博客,内容干货非常多,兼具深度,主要擅长独立站社交化营销、谷歌搜索引擎优化等，如图2-30所示。

图2-30 顾小北和他的朋友们首页

（2）知无不言跨境电商社区

知无不言跨境电商社区是专业的跨境电商问答社区，氛围比较好，每天的活跃度非常高，如图2-31所示。

图2-31 知无不言跨境电商社区首页

项目二　跨境网络营销环境与市场调研

（3）雨果网

雨果网是知名的跨境电商网站，是综合性的，内容丰富，这几年做得越来越大，越来越好，如图2-32所示。

图2-32　雨果网首页

（4）blackhatworld

blackhatworld是非常全面的独立站资源论坛网站，里面的很多文章非常有深度，如图2-33所示。

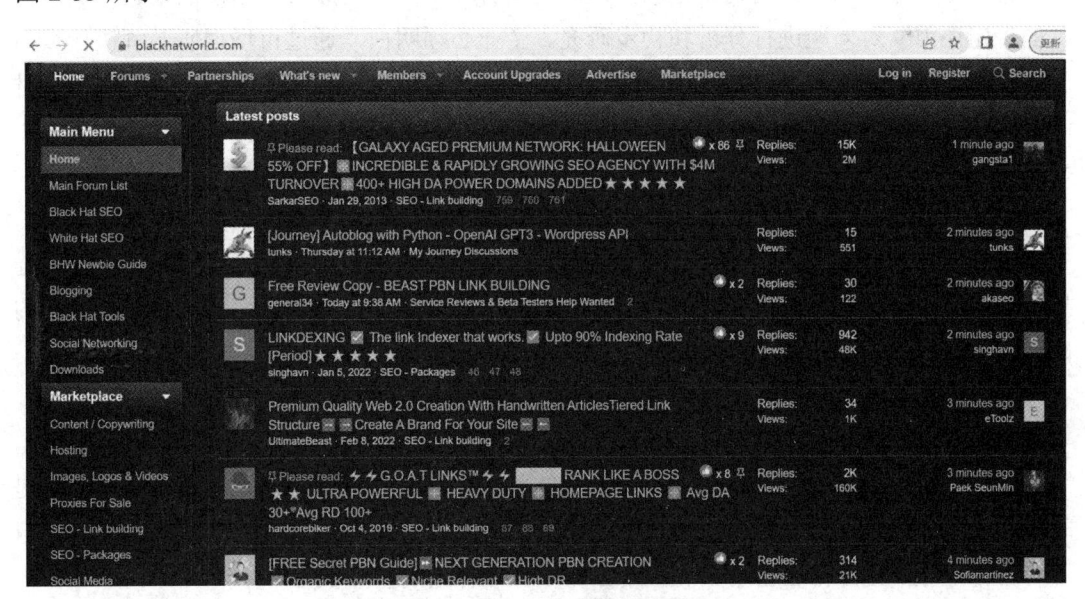

图2-33　blackhatworld网站页面

（5）亚马逊卖家论坛

亚马逊卖家论坛相对比较权威，但回复略慢，如图2-34所示。

图 2-34　亚马逊卖家论坛首页

（三）跨境网络市场调研的步骤

有效的市场调研应按以下 4 个步骤进行：

1. 确定调研目标

市场调研的动因大多来自某种问题或契机，譬如产品的销售量下降了，这样的问题或契机常常是引起市场调研的初始原因，但问题本身并不一定构成市场调研的主题，调研主题的确定还需要对问题进行分析和初步研究。企业必须明白，通过市场调研要解决什么问题，并把要解决的问题准确地传达给调研人员，这些目标一定要切实可行而且可以在短时间内完成，否则调研结果就会失去意义。

2. 制订调研计划

调研计划主要涉及调研类型的确定，即决定需要什么类型的信息；资料收集手段的选择，即电话访问、邮寄问卷、个人访谈等；问卷的制定；样本的选择；调研预算和时间的确定等内容。

3. 实施调研计划

调研的执行基本上包括收集资料，资料的整理、分析、解释，以及书写调研报告并提交等几个步骤。这个过程可以由企业的调研人员进行，也可以由更专业的外部公司做，但不管由谁进行，企业都应密切关注现场工作以保证计划的有效执行。

4. 撰写调研报告

调查人员需要解释自己的发现，得出结论，然后编写成调研报告提供给有关部门，以便做市场营销计划时参考。调研报告主要包括以下几方面的内容：报告摘要、调研的目的与范围、调研结果分析与结论、建议以及必要的附件（如附属表格、公式）等。

【课堂案例】

户外运动赛道里的中国制造"后起之秀"

这两年，像垂钓、露营等从海外流行起来的户外运动方式，在"火"进中国后，又被"中国制造"进行了反向输出，现在全世界的相关爱好者都开始买中国生产的商品。在速卖通上，露营用品已经连续3年增速超过50%。比如疫情下火起来的精致露营，热潮持续高涨。在速卖通，户外露营用品连续3年增速超过50%。挪客（Naturehike）便是其中的佼佼者，也是中国品牌成功出海的一个代表。

另外还有火爆的钓鱼运动，行业数据显示，中国目前已经有24万家渔具相关企业，全世界80%的渔具都来自中国。中国渔具行业早就奋发图强，不少自主品牌不再受制于人。例如渔线制造品牌渔猎（SeaKnight），把中国渔具远销至全球200多个国家及地区，卖出的渔线可绕地球N圈……中国品牌走出了一条从代工到自主研制，再到制霸全球的进击之路。

【任务小结】

通过该任务的学习，学生可以深入了解跨境网络市场的直接调研法和间接调研法，能够按照跨境网络市场调研的步骤，运用各种方法和手段完成跨境网络市场调研，并撰写调研报告为管理者提供决策参考。

【任务评价】

根据表2-5进行评价。

表2-5 跨境网络市场调研的方法和步骤学习评价表

评价内容	自我评价（30分）		同学互评（30分）		教师评价（40分）	
	分值	平均分	分值	平均分	分值	平均分
跨境网络市场的直接调研法	10		10		15	
跨境网络市场的间接调研法	10		10		15	
跨境网络市场调研的步骤	10		10		10	

【拓展实训】

请根据上一小节规划的市场调研方案，运用直接调研法和间接调研法开展跨境网络市场调研，并根据调研结果撰写一份关于Lazada平台马来西亚市场家居类产品的市场调研报告。

项目三　跨境网络市场分析

【学习目标】

◎ 知识目标
1. 了解跨境网络消费者的类型。
2. 了解跨境网络消费者的需求特点。
3. 了解影响跨境网络消费者的因素。
4. 了解各国消费者的消费特点及支付方式。

◎ 技能目标
1. 能够掌握跨境网络市场细分方法。
2. 能够掌握跨境网络目标市场的营销策略。
3. 能够掌握跨境网络目标市场的定位策略。

◎ 素质目标
1. 增强学生对国家与民族优秀文化的自信心和自豪感。
2. 培养学生的市场分析能力。

【思维导图】

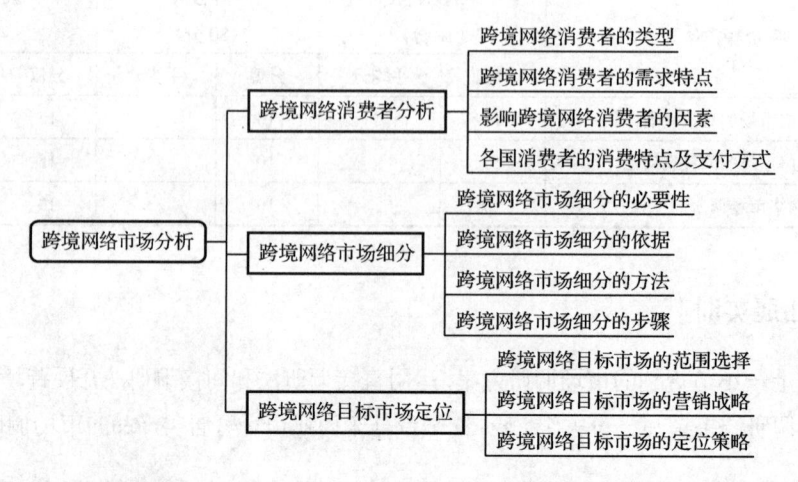

```
                                        ┌─ 跨境网络消费者的类型
                                        ├─ 跨境网络消费者的需求特点
                    ┌─ 跨境网络消费者分析 ─┤
                    │                    ├─ 影响跨境网络消费者的因素
                    │                    └─ 各国消费者的消费特点及支付方式
                    │
                    │                    ┌─ 跨境网络市场细分的必要性
                    │                    ├─ 跨境网络市场细分的依据
跨境网络市场分析 ───┼─ 跨境网络市场细分 ──┤
                    │                    ├─ 跨境网络市场细分的方法
                    │                    └─ 跨境网络市场细分的步骤
                    │
                    │                      ┌─ 跨境网络目标市场的范围选择
                    └─ 跨境网络目标市场定位 ┤─ 跨境网络目标市场的营销战略
                                           └─ 跨境网络目标市场的定位策略
```

【情景案例】

跨境网络市场的选择

1986年YRQ公司创立于中国江苏,专注于羽绒服研发、设计、制作。2020年之前,YRQ公司一直专注于国内市场,羽绒服品质和保暖性广受消费者好评。近年来跨境电商发展迅速,迎着这波全球网购热潮,YRQ公司积极拥抱跨境电商,尝试走出国门,加快"出海"。2022年冬季渐入,天气越来越冷,保暖成了欧美国家每个消费者的必然追求。说到保暖,羽绒服必不可少,其轻盈舒适的特性深受人们喜爱,成了大部分人们冬季的必买服装。YRQ公司想让刘经理在跨境电商平台开展直通车等营销推广活动,以期取得良好的销售业绩。

于是刘经理说干就干,面向美国、俄罗斯、挪威、西班牙等十几个国家全面开展直通车推广活动。过了一个多月之后,刘经理发现公司的羽绒服在美国、俄罗斯、挪威等国家很受欢迎,但是在西班牙的南部地区,市场销量很少。

【案例解析】

该公司做的是防寒保暖产品,受地理因素影响较大。西班牙的南部地区在冬天比较温暖,白天有18~27℃,羽绒服在该地区的销量自然不高。因此,卖家在做营销推广前,要了解整个跨境网络市场的差异性,对市场进行细分以及对目标市场做好选择,再配以相应的营销推广策略,才能做到有的放矢,大大提升营销效果。

任务一　跨境网络消费者分析

【学习目标】

◎ 知识目标
1. 了解跨境网络消费者的类型和需求特点。
2. 了解各国消费者的消费特点及支付方式。

◎ 技能目标
能够分析影响网络消费者的因素。

◎ 素质目标
增强学生对国家与民族优秀文化的自信心和自豪感。

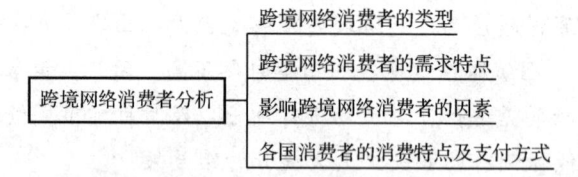

【思维导图】

跨境网络消费者分析
- 跨境网络消费者的类型
- 跨境网络消费者的需求特点
- 影响跨境网络消费者的因素
- 各国消费者的消费特点及支付方式

【任务背景】

在任何一个市场，洞悉消费群体特性都是至关重要的。跨境卖家往往会发现，受文化、本地趋势和方式的差异影响，不同国家消费者的购买偏好也会有所不同。所以，我们需要对跨境网络消费者的类型、需求特点、影响因素及各国消费者的消费特点、消费偏好、喜欢的支付方式等知识做更深入的了解。

【任务实施】

（一）跨境网络消费者的类型

在跨境网络消费中，根据网络消费者的目的、习惯、爱好、购买行为、动机等因素，可以将其分为以下5种类型：

1. 理智型消费者

理智型消费者需要的是方便、直接的网上购物，购买的大多是生活必需品或高档产品。

这些人一般工作较为紧张，或对产品有特殊的要求（如定制产品）。他们认为在网上购物能够节约时间。企业必须为这一类型的人提供适宜的产品、便利的服务，将他们留住。

2. 时尚型消费者

时尚型消费者大多是网上冲浪者，他们在网上花费的时间较多，并且把在网上购买一些流行的时尚产品作为主要的目的。他们易被新产品、新颖的广告和促销活动吸引。企业要为这类消费者提供具有活力、创新性的产品营销活动来让他们感兴趣。

3. 体验型消费者

体验型消费者一般是刚"触网"的新手，他们把购物当成一种体验。这是潜在的网络消费者，他们一般愿意光顾那些有名气的网站，购买诸如图书等标准化产品。企业应对这群人保持足够的重视，提供相应的服务。

4. 寻价型消费者

这类消费者有一种购买便宜产品的本能，价格是他们最关心的。他们喜欢讨价还价，并有在交易中获胜的强烈愿望。对于这类消费者，企业应注重促销活动的开展。

5. 浏览型消费者

这类消费者通常都是被网站的内容吸引，定期访问新闻、商务等网站以及论坛。如何吸引他们，让他们产生购买意愿，将访问者变为消费者是企业要研究的重点。

（二）跨境网络消费者的需求特点

由于电子商务的出现，消费观念、消费方式和消费者的地位正在发生重要的变化，互联网的发展促进了消费者主权地位的提高。跨境网络营销系统巨大的信息处理能力，为消费者挑选产品提供了前所未有的选择空间，使消费者的购买行为更加理性化。跨境网络环境下的消费者需求主要有以下几个方面的特点。

1. 个性化

一方面，工业化和标准化生产方式的发展，使消费者的个性被淹没于大量低成本、单一化的产品洪流之中。另一方面，在短缺经济或近乎垄断的市场中，消费者可以挑选的产品本来就很少，因而个性不得不被压抑。但是随着21世纪的到来，这个世界变成了一个网络交织的世界，消费品市场变得越来越丰富。消费者选择产品的范围全球化、产品的设计多样化，消费者开始制定自己的消费准则，整个市场营销又回到了个性化的旋律之上。没有一个消费者的消费心理是一样的，每一个消费者都是一个细小的消费市场，个性化消费也必将再度成为消费的主流。

2. 差异性

不同的网络消费者，因其所处的时代环境不同、国别不同、文化环境不同等，会产生不同的需求。即便在同一需求层次上，他们的需求也会有所差异。因为跨境网络消费者来自世界各地，有不同的国别、民族、信仰和生活习惯，因而会产生明显的需求差异。因此，从事跨境网络营销的厂商要想取得成功，就必须在整个生产过程中，从产品的构思、设计、制造，到产品的包装、运输、销售，认真思考相关差异，并针对不同消费者的特点，采取相应的措施和方法。

3. 交叉性

在跨境网络消费中，各个层次的消费不是互相排斥的，而是具有紧密联系的，需求之间广泛存在交叉的现象。例如，在同一张购货单上，消费者可以同时购买最普通的生活用品和昂贵的饰品，以满足生理的需求和被尊重的需求。这种情况的出现是因为网络商店可以囊括几乎所有产品，人们可以在较短的时间里浏览多种产品，因此产生交叉性的购买需求。

4. 层次性

网络消费就其消费内容来说，可以分为低层次和高层次等不同层次。需要注意的是，在传统的商业模式下，人们的需求一般是由低层次向高层次逐步递进发展的，只有当低层次的需求得到满足之后，才会产生高层次的需求。在网络消费的开始阶段，消费者偏重于价格不高的产品，比如书、纸巾等生活用品；到了网络消费的成熟阶段，消费者完全掌握了网络消费的规律和操作，并且对网络购物有了一定的信任后，便开始转向 3C 产品，甚至家居、珠宝等价格比较昂贵的产品。

5. 理智性

跨境网络营销系统巨大的信息处理能力，为消费者挑选产品提供了前所未有的选择空间，消费者会利用在网上得到的信息对产品进行反复比较，以决定是否购买。对单位的采购人员来说，可利用预先设计好的计算程序，迅速比较进货价格、运输费用、折扣、时间效率等综合指标，最终选择有利的进货渠道。

6. 超前性和可诱导性

网络消费者的主流是具有一定超前意识的中青年，他们对新事物反应灵敏，不受条条框框的约束，接受速度很快。网络营销构造了一个世界性的虚拟大市场，在这个市场上，最先进的产品和最时髦的产品会以最快的速度与消费者见面。具有创新意识的网络消费者必然很快接受这些（包括国内的和国外的）新产品，从而带动周围消费者新一轮的消费热潮。从事跨境网络营销的企业应当充分发挥自身的优势，采用多种营销方法，启发、刺激网络消费者的新需求，唤起他们的购买兴趣，引导网络消费者将潜在的需求转变为现实的需求。

7. 娱乐性

在网上购物,除了能够满足实际的购物需求,还能得到许多信息,并得到在各种传统商店没有的乐趣。目前,人们的消费心理可分为两种:一部分工作压力较大、紧张程度较高的消费者以方便性购买为目标,他们追求的是时间和劳动成本的尽量节省;而另一部分消费者由于劳动生产率的提高,可自由支配的时间增多,希望通过消费来寻找生活的乐趣。可以预见,这两种相反的消费心理将会在较长的时间内并存。

8. 价格导向性

从消费的角度来说,价格不是决定消费者购买的唯一因素,但却是消费者购买产品时肯定要考虑的因素。网上购物之所以具有生命力,重要的原因之一是网上销售的产品价格普遍低廉。尽管经营者都倾向于以各种差别化来减弱消费者对价格的敏感度,避免恶性竞争,但价格始终对消费者的心理产生重要的影响。如果价格降幅超过消费者的心理界限,消费者也难免会心动。

(三)影响跨境网络消费者的因素

1. 环境因素

从各种影响因素来看,网民人均收入、网民数量和网民的学历水平对跨境网络消费总量产生正相关影响,而网民人均上网时间则对跨境网络消费总量产生负相关影响。

(1)网民人均收入

人均收入对跨境网络消费有显著的正面影响,推动了消费者的跨境网络消费。经济基础影响消费水平和消费方式,随着网民收入的增长,网民跨境网络购物的消费水平也在不断提高。

(2)网民数量

随着全球网民数量的逐年增加,跨境网络消费总量呈现出了越来越快的增长趋势,并且跨境网络消费观念被普遍接受。随着手机、电脑价格的低廉化,网络宽带的普及,许多中低层次收入水平的网民也参与到跨境网络消费中来,造就了如今跨境电子商务市场的一片繁荣景象。

(3)网民整体学历

随着科技的迅速发展,电脑如今已经成为日常的家用电子产品,平均每个家庭至少有一台,手机更是人手一部,网购的低价吸引力以及网购的方便性让更多的人参与进来。但网民学历水平与跨境网络消费总额是呈正相关的,一般来讲,网民受教育程度越高,跨境网络消费能力越强,跨境网络消费的层次越高。

(4)网民人均周上网时间

网民人均周上网时间与跨境网络消费总额存在负相关关系。从逻辑上看,上网经验越丰富,其参与跨境网络消费的可能性会越大。但我们应注意到一个问题,那就是如今网上冲浪已成为网民消遣娱乐、了解外界信息的一项基本活动,而大部分网民在互联网上的大部分时间并不是为了购物。因此平均每周上网时间的增加,只能说明互联网世界的生活越来越丰富,网民的大部分时间用于除网络购物以外的其他网络应用。蘑菇街创始人、CEO陈琪曾经说过:"从宏观上的竞争来说,谁是消耗时间的产品,谁就是我们的竞争对手。"但我们同样要看到这些年网络购物用户规模的增幅一直居于所有应用首位,网上支付、网上银行等金融类应用的重要性进一步提升,更多的传统经济活动已经步入了移动互联网时代,可以预见,今后网民的人均每周上网时间与跨境网络消费总额的负相关程度会降低,也有可能会呈现出正相关的情况。

2. 个人因素

(1) 年龄

不同年龄的消费者的关注点是不相同的。首先,关注的网站类型不同。其次,对网站内容的关注点不同。例如,同样一个购物网站,成年人比较关注家庭生活用品,而青少年关注的可能是新潮的产品。

(2) 性别

男性消费者和女性消费者对网络产品的需求及网络消费行为习惯都存在差异,营销人员应该把握两者的不同特点,作为制定网络营销策略的考虑因素。

(3) 职业和地位

不同职业的消费者,对于商品的需求与爱好往往不尽一致。一个从事教师职业的消费者,一般会较多地购买书籍、杂志等文化类商品。而对于时装模特来说,漂亮的服饰和优质的化妆品则更为需要。消费者的地位不同也影响着其对商品的购买。身在高位的消费者,将会购买能够显示其身份与地位的较高级的商品。

(4) 受教育程度与经济收入

通常,受教育程度与经济收入有较强的正相关关系,所以两个因素应放在一起考虑。网络消费者的受教育程度越高,了解和掌握互联网知识方面的困难就越低,也就越容易接受网络购物的观念和方式;网络消费者的经济收入越高,跨境网络购物的消费总额就越高。

(5) 生活方式

不同国家和地区的消费者的消费理念是不同的,在生活用品、书籍、娱乐等消费中的支出比例也是不相同的。上网习惯包括上网的时间、地点、频率以及浏览偏好等方面的差异相当明显。此外,网络消费者的购买行为受到动机、知觉、学习以及信念和态度等主要心理因素的影响。所以在进行跨境网络营销时,一定要考虑到各地区消费者的生活方式和风俗习惯。

(6) 个性

个性是指一个人的心理特征,不同个性的消费者,其消费习惯和偏好也不同。例如,外向的人会比较关注运动、旅游、交友等网络资讯,而内向的人则会倾向于文学、艺术类的网络资讯。追随型或依赖性强的消费者会较容易受到企业在网络上的营销因素影响,易于接受广告，也较容易对品牌产生依赖心理。相反，独立和理性的消费者就会更积极地收集各种资讯，不轻易相信广告，对企业的营销因素敏感度低。

3．企业因素

（1）支付

企业提供的网上支付手段是否多样、方便、安全，会很大程度上影响跨境网络消费者的消费行为。

（2）配送

完善的物流配送系统是实现产品网络营销的一个关键点，也是网络消费者十分看重的地方。良好的物流配送系统提供安全、快速的配送服务，能提高网络消费者的满意度。在跨境电子商务中，很多国家和地区的物流配送系统还不够完善，影响了跨境电子商务的发展。

（3）营销策略

企业出色的网络营销策略会对网络消费者的行为产生积极的影响。在跨境电子商务平台上，企业的营销策略可以更加多样化，让跨境消费者产生更加深刻的印象。

（4）网站设计

网站设计对消费者的影响主要通过内容设置、界面友好和方便快速等方面体现。一个有效率的网站界面设计应当能够促使跨境网络消费者产生某种需求，并引起相应的购买行为。网站的优势就在于完全可以利用现有的信息技术达到这一目的。

（5）客户服务

跨境网络营销的客户服务不仅包含传统营销的客户服务内容，还包含企业为客户提供的资讯与信息交流。客户服务的方式可以有很多种，如常见问题解答（Frequently-Asked Questions，FAQ）、E-mail 信息交流和呼叫中心服务等。尤其是在跨境网络营销中，很多时候售后的退换货服务直接影响消费者的购买决策。

（四）各国消费者的消费特点及支付方式

1．美国

（1）消费特点

美国人的消费习惯与中国人有着本质的不同，以下是美国人比较典型的消费特点。

① 提前透支消费

美国人基本不存钱，有多少钱就花多少，甚至喜欢提前透支消费。美国人这样做的主要原因是，要保持现有的生活品质，不希望因为收入低而降低生活品质。因此，美国的银行都鼓励美国消费者分期付款，并且有些银行提供 45 天的透支免息期。美国人活在当下，享受生活。

② 注重精神消费

美国人喜欢把大量的钱投入到锻炼、健身、养生、旅游和营养品上。他们更注重精神方面的投资，认为只有健康和享受生活才是生活的真谛，所以美国的健身房总是爆满，户外用品市场火爆，保健品热销。

③ 注重质量和品质

美国人很看重品牌，最喜欢的卖场是品牌折扣卖场，认为品牌是质量的保证，宁愿选择价格高的品牌，也不会选择没有品牌的便宜货。这点对卖家的提示是，如果有条件，应尽量注册自己的品牌并且适当地推广，有一定的品牌认知度，针对北美市场会相对容易些。

④ 将包装作为品质的重要体现

美国人对产品的关注，质量第一，包装第二，最后才是价格。包装在美国人心里很重要，他们认为，产品的包装和品质应该是相匹配的，好的产品一定要有好的包装，否则购物体验会有落差。因此卖家要针对美国市场在自己的产品品质和包装上多下功夫。

（2）支付方式

美国拥有全球发达的网上购物市场，美国的消费者习惯使用各种电子支付方式。网上支付、电子支付、移动支付等各种支付方式对于美国的消费者来说都不陌生。在美国，信用卡是在线使用的最常见的支付方式。一般来说，美国的第三方支付服务公司可以处理支持多种货币的 VISA 卡、万事达信用卡（Master Card）、美国运通卡（American Express Card）和大来卡（Diners Club International）。同时，PayPal 也是美国人非常熟悉的电子支付方式。中国商家必须熟悉这些电子支付方式，一定要善于利用各种各样的电子支付工具。

2. 英国

（1）消费特点

英国人网购的主要品类包括 3C 产品和数字媒体内容，包括电子游戏、线上音乐、电子书、电脑和手机等。手机成了消费者购物的首选工具，他们用手机 App 购物、下载内容，或是在 App 内购买额外的功能。其次是时尚产品行业，包括服装和鞋类，所占市场份额约为 1/3。此外，约有 48% 的消费者网购食杂产品，而有 11% 的英国人的食品完全由网购而来。其他重要的网上零售品类包括交通和旅游服务类产品，健康和美容类产品，汽车、客货车和自行车类产品，以及文具和办公类用品。

英国 Superbrands 指数显示，亚马逊成为英国与消费者日常生活"最相关"的首选品牌，也就是说，亚马逊已经成为消费者心中和生活联系最密切的品牌。英国消费者在国外购物网站上的人均花费也很高，Uswitch 网站 2022 年公布的最新统计数据表明，英国消费者的网购行为发生了巨大变化。英国消费者在互联网平台的购物支出为全球平均水平的 3 倍，每人每年的平均网购支出高达 1382 英镑。有 38% 的英国消费会海淘各国产品，他们最喜欢从美国、中国、德国买东西，而且对线上零售很有信心，因此他们随时准备着从国外购买产品，当然这建立在价钱、质量等都可以接受的基础之上。英国互动媒体零售集团（Interactive Media In Retail Group，IMRG）的最新调查显示，有近 65% 的受访者曾跨境线上消费，影响他们决定的最大因素仍然是配送服务和退换货问题。所以当面对英国线上消费者时，电子商务企业需要制定最优的物流方案，同时也要在购买流程中清楚且再三强调物流信息。2/3 的英国消费者认为，如果在付款前可以清楚地看到配送和退换货方面的信息，购物流程会更快。

调查发现，目前的英国人已经没有以往的排队习惯，他们排队购物的时间忍耐度大约为两分钟。如果排队需要更长的时间，他们宁愿选择不购买，尤其是出现网购的时候更是如此，网购目前还是他们较为认可的一种购物方式。

Affinnova 公司的研究也表明，现代男性越来越注重个人形象，男性化妆品市场销量节节攀升。调查显示，英国男性在购买化妆品时，喜欢选择那些说明文字和标识简洁明了的产品。此外，基于男人贪图方便的天性，英国男性特别喜欢购买化妆品套装，因为套装里含有各种用途的产品，一步到位地完成采购，省时省力。

（2）支付方式

英国政府在 1973 年成立了公平贸易局，专门负责消费者权益保障和维护市场公平竞争。1974 年，英国推行消费者信用法案，对信用卡消费（包括在线信用卡消费）行为进行规范和保障。当消费者的消费额超过 100 英镑时，一般会选择信用卡支付，因为根据该法案相关规定，大额信用卡支付将享受更加完善的消费保护，包括全额退款。在网购的支付方式上，有49%的英国用户选择信用卡支付，40%的英国用户选择 PayPal 支付，仅有5%的英国用户选择银行卡转账支付。

3. 印度

（1）消费特点

数据调研中心 eMarketer 发布了一份关于印度年轻消费者（16~34 岁）购买偏好的报告。该报告指出，相比于世界其他地方的同龄人，印度的年轻消费群体，特别是高收入群体，在购买时更多地考虑产品品牌。79%的印度高收入年轻人和 69%的印度非高收入年轻人认为，品牌在生活中扮演着极其重要的角色。

报告还指出，73%的受访者（全世界为 67%）拥有品牌意识，82%的受访者希望品牌厂商可以为他们提供更多的产品信息。因此，有意拓展印度市场的零售商及国际品牌的卖家可以详列产品信息及价格，吸引印度消费者浏览。

印度消费者喜欢网购不同品类的大品牌产品，而最受印度人欢迎的产品类别有以下五大类：

① 服装

根据数据分析公司披露的数据，印度人民最喜欢网购的产品是服装，接近35%的线上销售额来自服装及布料。热销的细分服装品类包括女装、男装和童装。

② 手机

手机也是热门网购品类，市面上能够买到的手机型号无一不被搬运上网。对于消费者来说，在网上对比机型和参数能避免被销售人员误导的风险，印度人民也深谙此道，网购手机已经成为热门趋势。

③ 书籍和文具

如果不是为了在书店享受午后的美好时光，网上购书明显性价比更高。网上的海量书籍能供各类文学爱好者随意挑选，不仅省时省力，凑满减也能成为乐趣之一。自新冠疫情在印度本土暴发以来，许多品牌开始将自家的文具用品搬运上网，不少店还能满足定制需求，闻所未闻的罕见物在网上也能轻松淘到，书籍及文具能成功占据印度人民的心，也不足为奇。

④ 3C产品

印度人民尤其喜欢在网上购买3C产品，包括笔记本电脑、平板、数码相机等。市场预计，到2025年，印度将成为世界第五大3C消费品市场。

⑤ 鞋履

男女款拖鞋、凉鞋和运动鞋在印度都非常畅销，除印度本土品牌，大部分的国际品牌在网上也都能轻松买到。

（2）支付方式

货到付款仍然是最受印度消费者欢迎的支付方式，因为他们认为，查验过实物之后再付款才是最安全的。其次是银行卡支付，近两年，移动支付也开始慢慢地流行起来。

4．俄罗斯

（1）消费特点

Statista最新的俄罗斯电子商务市场报告数据显示，俄罗斯电商用户中，以25～44岁的消费者为主，占52.8%。其中55%为女性，中高收入用户占2/3，中等收入用户占35.5%，高收入用户占34.3%。相关资料显示，在网上，俄罗斯人最喜欢购买的产品类目是服装、鞋子、电子产品及美容品。除此之外，汽车用品、香水、化妆品和体育用品也十分受欢迎。

俄罗斯人的消费有以下特点：

① 成人服装和鞋子是需求最大的商品类别，且由于俄罗斯季节温差较大，所以这个类别的商品营销季节性很强。俄罗斯大部分城市（如莫斯科）冬季较长，所以裘皮、棉服等保暖服装，以及皮靴和棉鞋等鞋类，在冬季是必不可少的。夏季温度不高，但阴天较多，经常下雨，因此雨伞是必备用品。

② 家居服饰热销。俄罗斯人在家会换家居服饰、家居鞋，洗完澡会穿浴袍，睡觉的时候喜欢穿薄的睡衣。因此，卖家要了解俄罗斯人的生活习惯，深层次挖掘不同的家居用品。

③ 体育运动和户外活动在俄罗斯非常流行，所以俄罗斯人会经常购买运动服、运动鞋、泳装等体育用品。俄罗斯品牌Forward是俄罗斯第一家全国性的运动服装品牌，深受俄罗斯人的喜爱。

④ 俄罗斯女性会打扮。她们喜欢追赶流行，时刻关注新款的服装与鞋包，喜爱佩戴华丽的首饰。根据Yandex 2021年的市场调查，一年内至少购买过一次面部、身体和头发护理品的俄罗斯消费者占59%，因此化妆品和饰品也有不错的市场。

⑤ 每逢俄罗斯的重要传统节假日，如元旦、谢肉节、三圣节、圣诞节和洗礼节，俄罗斯人都会给家人、朋友购买礼物。商家可针对不同的节假日，推出相应的礼品，满足他们送礼的需求。

⑥ 追求性价比。追求物美价廉逐渐成为俄罗斯人最普遍的消费心理，64%的俄罗斯消

费者的单笔订单金额不超过 30 美元。很多俄罗斯人在购买商品时不会为了低价而忽视商品质量，也不会一味追求奢侈而不考虑价格。高性价比、经久耐用的国内外商品日益受到广大俄罗斯消费者的青睐。

⑦ 更多海外订购的商品来自中国。在俄罗斯，本土电商平台用户体验较差，大多数电商网店网页并不好用，他们几乎没有响应式网页设计，加载速度也是一个大问题，且价钱较贵。

⑧ 偏好在母语网站上购买商品。俄罗斯人更倾向于在俄语网站购买商品，因为母语可以帮助他们更好地阅读和理解商品信息。

（2）支付方式

网络公开资料显示，俄罗斯人常用的支付方式里，用网上银行支付的占 83%，为绝大多数。其次是银行卡支付，占 82.8%。而使用电子货币支付的占 66.3%。网络支付领域主要集中在移动通信、物业费、汇款及网购上。Yandex.Money 作为俄罗斯最受欢迎的支付方式，受到俄罗斯消费者的广泛认可。

【想一想】

一个中国老太太和一个美国老太太在天堂相遇了。中国老太太说，她攒了 30 年的钱买了一套房子，刚住进去人就没了。美国老太太说，她贷款买了一套房子，住了 30 年，贷款还完了人没了。

请同学们想一想储蓄和信贷对消费者的购买力有什么影响。

【任务小结】

通过该任务的学习，学生熟悉了跨境网络消费者的类型、需求特点、影响跨境网络消费者的因素，为后续的跨境网络市场细分作铺垫。

【任务评价】

根据表 3-1 进行评价。

表 3-1 跨境网络消费者分析学习评价表

评 价 内 容	自我评价（20分）		同学互评（20分）		教师评价（60分）	
	分值	平均分	分值	平均分	分值	平均分
跨境网络消费者的类型	5		5		15	
跨境网络消费者的需求特点	5		5		15	
影响跨境网络消费者的因素	5		5		15	
各国消费者的消费特点及支付方式	5		5		15	

【拓展实训】

组建5~6人的跨境网络市场分析团队，选择美洲、欧洲、亚洲或者"一带一路"沿线的一个国家进行跨境网络消费者分析，了解该国消费者的基本情况、消费特点、消费偏好及支付方式等相关信息。

步骤一：了解该国消费者的基本情况。

步骤二：了解该国消费者的消费特点及消费偏好。

步骤三：了解该国消费者的支付方式。

跨境电商消费者数据示例

步骤四：分析调研结果，为将要发展该国跨境电子商务业务的商家提出几点建议，撰写总结，并完成表3-2。

表3-2 跨境网络消费者分析

消费者所属国家	基本情况	消费特点	消费偏好	支付方式
总结				

任务二　跨境网络市场细分

【学习目标】

◎ 知识目标
1．了解跨境网络市场细分的必要性。
2．了解跨境网络市场细分的依据。
3．了解跨境网络市场细分的方法。

◎ 技能目标
能够掌握跨境网络市场细分的步骤。

◎ 素质目标
培养学生的市场分析能力。

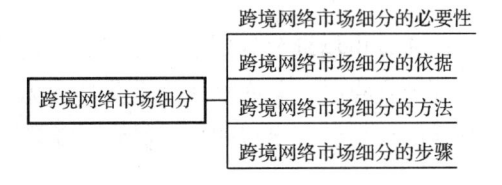

【思维导图】

跨境网络市场细分
- 跨境网络市场细分的必要性
- 跨境网络市场细分的依据
- 跨境网络市场细分的方法
- 跨境网络市场细分的步骤

【任务背景】

小刘在完成跨境网络消费者分析的任务后，就要开始对本公司产品进行跨境网络市场细分的相关任务了。现在，小刘需要对跨境网络市场细分的相关知识，包括跨境网络市场细分的必要性、细分的依据、细分的方法和步骤等知识做更多的了解。

【任务实施】

跨境网络市场细分是市场细分概念在跨境网络营销中的应用。市场细分概念最早是由美国市场学家温德尔·史密斯于20世纪50年代中期提出来的。所谓跨境网络市场细分就是指，依据消费者欲望与需求的差异性，把某一产品的整体市场划分成若干个具有共同特征的细分市场（也称为子市场）的过程。就某个细分市场而言，跨境网络消费者的需求有较多的共通性，而不同的细分市场之间的需求则有明显的差异。跨境企业应明确自身的特点，选择恰当的细分市场作为目标市场。

（一）跨境网络市场细分的必要性

对于某类产品来说，往往有着巨大数量的消费者，消费者的倾向、兴趣、偏好都存在着一定的差异，企业受到资源有限性的限制，不可能向整体市场提供满足所有消费者所有需求的一切商品和服务，只能满足一个或几个细分市场的消费者需求。为了进行有效的市场竞争，企业必须选择与之相适应的有利可图的细分市场，放弃那些与之不相适应的细分市场，集中企业资源，实现企业的跨境网络营销目标。市场细分对于企业来讲，有以下作用：

1. 有利于发现市场机会

如果不对市场进行细分，市场始终是一个"混沌的总体"，因为任何消费者都是集多种特征于一身的，而整个市场是所有消费者的总和，呈现高度复杂性。而经过市场细分后的子市场比较具体，比较容易了解消费者的需求。企业可以根据自己的经营思想、方针及生产技术和营销力量，确定自己的服务对象，即目标市场。同时，在细分的市场上，企业更容易了解透彻，从中发现市场机会并迅速抓住机会，制定相应的对策，以适应市场需求的变化，提高企业的应变能力和竞争力。

2. 有利于企业制定营销组合策略

任何一个企业的资源、人力、物力和财力都是有限的。通过细分市场，选择适合自己的目标市场，企业可以集中人力、财力、物力及资源，去争取局部市场上的优势，然后再占领自己的目标市场。当企业通过市场细分确定了自己所要满足的目标市场，找到了自己的资源条件和客观需求的最佳结合点时，就有利于企业集中人力、物力和财力，有针对性地采取不同的营销策略，取得投入少、产出多的良好经济效益。

【课堂案例】

真丝花绸出口受阻

前些年我国曾向欧美市场销售真丝花绸，由于没有认真地进行市场细分，没有掌握目标市场消费者的需求特点，因而营销策略发生了较大失误：产品配色不协调、不柔和，未能赢得消费者的喜爱；低价策略与目标顾客的社会地位不相适应，大大降低了真丝花绸产品的"华贵"品位。这个失败的营销个案，从反面说明了市场细分对于制定营销组合策略具有多么重要的作用。

3. 有利于提高企业的竞争力

通过市场细分，企业可以更好地了解每一个细分市场上竞争者的优势和劣势。环境因素给行业带来的机会有可能成为本企业的机会，如果企业在这个细分市场上能有效开发和利用本企业的资源优势，把自己有效的资源优势集中到与自己的优势相适应的某个市场上，企业就能形成竞争优势，提高竞争力。

【课堂案例】

日本冻鸡公司的市场细分

某公司向日本销售的冻鸡原先主要面向消费者市场，以超级市场、专业食品商店为主要销售渠道。随着市场竞争的加剧，销售量呈下降趋势。为此，该公司对日本冻鸡市场做了进一步的调查分析，以掌握不同细分市场的需求特点。从购买者区分有三种类型：一是饮食业用户，二是团体用户，三是家庭主妇。这三个细分市场对冻鸡的品种、规格、包装和价格等要求不尽相同。比如，饮食业用户对冻鸡的品质要求较高，但对价格的敏感度低于零售市场的家庭主妇；家庭主妇对冻鸡的品质、外观、包装均有较高的要求，同时要求价格合理，购买时可挑选性较强。根据这些特点，该公司重新选择了目标市场，以饮食业用户和团体用户为主要顾客，并据此调整了产品、渠道等营销组合策略，销售量大幅度增长。

（二）跨境网络市场细分的依据

在这里我们主要研究消费品市场。消费品市场的细分标准可以概括为地理因素、人口因素、心理因素和行为因素四个方面，每个方面又包括一系列的细分变量，如表 3-3 所示。

表3-3 消费品市场细分标准及细分变量一览表

细分标准	细分变量
地理因素	地理位置、城镇大小、地形、地貌、气候、交通状况、人口密集度等
人口因素	年龄、性别、职业、收入、民族、宗教、教育、家庭人口、家庭生命周期等
心理因素	生活方式、性格、购买动机、态度等
行为因素	购买时间、购买数量、购买频率、购买习惯（品牌忠诚度）、对服务、价格、渠道、广告的敏感程度等

1. 按地理因素细分

按地理因素细分，就是按消费者所在的地理位置、地理环境等变数来细分市场。因为不同地理环境下的消费者对于同一类商品往往会有不同的需要与偏好。例如，对自行车的选购，城市居民喜欢式样新颖的轻便车，而农村的居民注重坚固耐用的加重车。再比如，在俄罗斯，冬季寒冷而漫长，保暖设备很有市场；但在西班牙的东南部，冬季仍然温暖，基本上不存在对保暖设备的需求。因此，对消费品市场进行地理细分是非常必要的。

2. 按人口因素细分

按人口因素细分，就是按年龄、性别、职业、收入、家庭人口、家庭生命周期、民族、宗教、教育等变数，将市场划分为不同的群体。由于人口变数比其他变数更容易测量，且适用范围比较广，因而人口变数一直是细分消费者市场的重要依据。

（1）年龄

人们在不同的年龄阶段，由于生理、心理等因素的不同，对商品的需求和欲望有着很大的区别。如玩具市场，因年龄的不同，应有启蒙、智力、科技、消遣、装饰等功能不同的玩具。

（2）性别

按性别可将市场划分为男性市场和女性市场。不少商品在用途上有明显的性别特征。如男装和女装、男式手表与女式手表。在购买行为、购买动机等方面，男女之间也有很大的差异，如女性是服装、化妆品、节省劳动力的家庭用具、小包装食品等市场的主要购买者，男士则是香烟、饮料、体育用品等市场的主要购买者。美容美发、化妆品、珠宝首饰、服装等许多行业，长期以来按性别来细分市场。

（3）收入

收入水平不同的顾客，在购物时对商品的要求也不同。高收入的顾客，比较注重商品"质"的需求；低收入的顾客，则侧重"量"的需求，通常喜欢性价比高、廉价的商品。但若以收入作为细分标准，不应忽视低收入群体由于"补偿"心理而购买高质量、高价格商品的现象。

（4）民族

世界上大部分国家都拥有多种民族，这些民族各有自己的传统习俗、生活方式，从而呈现出各种不同的商品需求。如阿拉伯人不吃猪肉、不用猪皮等加工品。只有按民族这一细分变量将市场进一步细分，才能满足各族人民的不同需求，并进一步扩大企业的市场份额。

（5）职业

不同职业的消费者，由于知识水平、工作条件和生活方式等不同，其消费需求存在很大的差异，如教师比较注重书籍、报刊方面的需求，文艺工作者则比较注重美容、服装等方面的需求。

（6）教育状况

受教育程度不同的消费者，在志趣、生活方式、文化素养、价值观念等方面都会有所不同，因而会影响他们的购买种类、购买行为、购买习惯。

（7）家庭生命周期

各家庭处在不同阶段会表现出不同的消费需求。如新婚阶段，消费者需要的是家居、家电等商品；而已婚且孩子在6岁以上的消费者更需要的是孩子的学习用品，教育开支是整个家庭的最大支出。

（8）家庭人口

据此可分为单身家庭（1人）、小家庭（2~3人）、大家庭（4~6人，或6人以上）。家庭人口数量不同，在住宅大小、家具、家用电器乃至日常消费品的包装大小等方面都会出现需求差异。

3. 按心理因素细分

按心理因素细分，就是将消费者按其生活方式、性格、购买动机、态度等变量细分成不同的群体。

（1）生活方式

越来越多的企业，如服装、化妆品、家具、娱乐等行业，经常按人们的生活方式来细分市场。生活方式是人们工作、消费、娱乐的特定习惯和模式，不同的生活方式会产生不同的需求偏好，如"传统型""新潮型""节俭型""奢侈型"等。这种细分方法能显示出不同群体对同种商品在心理需求方面的差异性。如有的服装公司就把女性划分为"朴素型女性""时髦型女性""男子气质型女性"三种类型，分别为她们设计不同款式、颜色和质量的服装。

（2）性格

消费者的性格对产品的选择有很大的关系。性格可以用外向、内向、乐观、悲观、自信、顺从、保守、激进、热情、老成等词来描述。性格外向、容易感情冲动的消费者往往喜欢表现自己，因而他们喜欢购买能体现自己个性的产品；性格内向的消费者则喜欢大众化，往往购买比较常规的产品；富有创造性、有冒险心理的消费者，则对新奇、刺激性强的商品特别感兴趣。

（3）购买动机

购买动机即按消费者追求的利益来进行细分。消费者对所购产品追求的利益主要有求实、求廉、求新、求美、求名、求安等，这些都可作为细分的变量。例如，有人购买服装是为了遮体保暖，有人是为了美的追求，有人则为了体现自身的经济实力等。因此，企业可对市场按利益变量进行细分，确定目标市场。

4. 按行为因素细分

按行为因素细分，就是按照消费者购买或使用某种商品的时间、购买数量、购买频率、对品牌的忠诚度等变数来细分市场。

（1）购买时间

许多产品的消费具有时间性，比如西方国家的人在圣诞购物季期间会大量购买产品，旅游点在旅游旺季生意最兴隆。因此，企业可以根据消费者产生需要、购买或使用产品的时间进行市场细分。如航空公司、旅行社在寒暑假期间大做广告，实行票价优惠政策，以吸引师生乘坐飞机外出旅游等。因此，企业可根据购买时间进行细分，在适当的时候加大促销力度，采取优惠价格，以促进产品的销售。

（2）购买数量

据此可分为大量用户、中量用户和少量用户。大量用户人数不一定多，但消费量大，许多企业以此为目标，反其道而行之也可取得成功。如文化用品大量使用者是知识分子和学生，化妆品大量使用者是青年女性等。

（3）购买频率

据此可分为经常购买、偶尔购买、不常购买（潜在购买者）。如铅笔，小学生经常购买，高年级学生偶尔购买，而工人、农民则不常购买。

（4）购买习惯

据此可将消费者划分为坚定品牌忠诚者、多品牌忠诚者、转移的忠诚者、无品牌忠诚者等。例如，有的消费者忠诚于某些产品；有的消费者忠诚于某些服务等。为此，企业必须辨别他的忠诚顾客及特征，以便更好地满足他们的需求，必要时给忠诚顾客以某种形式的回报或鼓励，比如给予一定的折扣。

（三）跨境网络市场细分的方法

按照选择市场细分标准的多少，市场细分可以有三种方法：

1. 单一变数法

单一变数法是指只选择一个细分标准进行市场细分的方法。

例如玩具市场，不同年龄的消费者对玩具的需求不同，可按年龄标准把市场细分为：1~3岁玩具市场，4~5岁玩具市场，6~7岁玩具市场，8~12岁玩具市场，12岁以上玩具市场等几个细分市场。1~3岁的玩具应该具有启蒙功能，而12岁以上的玩具应具有智力或科技功能。

2. 综合变数法

综合变数法是指选择两个及以上的细分标准进行市场细分的方法。

例如，某公司对家具市场的细分采用了三个标准，其细分的结果如表3-4所示。

表3-4 某公司对家具市场的细分

细分标准	细分市场
户主年龄	65岁以上、50~64岁、35~49岁、18~34岁
家庭人口	1~2人、3~4人、5人以上
收入水平	月入10 000美元以下、10 000~15 000美元、15 000美元以上

3. 系列变数法

系列变数法又被称为完全细分法，是指根据企业经营的需要，选择多个细分标准，按照由大到小或由粗到细的标准细分市场的方法。

例如，某服装公司按照多个标准对服装市场进行细分，如图3-1所示。

（四）跨境网络市场细分的步骤

对跨境网络市场进行细分有助于企业更好地找准定位，为产品规划打下一定基础。而市场细分的维度有许多，企业应该结合自身优势，找准目标市场，并打出合适的销售策略。跨境网络市场细分应遵循一定的程序，一般来说分为以下几个步骤：

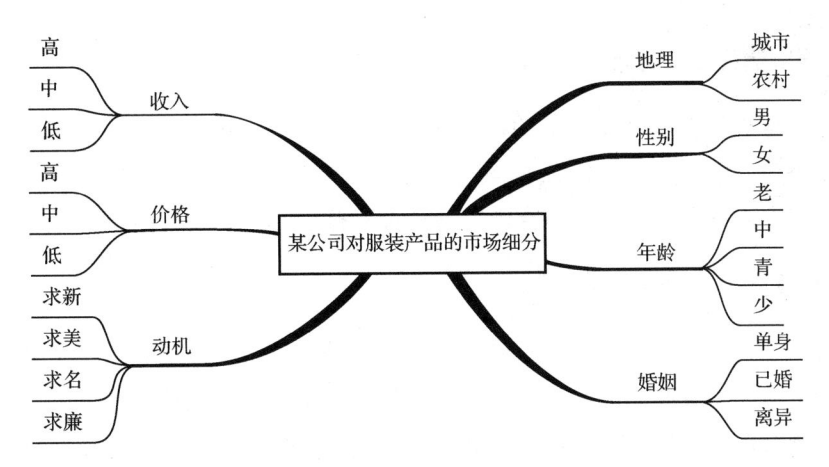

图 3-1 某公司对服装产品的市场细分

1. 选定产品市场范围

选定产品市场范围，也就是确定企业进入什么行业，生产什么产品。产品市场范围的确定应以顾客的需求为标准，而不是产品本身的特性。比如说一家房地产企业想要在乡下建一座简朴的房子。若从顾客的角度来考虑问题，一些高收入者厌倦了城市的喧闹和高楼大厦后，可能会非常向往乡间清净、简单的生活，因此可能会有人去买。但是如果单从这座房子的特性来考虑，企业可能会认为收入不高的消费者不会带来什么利益，也就没有投产的必要。所以在选择的时候一定要确定好标准。

2. 明确潜在顾客的基本需求

潜在顾客的基本需求也是一个非常重要的因素。企业应该通过调查了解潜在顾客的基本需求。还是以这家房地产企业为例，潜在顾客对房子的基本需求可能包括遮风挡雨、保暖、安全、经济、方便、设计合理、室内装修完备、工程质量高等。企业了解这些基本需求之后才能够迎合这些基本需求去投资。

3. 了解不同顾客的需求

顾客的需求是多种多样的，不同层次的顾客群对于同一产品的需求也是不一样的，也就是说在了解这些需求的过程当中，不同顾客强调的重点可能不一样。比如同样一座房子，遮风挡雨、安全、经济等条件可能是所有顾客都会关心的问题，但是对于其他的基本需求，有的顾客会强调方便、设计合理，还有的顾客则会强调安静、内部装修等。因此这个时候就应该做好定位，通过这种比较，将不同顾客的需求差异识别出来。在这些差异的基础上，什么样的市场细分更能取得效益，就应该被优先选择。

4. 选取重要的差异需求为细分标准

在选择市场细分的时候，可以去除顾客的共同需求，把顾客的特殊需求作为市场细分的标准，这样才能够具体化顾客的需求，直击顾客的内心，满足顾客的需要。

5. 根据所选标准细分市场

在营销时根据潜在顾客需求上的差异性,将顾客划分为不同的群体或者子市场,做到具体的市场细分。比如说房地产公司将顾客划分为老成者、好动者、度假者等多个群体,并根据此采取不同的营销策略,这样就能够更加直接地定位到某种需求上。

6. 分析各细分市场的购买行为

分析各个细分市场的购买行为是确定选择哪一种细分市场最根本的一个要素。每一个企业的目的是盈利,因此,能够带来较大收益的细分市场才是最佳的选择。这就要求,进一步细分市场的需求和购买行为,并找到其原因,以便在此基础上决定是否可以合并这些细分市场,或者对细分市场做进一步细分。

7. 评估各细分市场的规模

在仔细调查的基础上,评估每一个细分市场的顾客数量、购买频率、平均每次购买数量等,并对细分市场上的产品的竞争状态及发展趋势作分析。因为这些因素影响着消费者的购买力,也就间接地影响到了企业的利润。

【任务小结】

通过该任务的学习,学生认识到跨境网络市场细分的必要性,掌握了跨境网络市场细分的依据、方法和步骤,能够根据相应的市场细分标准为企业找到合适的目标市场。

【任务评价】

根据表 3-5 进行评价。

表 3-5 跨境网络市场细分学习评价表

评价内容	自我评价 (20 分)		同学互评 (20 分)		教师评价 (60 分)	
	分值	平均分	分值	平均分	分值	平均分
跨境网络市场细分的依据	5		5		15	
跨境网络市场细分的方法	5		5		15	
跨境网络市场细分的必要性	5		5		15	
跨境网络市场细分的步骤	5		5		15	

【拓展实训】

组建 5~6 人的跨境网络市场分析团队,针对主流跨境电子商务平台上主营产品的一个品类,选择该品类中的一种产品进行跨境网络市场细分,列出跨境网络市场细分的依据,并描述每个细分市场的特点等相关信息。

步骤一:以速卖通平台为例,针对各个产品大类(女装服饰、手机配件、计算机、办公用品、珠宝手表、家具园艺、婴幼儿玩具、户外运动、美容健康、汽车摩托等),分析产品的特点。

步骤二:选择产品大类中的一个产品种类。

步骤三:选择适当的细分变量,对产品进行跨境网络市场细分,并描述各细分市场的特点。

电子产品市场数据源

步骤四:将调研结果进行分析后,撰写总结报告,并完成表3-6。

表3-6 跨境网络市场细分

产品大类	产品种类	产品特点	细分变量	各细分市场特点
总结				

任务三　跨境网络目标市场定位

【学习目标】

◎ 知识目标
了解跨境网络目标市场的范围选择。

◎ 技能目标
1. 能够掌握跨境网络目标市场的营销战略。
2. 能够掌握跨境网络目标市场的定位策略。

◎ 素质目标
培养学生开拓创新的精神。

【思维导图】

跨境网络目标市场定位 ── 跨境网络目标市场的范围选择
　　　　　　　　　　├─ 跨境网络目标市场的营销策略
　　　　　　　　　　└─ 跨境网络目标市场的定位策略

【任务背景】

小刘在完成了公司产品跨境网络市场细分之后，就要开始目标市场定位的任务了。现在他需要对跨境网络目标市场的模式、跨境网络目标市场的营销战略、跨境网络目标市场的定位内容及跨境网络目标市场的定位策略等知识做更多的了解。

【任务实施】

伴随着互联网经济的快速发展，企业间的竞争压力越来越大，很多企业为了自己的产品能在市场竞争中占有一席之地，彼此之间纷纷较着劲。然而很多企业在将产品推向市场的过程中，却被市场撞得头破血流，原因就是他们没有为产品找到合适的目标市场。企业选择目标市场是为了能够在众多细分市场的子市场中找到适合自己企业发展的目标市场，并根据消费者对产品的需求向其提供完善的服务。选择合适、正确的目标市场能够帮助企业在找准定位的同时，获得在激烈的市场竞争中出奇制胜的法宝。

（一）跨境网络目标市场的范围选择

目标市场指企业为了满足现实和潜在的市场消费者需求，在市场细分化的基础上，确定本公司产品或服务的特定细分市场，也就是企业决定要进入的市场部分或子市场（企业的产品或劳务所要满足的特定消费者群）。企业在选择目标市场时有以下五种可供考虑的模式。

1. 市场集中化

企业选择一个细分市场，集中力量为之服务。较小的企业一般这样专门填补市场的某一部分。集中营销使企业深刻了解该细分市场的需求特点，有针对性地采用产品、价格、渠道和促销策略，从而获得强有力的市场地位和良好的声誉。但由于企业过于集中某一细分市场，因此隐含较大的经营风险。

2. 产品专门化

企业集中生产一种产品，并向各类顾客销售这种产品。影像设备生产商向医院、大学实验室、政府实验室等机构销售影像设备。公司准备向不同的顾客群体销售不同种类的影像设备，而不去生产医院等机构可能需要的其他仪器。公司通过这种战略，在某类产品方面打造良好的声誉。但如果该类产品被一种全新的技术代替，就会发生危机。

3. 市场专门化

企业专门为满足某个消费群体的各种需要而服务，有助于发展和利用与消费者之间的关系，降低交易成本，并在这一类消费者中树立良好的形象。例如，某教学设备公司可为学校提供一系列产品，包括电脑、实训软件、讲台、桌椅等。公司专门为这个消费群体服务而获得良好的声誉，并成为这个消费群体所需各种新产品的供应商。但如果学校突然削减经费预算，就会减少从这个市场专门化公司购买教学设备的数量，这就会让该企业产生危机。

4. 有选择的专门化

采用此法选择若干个细分市场，其中每个细分市场在客观上都有吸引力，并且符合公司的目标和资源。但各细分市场很少有或者根本没有任何联系，每个细分市场也都有可能盈利。这种多细分市场目标优于单细分市场目标，因为这样可以分散公司的风险。即使某个细分市场失去吸引力，公司仍可继续在其他细分市场获取利润。

5. 完全市场覆盖

完全市场覆盖是指公司想用各种产品满足各种顾客群体的需求，只有大公司才能采用完全市场覆盖战略。像 IBM 公司（计算机市场）、通用汽车公司（汽车市场）和可口可乐公司（饮料市场）等这些大公司都能做到完全市场覆盖。

（二）跨境网络目标市场的营销策略

企业通过对市场进行细分，发现一些潜在需求或未被满足的需求，并结合企业自身的目标和资源，分析竞争的情况，寻找到理想的市场机会，这就是目标市场的选择。企业决定选择哪些细分市场为目标市场，有三种目标策略可供选择。

1. 无差异性营销策略

无差异性营销策略是指企业把整体市场看作一个大的目标市场，不进行细分，用一种产品、统一的市场营销组合对待整体市场。在两种情况下，企业会采用无差异性营销策略：一是企业面对的市场是同质市场，二是企业把整个市场看成一个无差异的整体，认定所有消费者对某种需求基本上是一样的。

企业采用无差异性营销策略时，实际上忽略了消费者需求之间存在的不明显的微小差异，或者企业认为没有必要进行细分。因此，企业只向市场投放单一的商品，设计一套营销组合策略，开展无差异性的营销活动。在大量生产、大量销售的产品导向时代，企业多数采用无差异性营销策略进行经营。比如美国的可口可乐公司最具代表性。1886年，一位名叫约翰·彭伯顿的药剂师发明了可口可乐的配方，并开始投入生产。一百多年以来，不论是在北美还是在全球，可口可乐公司都奉行无差异性营销策略，保证了可口可乐的品质和口感始终如一，使之成为一个全球的超级品牌。又如食盐这种产品，消费者需求差异很小，企业认为没有细分的必要，可以采用大致相同的市场营销策略。

采用无差异性营销策略的最大优点是成本低。大批量地生产销售，必然降低单位产品成本。无差异的广告宣传可以减少促销费用。不进行市场细分，相应减少了市场调研、产品研制与开发，以及制定多种市场营销战略、战术方案等带来的成本开支。

但这种策略也有其不足：首先，不能满足消费者的多种需求。因为市场上的消费者的需求是千差万别的，企业只有一种产品难以满足所有消费者的需求和愿望。其次，容易引起过度竞争。一旦企业的这种产品销路好，能获得丰厚的利润时，必然招来许多竞争者。

这一策略适合产品初上市的情况，或产品获得专利权的情况，因为这样的场合没有竞争者或竞争者少。

2. 差异性营销策略

这是一种以市场细分为基础的目标市场营销策略。差异性营销策略是在市场细分后，从中选择两个以上甚至全部细分市场作为自己的目标市场，并针对不同的细分市场，有选择性地提供不同的商品，制定不同的市场营销组合策略，分别进行有针对性的营销活动，以满足不同细分市场的不同需求。如某牛奶公司在纯牛奶市场竞争白热化的情况下，分别推出了早餐奶和舒睡奶，满足了早餐需要营养和晚上帮助睡眠的需求，在市场上受到消费者的欢迎。

采用差异性营销策略最大的优点是可以有针对性地满足不同特征顾客群的需求，提高产品的竞争能力。但是，由于产品品种、销售渠道、广告宣传的扩大化与多样化，市场营销费用也会大幅度增加。

这一策略适合市场规模大、实力雄厚的大企业，产品生命周期的成长期后期和成熟期，因为这些时期竞争者多，企业采取这一策略可以获取市场竞争优势，增强企业的竞争力。

3. 集中性营销策略

集中性营销又称密集性营销，是指企业在市场细分的基础上，选择一个或几个很相似的细分市场作为目标市场，制定一套营销组合方案，实行专业化经营，以满足其中一个或几个市场的需要。主要是集中力量争取在这些细分市场上占有大量份额，而不是在整个市场上占有一席之地（小份额）。

由于企业认为自己的资源有限，所以企业应集中所有的力量在这一两个目标市场上，争取在这市场上获取较高的市场占有率，不断取得竞争优势，逐渐提升自己的实力。如某零食公司，专门生产辣条，使该产品称雄于辣条这个零食小市场。这种策略的优点是投资少、见效快。因为企业只有一两个市场，所以对资金的需要较少。同时由于这一两个市场是企业的命根，所以企业必然会竭尽全力对目标市场做深入的调查研究。及时收集顾客意见，及时反馈信息，及时按消费者的需求和愿望去改进产品，提供最佳服务，从而迅速产生销售效果。但由于企业只有这一两个市场，万一市场发生变化，就会导致企业经营失利，使企业难以翻身。所以风险大是这种策略的不足。

这一策略适合资源薄弱的小型企业，或是处于产品生命周期衰退期的企业。

（三）跨境网络目标市场的定位策略

市场定位就是根据所选定目标市场上的竞争产品所处的位置和企业自身条件，从各方面为企业和产品创造一定的特色，塑造并树立一定的市场形象，以求在目标顾客心目中形成一种特殊的偏爱。

跨境网络目标市场的定位策略是一种竞争策略，体现着同类产品生产企业之间的竞争关系。定位的方式不同，竞争态势也不同，主要有以下几种定位方式：

1. 避强定位

是指企业力图避免与实力更强的或较强的其他企业直接竞争，而将自己的产品定位于另一市场区域内，使自己的产品在某些特征或特点方面与更强或较强的对手有比较显著的差异。美国七喜汽水的定位策略就是一个避强定位策略的典型案例。因为可口可乐和百事可乐是市场的领导品牌，占有率极高，在消费者心中的地位不可动摇。所以，将产品定位于"非可乐型饮料"就避免了与两大巨头的正面竞争。成功的市场定位使七喜在龙争虎斗的饮料市场上占据了老三的位置。

避强定位战略能使企业较快地在市场上站稳脚跟，并能在消费者或用户中树立形象，风险小。但是避强定位往往意味着企业要放弃某个更佳的市场定位，很可能使企业处于更差的市场定位。

2. 迎头定位

是指企业依据本身的实力，为占有较佳的市场地位，不惜与市场上占主要地位的、实力更强或较强的竞争对手正面竞争，而使自己的产品进入与对手相同的市场。迎头定位在竞争过程中往往惹人关注，乃至引发所谓的轰动效应，企业及其产品能够较快地为消费者或用户所了解，易于达到树立市场形象的意图。在世界饮料市场上，作为后起之秀的百事可乐进入市场时，就采用过这种方式。"你是可乐，我也是可乐"，百事可乐与可口可乐展开面对面的较量。实行迎头定位，企业必须做到知己知彼，力争比竞争对手做得更好。否则，迎头定位可能会成为一种非常危险的战术，将企业引入歧途。

3. 创新定位

寻觅新的、尚未被占据但有潜在市场需求的位置，填补市场上的空缺，生产市场上没有的或不具备某种特征的产品。比如苹果公司创新性地推出的智能手机产品填补了市场的空缺，并进行不断的创新，使得苹果公司一跃而成为最赚钱的跨国公司。选用这种定位方法时，公司应清晰创新定位所需的产品在技术上、经济上是否可行，有无足够的市场容量，能否为公司带来合理而持续的利润。

4. 重新定位

重新定位是指企业为已在某市场销售的产品重新确定某种形象，以改变消费者原有的认识，争取有利市场地位的活动。比如王老吉经过重新定位，彻底把王老吉定义为饮品，并且用"怕上火，喝王老吉"的广告语取代了原先的"健康家庭，永远相伴"，销量在一年内从1亿瓶上升到10亿瓶。

通常在这些情况下，企业就需要对其产品进行重新定位：

① 初次定位后，随着时间的推移，新的竞争者进入市场，选择与本企业相近的市场位置，致使本企业原来的市场占有率下降。

② 由于顾客的需求偏好发生转移，原来喜欢本企业产品的人转而喜欢其他企业的产品，因而市场对本企业产品的需求减少。

【想一想】

2022年9月，拼多多突然宣布将进军美国市场，随后上线了Temu。Temu凭借着与拼多多一样的"低价"玩法杀入SHEIN腹地，主打低价的Temu和SHEIN抓住的是同一拨用户。同年11月，阿里巴巴正式在西班牙推出了Miravia，主要面向中高端消费者。请同学们想一想拼多多和阿里巴巴的跨境电商出海定位策略有何不同？

【任务小结】

通过该任务的学习，学生能够了解企业在选择目标市场时可以选择的五种模式，掌握跨境网络目标市场的营销策略和定位策略，可以帮助跨境电商企业顺利地开展跨境网络营销活动。

【任务评价】

根据表 3-7 进行评价。

表 3-7　跨境网络目标市场定位学习评价表

评 价 内 容	自我评价（30分）		同学互评（30分）		教师评价（40分）	
	分值	平均分	分值	平均分	分值	平均分
跨境网络目标市场的范围选择	10		10		10	
跨境网络目标市场的营销策略	10		10		15	
跨境网络目标市场的定位策略	10		10		15	

【拓展实训】

组建 5~6 人的跨境网络市场分析团队，针对任务二中"拓展实训"里选择的产品大类和产品品种，进行跨境网络目标市场的定位。

步骤一：以速卖通平台为例，选择各个产品大类（女装服饰、手机配件、电脑办公、珠宝手表、家具园艺、婴幼儿玩具、户外运动、美容健康、汽车摩托等）中的一个产品种类。

步骤二：在任务二中市场细分的基础上，定位该产品的目标地区市场和特定细分市场。

步骤三：根据定位的目标市场制订相应的营销计划。

步骤四：将调研结果进行分析后，撰写总结，并完成表 3-8。

表 3-8　跨境网络目标市场定位分析

产 品 大 类	产 品 种 类	目标地区市场	特定细分市场	营 销 计 划
总结				

项目四　跨境电商站外营销工具

【学习目标】

◎ **知识目标**
1. 了解搜索引擎营销的概念及特点。
2. 了解电子邮件营销的应用。
3. 了解海外社交媒体营销的作用。
4. 了解社群营销的流程。

◎ **技能目标**
1. 能够掌握谷歌搜索引擎的营销技巧。
2. 能够掌握电子邮件营销的策略与应用。
3. 能够掌握社交媒体平台的营销方法与技巧。
4. 能够掌握社群营销的技巧。

◎ **素质目标**
培养学生勇于创新的精神。

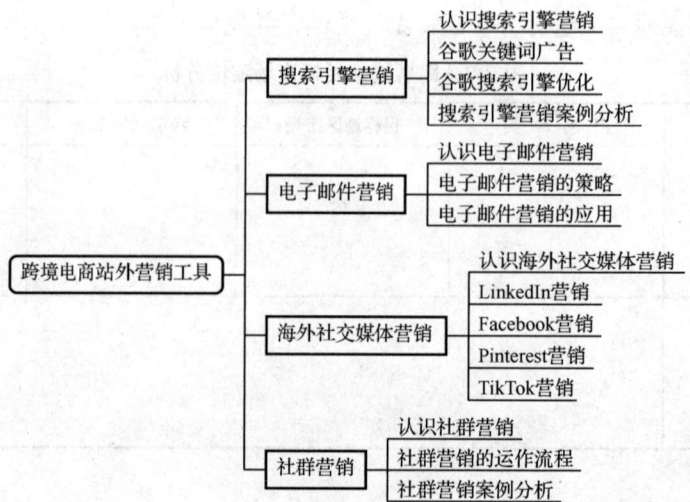

【思维导图】

- 跨境电商站外营销工具
  - 搜索引擎营销
    - 认识搜索引擎营销
    - 谷歌关键词广告
    - 谷歌搜索引擎优化
    - 搜索引擎营销案例分析
  - 电子邮件营销
    - 认识电子邮件营销
    - 电子邮件营销的策略
    - 电子邮件营销的应用
  - 海外社交媒体营销
    - 认识海外社交媒体营销
    - LinkedIn营销
    - Facebook营销
    - Pinterest营销
    - TikTok营销
  - 社群营销
    - 认识社群营销
    - 社群营销的运作流程
    - 社群营销案例分析

【情景案例】

布局100+社交媒体账号，却依然做不好社会化营销

根据GlobalWebIndex 2022年的报告，中国16~64岁的互联网用户中，每人每天花费在社交媒体上的时间长达2小时。

社交媒体拉近了品牌与消费者的距离，也正在颠覆市场营销人的工作日常。2021年，微信用户超12亿人，微博的月活跃用户达5.3亿人，双微平台依旧是企业建设品牌形象、开展社会化营销的主要阵地。从新流量平台侧观察，2021年，抖音企业号品牌发布的短视频播放量在Q2环比增速达174%；快手电商品牌直播在前11个月的GMV增长841%；小红书则迎来超过6.5万个企业号入驻。社会化营销格局正迅速由"双微一抖"转变为"微抖快红"。而诸如知乎、B站、闲鱼这类从前相对小众，甚至与社交毫不搭边的平台也正因新消费人群、新消费场景的崛起而进入品牌营销人的视野。

布局社交媒体已经成为品牌的常规操作，但与投入的资源、人力、平台繁荣的数据相比，能够受益的品牌可以说是少之又少。毕竟比起愈加外溢的产能和逐年递增的品牌，平台流量和消费者的荷包之间的关系终究是"狼多肉少"，而这也对品牌的社交媒体精细化运营提出更大挑战。原因无可厚非，缺乏精细化运营，品牌只能和头部去比拼预算，但烧钱换流量从来不是企业生存的长久之道。

【案例解析】

开展一场社会化营销活动时，实际数据层面可获得的，可能只是粉丝量、关注度、转发率等这些比较直观的数据，而这些数据的内在价值与营收并无一目了然的联系。为了使社会化营销与企业的战略目标保持统一，社会化媒体管理成为提升品牌影响力必不可少的一环。

对比海外社会化媒体管理发展现状可以发现，国内在内部协同、效率提升等方面的理念相对匮乏。另则，面对流量红利的减退，为实现持续增长，社会化营销匹配品牌定位、平台特性，成为企业经营最为关注的问题。

任务一　搜索引擎营销

【学习目标】

◎ 知识目标
1. 了解搜索引擎的概念及特点。
2. 了解搜索引擎的分类。
3. 了解谷歌搜索引擎的作用。

◎ 技能目标
1. 掌握搜索引擎营销的基本流程。
2. 掌握搜索引擎的工作流程。

◎ 素质目标
培养学生提高自主探究和严谨分析的精神。

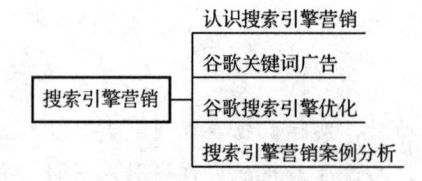

【思维导图】

```
                   ┌── 认识搜索引擎营销
                   ├── 谷歌关键词广告
   搜索引擎营销 ───┤
                   ├── 谷歌搜索引擎优化
                   └── 搜索引擎营销案例分析
```

【任务背景】

互联网与移动互联网的快速发展使网络用户的规模持续扩大，直接促进了搜索引擎用户的不断上升，进而强化了搜索引擎的媒体属性。同时，互联网日益成为消费者获取信息的主要渠道，广告主的营销预算与投入不断向互联网渠道及媒体转移，搜索引擎作为互联网的主要流量入口，成为广告主互联网广告营销与推广的渠道选择，使搜索引擎行业的广告业务营收稳步增长，从而推动行业整体快速发展。

【任务实施】

（一）认识搜索引擎营销

1. 搜索引擎营销的概念

搜索引擎营销（Search Engine Marketing，SEM）是一种新的网络营销模式。SEM所做的就是全面有效地利用搜索引擎来进行网络营销推广。SEM 追求最高的性价比，以最少的投入，获取最大的来自搜索引擎的访问量，并产生商业价值。将营销信息尽可能传递给目标用户。简单点来说就是在人们用搜索引擎检索信息的时候，商家利用人们对搜索引擎的依赖和使用习惯，将信息传递给对方。

搜索引擎营销的基本思想是让用户发现信息，并通过点击进入网页，进一步了解所需要的信息。企业通过搜索引擎付费推广，让用户可以直接与公司客服进行交流、沟通，实现交易。

【想一想】

搜索引擎营销是利用用户使用搜索引擎检索信息的机会，尽可能地将营销信息传递给所有网民。

如果想在网上搜索到自己的相关信息，该怎样检索呢？如果同名的人比较多，怎么才能把自己和其他人区分开？如何保护自己的隐私？

2. 常见的搜索引擎

（1）谷歌

谷歌（Google）公司成立于 1998 年 9 月 4 日，由拉里·佩奇和谢尔盖·布林共同创建，被公认为全球最大的搜索引擎公司。谷歌是一家位于美国的跨国科技企业，业务包括互联网搜索、云计算、广告技术等，同时开发并提供大量基于互联网的产品与服务，其主要利润来自 AdWords 等广告服务。

（2）百度

百度公司 2000 年 1 月 1 日创立于中关村，公司创始人李彦宏拥有"超链分析"技术专利，也使中国成为除美国、俄罗斯和韩国外，第 4 个拥有搜索引擎核心技术的国家。百度每天响应来自 100 余个国家和地区的数十亿次搜索请求，是网民获取中文信息和服务的最主要入口，服务 10 亿互联网用户。

作为全球最大的中文搜索引擎公司，百度一直致力于让网民更平等地获取信息，找到所求。百度是用户获取信息的最主要入口，随着移动互联网的发展，百度网页搜索完成了由 PC 端向移动端的转型，由连接人与信息扩展到连接人与服务，用户可以在 PC、iPad、手机上访问百度主页，通过文字、语音、图像多种交互方式瞬间找到所需要的信息和服务。

（3）微软必应

微软必应（Microsoft Bing）原名必应（Bing），是微软公司于 2009 年 5 月 28 日推出的用以取代 Live Search 的全新搜索引擎。为符合中国用户的使用习惯，Bing 将中文品牌命名为"必应"。作为全球领先的搜索引擎之一，截至 2013 年 5 月，必应已成为北美地区第二大搜索引擎，如加上为雅虎提供的搜索技术支持，必应已占据 29.3%的市场份额。

2013 年 10 月，微软在中国启用全新明黄色必应搜索标志并去除 Beta 标识，这使必应成为继 Windows、Office 和 Xbox 后的微软品牌第 4 个重要产品线，也标志着必应已不仅仅是一个搜索引擎，更将深度融入微软几乎所有的服务与产品中。在 Windows Phone 系统中，微软也深度整合了必应搜索，通过触摸搜索键引出，相比其他搜索引擎，界面也更加美观，整合信息也更加全面。

（4）雅虎

雅虎（Yahoo）是美国著名的互联网门户网站，也是 20 世纪末互联网奇迹的创造者之一。其服务包括搜索引擎、电邮、新闻等，业务遍及 24 个国家和地区，为全球超过 5 亿的独立用户提供多元化的网络服务。同时也是一家全球性的因特网通信、商贸及媒体公司。雅虎是全球第一家提供因特网导航服务的网站，总部设在美国加州圣克拉克市，在欧洲、亚洲、拉丁美洲、北美洲均设有办事处。雅虎是最老的分类目录搜索数据库，也是最重要的搜索服务网站之一。

雅虎有英、中、日、韩、法、德、意、西班牙、丹麦等 12 种语言版本，各版本的内容互不相同。提供目录、网站及全文检索功能。目录分类比较合理，层次深，类目设置好，网站提要严格清楚，网站收录丰富，检索结果精确度较高。

3．搜索引擎分类

（1）全文检索搜索引擎

全文检索搜索引擎是指从网站中检索信息，建立索引数据库，根据用户需求返回相应的内容。

（2）目录搜索引擎

目录搜索引擎是指通过人工寻找、分类而建立的网站数据库。

（3）垂直搜索引擎

垂直搜索引擎是指专注于搜索领域和需求，在其特定的搜索领域有更好的用户体验。

4．搜索引擎的工作流程

（1）爬行与抓取

爬行与抓取是搜索引擎工作的第一步，是在互联网上发现并搜集网页信息，同时对信息进行提取和建立索引库。

（2）预处理

搜索引擎数据库中拥有以亿计的网页，用户搜索后，搜索引擎的计算量就会增加，很难在短时间内返回搜索结果，所以要对页面进行预处理。

（3）排名

排名是搜索引擎工作的第三个主要步骤。经过爬行、抓取以及预处理，索引程序计算得到倒排索引后，搜索引擎就准备对用户搜索进行处理，搜索引擎面对的用户是通过在搜索框输入搜索词后得到的一个列表页面，这个过程是基于大量的搜索索引库建立起来的。

当用户在搜索引擎界面输入关键词并点击"搜索"按钮后，搜索引擎程序会对输入的搜索词进行处理。简单理解就是搜索引擎程序会从索引数据库中找出所有包含搜索词的网页，并进行排名算法的计算。排名算法会考虑多个因素，如网页的相关性、质量和网站的权威性等，来确定哪些网页应该在搜索结果中排在前面。最后会将搜索结果进行格式化，将网页的标题、摘要和链接等信息整合起来，并将这些信息返回到"搜索"页面供用户查看。用户可以通过点击链接来访问感兴趣的网页，这样一来就可以为用户提供精准且有序的搜索结果。

（二）谷歌关键词广告

1. 谷歌关键词的概念

谷歌关键词是指单个媒体在使用搜索引擎时，比如在谷歌搜索某个名人或者某个产品时，所能联想到的词或词组。谷歌关键词可以是一个或者多个，不局限于英文单词或数字，字母的搜索量极高，特殊符号也可以查询。

Google Ads（谷歌广告）是一种在线广告解决方案，企业可以使用其在 Google 上搜索。Google Ads 还允许广告客户为广告选择特定的目标，例如吸引电话或访问网站。使用 Google Ads 账号，广告客户可以自定义预算和定位，并随时启动或停止广告。

用户要获取资讯，就必须通过词汇、短语、句子进行搜索，搜索引擎通过输入框输入的字词进行全网资讯匹配，而能被匹配上的就是关键词。

例如，在谷歌搜索引擎中搜索"wireless bluetooth headset"（无线蓝牙耳机），如图 4-1 所示，就可以搜索到关于"wireless bluetooth headset"的搜索结果，如图 4-2 所示。

图 4-1　谷歌关键词搜索页面

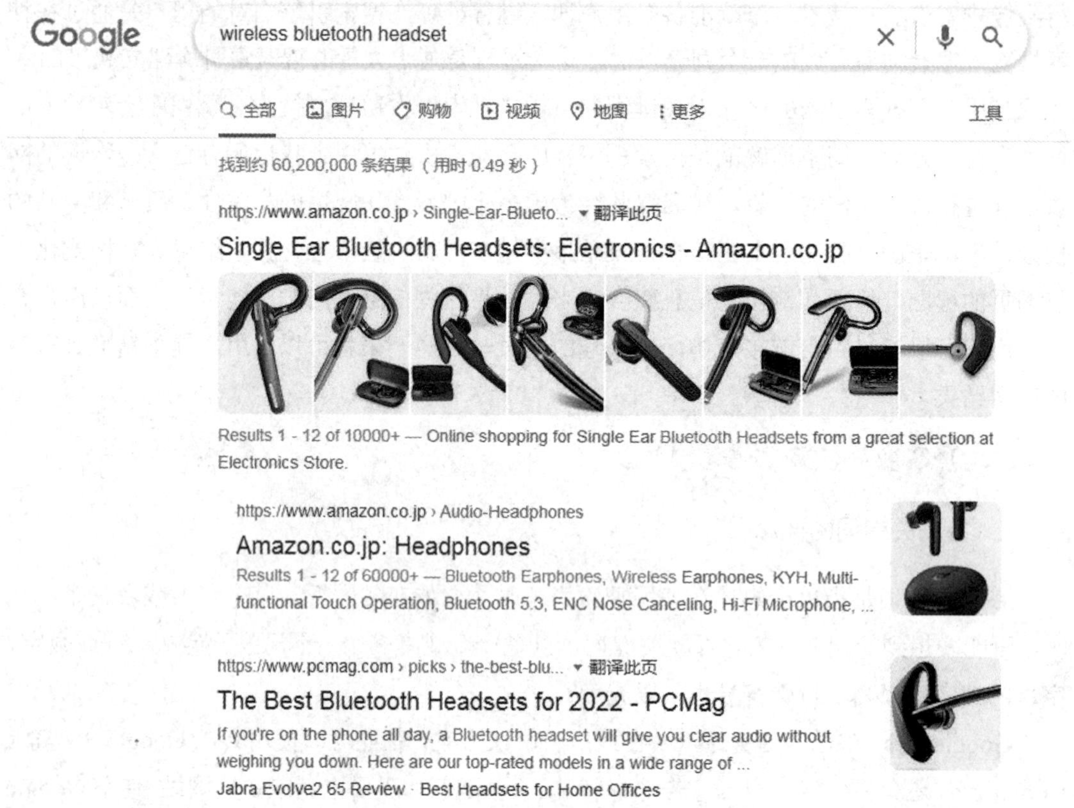

图 4-2　谷歌关键词搜索结果页面

2. 谷歌关键词广告注册账号流程

步骤 1：进入 Google Ads 官网，点击 "Get started"（开始），进入下一步，如图 4-3 所示。

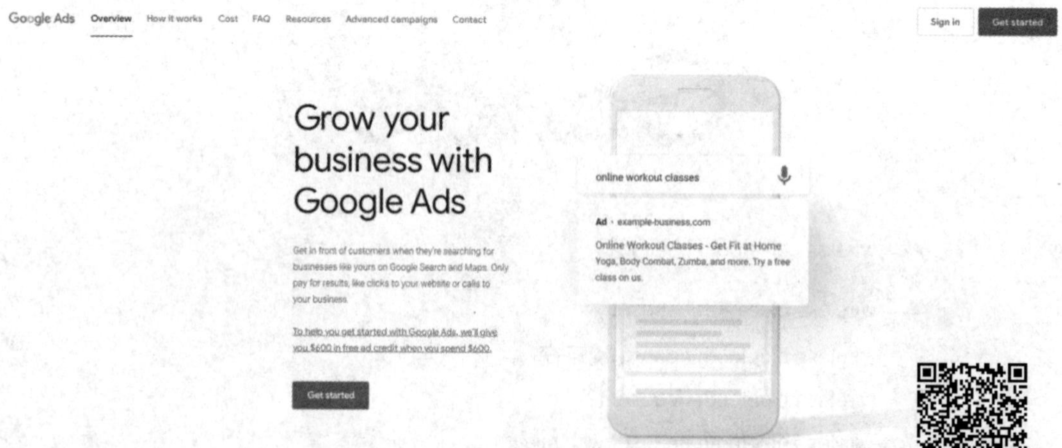

图 4-3　Google Ads 网站页面

谷歌关键词
广告创建

步骤 2：输入账号信息，登录"Google 账号"，进入下一步，如图 4-4 所示。

图 4-4　登录 Google 账号页面

步骤 3：直接切换至专家模式，进入下一步，如图 4-5 所示。

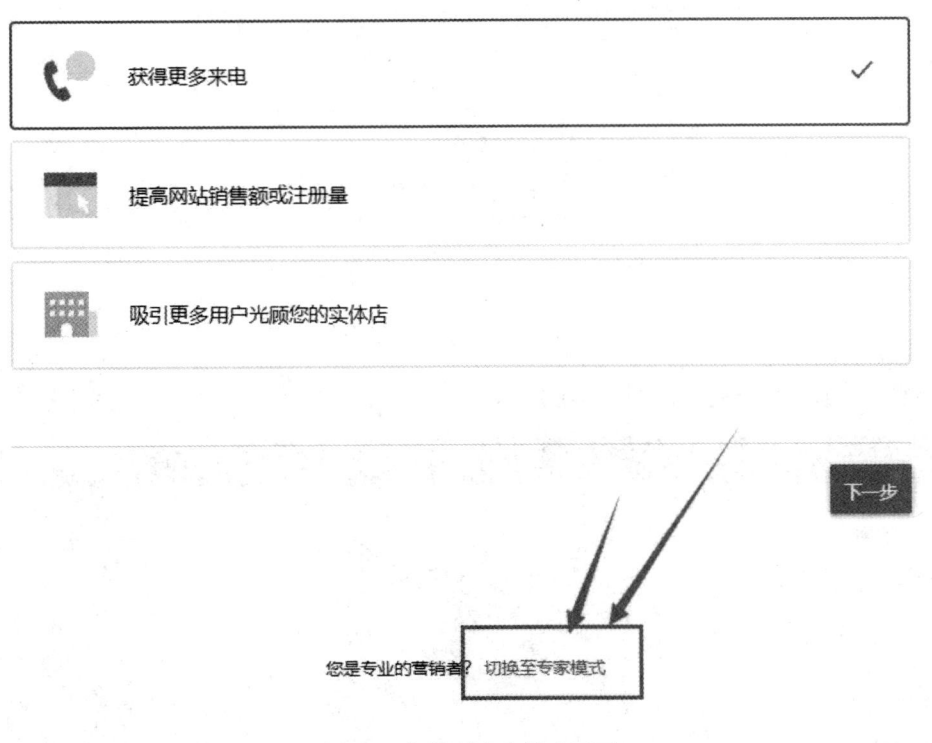

图 4-5　切换至专家模式页面

步骤 4：点击"创建账号"，进入下一步，如图 4-6 所示。

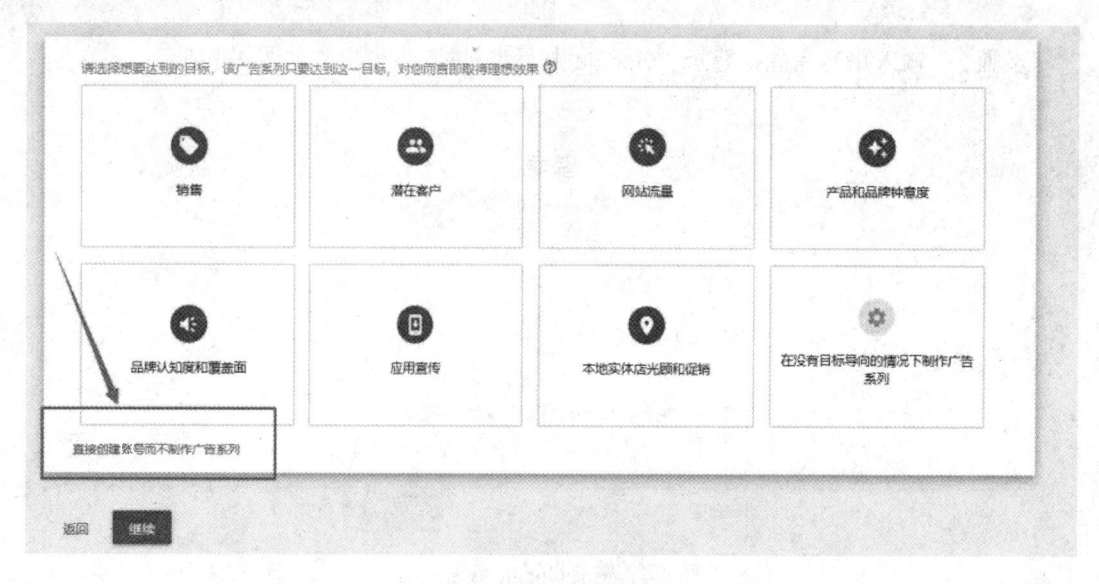

图 4-6 创建账号页面

步骤 5：确认"您的商家信息"，点击"提交"，进入下一步，如图 4-7 所示。

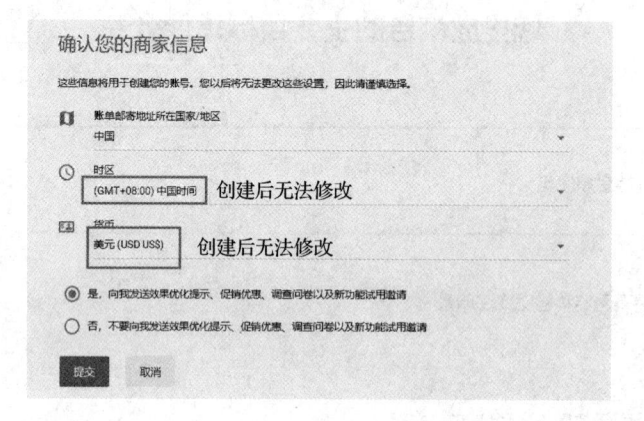

图 4-7 确认商家信息页面

步骤 6：账号注册成功，如图 4-8 所示。

图 4-8 账号注册成功页面

3. 谷歌关键字规划师操作流程

步骤1：在 Google Ads 页面中，左边是"发现新关键字"，右边是"获取搜索量和预测数据"，选择"发现新关键字"，进入下一步，如图4-9所示。

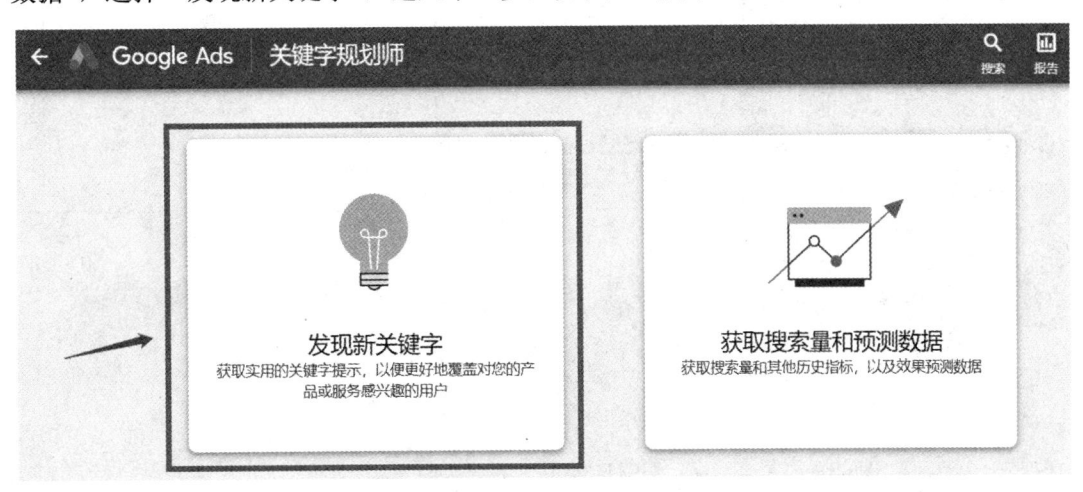

图4-9 关键字规划师页面

步骤2：输入与你的业务或者产品相关的关键字，这里有两个选项，选择"首先输入关键字"选项，进入下一步，如图4-10所示。

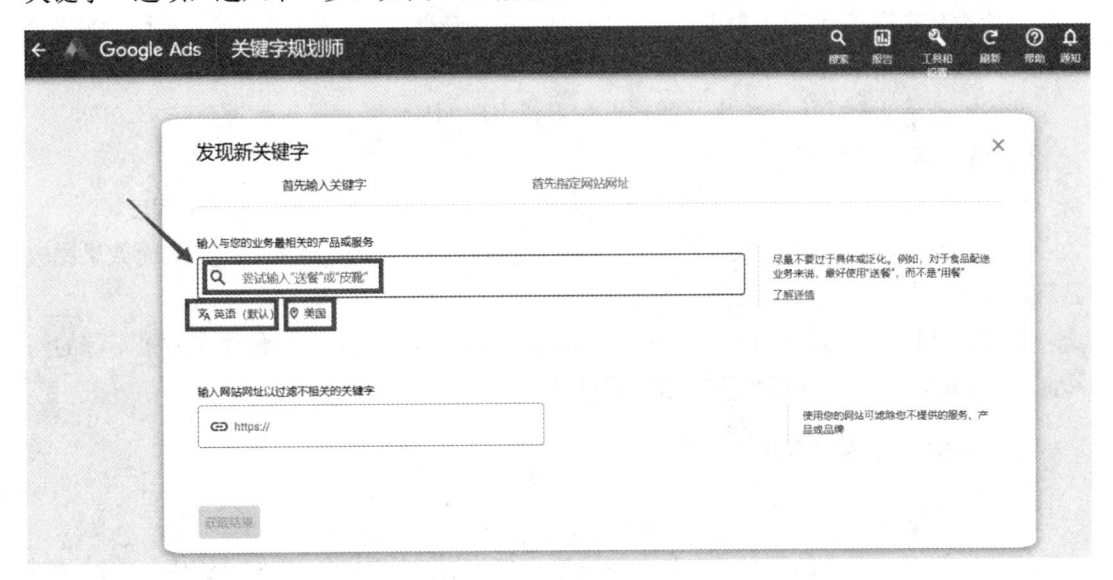

图4-10 发现新关键字页面

步骤3：Google Ads 会显示对应的关键字竞争程度、出价区间参考数值、月度搜索量。商家可根据自身需求，选中相应的关键字，并添加到相应的广告组里，如图4-11所示。

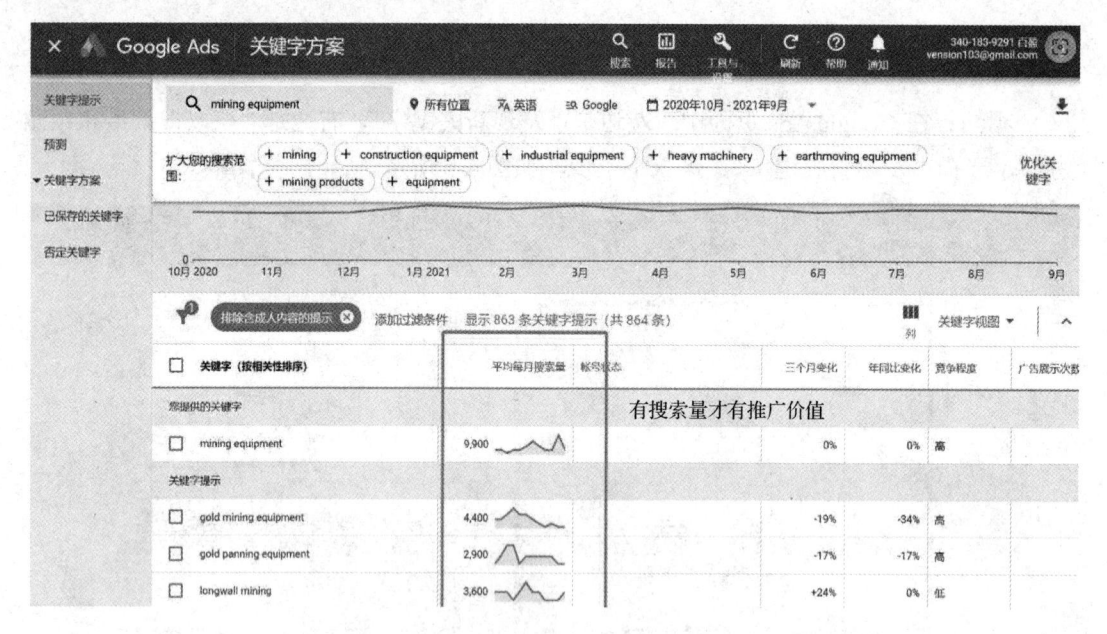

图 4-11　关键字方案页面

(三) 谷歌搜索引擎优化

1. 关键词竞价排名

竞价排名是指按点击付费，推广信息出现在搜索结果中（一般是靠前的位置），如果没有被用户点击，则不收取推广费。

在谷歌搜索引擎中，竞价排名的特点和主要作用如下：

① 按效果付费，费用相对较低。

② 出现在搜索结果页面，与用户检索内容高度相关，增加了推广的定位程度。

③ 竞价结果出现在搜索结果靠前的位置，容易引起用户的关注和点击，因而效果比较显著。

④ 搜索引擎自然搜索结果排名的推广效果是有限的，尤其对于自然排名效果不好的网站，采用竞价排名可以很好地弥补这种劣势。

2. 谷歌关键词的匹配类型

（1）广泛匹配

这种匹配方式给产品带来最大限度的曝光。如果用户搜索词包含所有的广告关键词或其同义词，就会被匹配从而激活广告。可以匹配拼写错误、单复数、相似关键字，不讲究顺序等。

① 优势：既能进行强针对性的投放，又能接触广大受众群体，还能为商家带去更多的潜在用户访问。

② 劣势：点击访问的针对性不足，转化率不如精确匹配和短语匹配。

（2）短语匹配

在你设置的关键词的前后添加一些单词，其中包括识别单复数、ing、介词等。但搜索词条的关键字必须与输入广告组的关键字保持顺序一致。

① 优势：短语精确包含能更精确地定位潜在客户的词语。

② 劣势：获得的展示次数较少，会丧失大量的转化机会。

（3）精准匹配

用户搜索词必须与广告关键词完全匹配，或与广告关键词十分接近的词匹配，才能显示广告。这种类型只能识别单复数、ing 等简单的形式。如果广泛匹配的转化率高于短语匹配和精准匹配，那说明你的账号中没有与搜索词相对应的关键词，你可以下载报告，将它们添加进去。

① 优势：可获得最具针对性的点击访问，转化率较高。

② 劣势：会减少广告的展示次数，获得潜在客户的范围较窄。

3．谷歌关键词竞价排名优点

（1）见效快

用户充值并设置关键词价格后，即刻就可以进入。

（2）关键词数量无限制

可以在后台设置无数的关键词进行推广，数量自己控制，没有任何限制。

（3）关键词不分难易程度

不论多么热门的关键词，只要你想做，你都可以进入前三甚至第一。

4．谷歌关键词优化

主要看关键词点击率、转化率、转化费用、广告支出回报率，重点优化未达标的数据。如果这些数据都正常，可以进一步考虑扩量，查看关键词曝光量、点击量、转化量。

5．谷歌广告层级

谷歌广告层级：广告目标和类型>广告系列>广告组（关键字）>广告（标题和内容描述）>附加信息>受众群体>投放时间>设备。用户根据自己的实际情况进行选择并设置。

（四）搜索引擎营销案例分析

1．谷歌趋势（Google Trends）

谷歌趋势是一款免费的在线搜索工具，通过该工具可以查看某个关键词在一定时间范围内的搜索趋势与关注度，数据主要来源于谷歌搜索、购物、Youtube、谷歌新闻与图片。

2．谷歌趋势的功能

（1）反映关键词搜索热度与季节趋势

（2）显示关键词所在区域和城市的热度排名

（3）显示关键词的相关主题与相关查询

3．利用谷歌趋势开展市场调研

在广东深圳，有一家 3C 电子产品公司，是一家以内贸转型外贸的公司，旗下产品超过 1000 款。公司开通了亚马逊、易贝、速卖通、Shopee、Lazada 等跨境电商平台账号，在各大平台上架公司相关产品并推广站内广告，但在年末统计销售业绩的时候，却发现公司的销售业绩都不尽如人意。

公司负责人意识到在上架产品之前，一直缺少对国外市场的调研，只是盲目地把公司产品上传到平台，所以公司各大平台销售业绩一直没有很明显的变化。

假如你是公司负责人，打算把耳机产品拓展到海外市场，可以使用谷歌趋势进行产品需求分析、热门市场分析、热门关键词分析，具体操作步骤如下：

步骤 1：打开谷歌趋势官网，在全球市场中搜索"耳机"，关键词分别输入"wireless bluetooth headset（无线蓝牙耳机）""Bluetooth earphone（蓝牙耳机）"，通过搜索结果我们可以发现，"Bluetooth earphone"在过去 12 个月的热度比"wireless bluetooth headset"高，如图 4-12 所示。

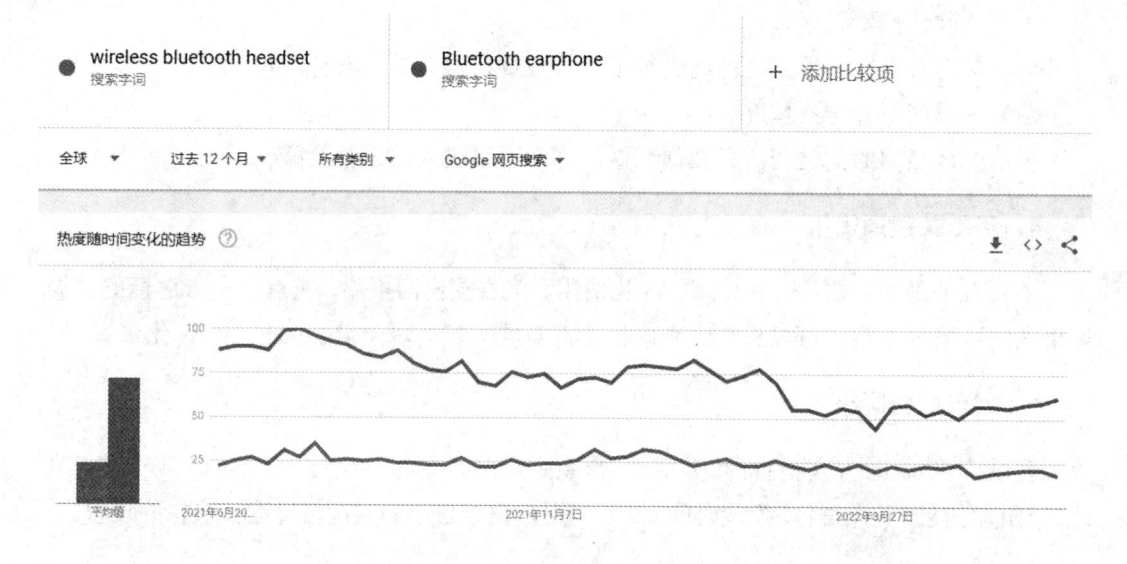

图 4-12　产品需求搜索结果

步骤 2：查看按照区域划分的搜索结果，可以发现对于"wireless bluetooth headset"的关注度排在前五的国家分别是：挪威、奥地利、芬兰、德国、美国，如图 4-13 所示。

步骤 3：查看搜索热门前五的关键词分别是：wireless headphones bluetooth、bluetooth headphones、wireless headphones、headphones、bluetooth wireless headphones，如图 4-14 所示。

```
排序： "wireless bluetooth headset"的关注度 ▼

1  挪威
2  奥地利
3  芬兰
4  德国
5  美国
```

图 4-13　对搜索词的关注度排在前五的国家

```
相关查询 (?)                        热门 ▼  ⬇  <>  ⇗

1  wireless headphones bluetooth    100
2  bluetooth headphones             100
3  wireless headphones              100
4  headphones                       100
5  bluetooth wireless headphones    100
```

图 4-14　搜索热门前五的关键词

【任务小结】

通过该任务的学习，学生能够了解搜索引擎的概念，以及谷歌搜索引擎工具的使用方法，具备谷歌关键词竞价推广的营销思维，掌握竞价推广方式。

【任务评价】

根据表 4-1 进行评价。

表 4-1　搜索引擎营销学习评价表

评价内容	自我评价（20分）		同学互评（40分）		教师评价（40分）	
	分值	平均分	分值	平均分	分值	平均分
认识搜索引擎营销	5		10		10	
谷歌关键词广告	5		10		10	
谷歌搜索引擎优化	5		10		10	
搜索引擎营销案例分析	5		10		10	

【拓展实训】

许多网站都有常见问题解答板块，这个板块更倾向于回答纯粹的交易问题，比如运输速度和退货政策。如图 4-15 所示，是沃尔玛官网显示的常见问题解答。当每个问题都链接到单独的页面以获取答案时，常见问题解答是最强的搜索引擎优化。请谈谈你对常见问题解答板块的看法。

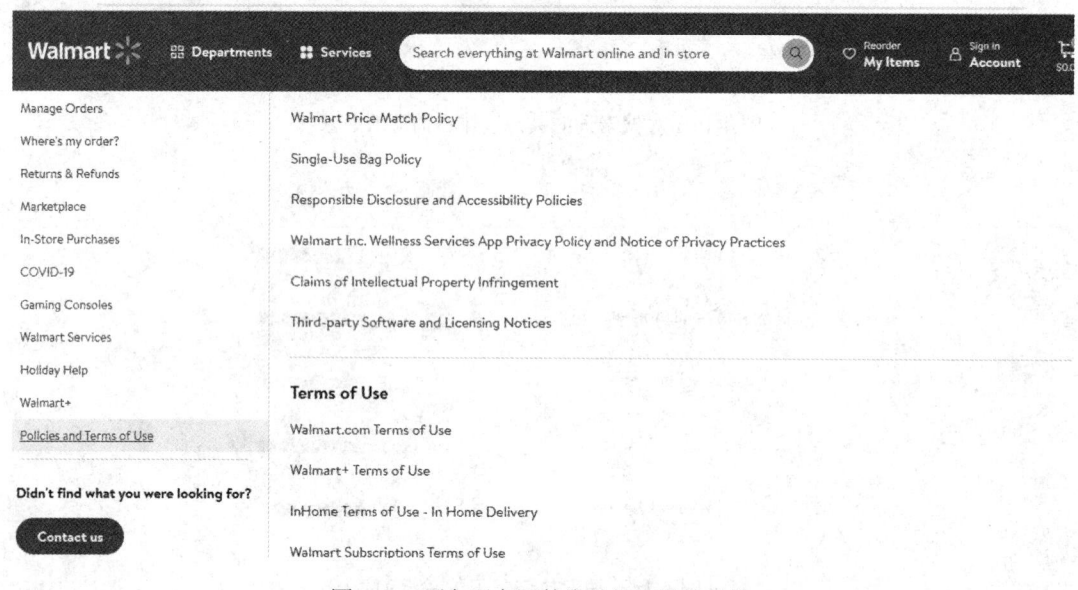

图 4-15　沃尔玛官网的常见问题解答板块

任务二　电子邮件营销

【学习目标】

◎ 知识目标
1. 了解电子邮件营销的概念。
2. 了解电子邮件营销的形式。

◎ 技能目标
1. 掌握电子邮件营销的应用。
2. 掌握电子邮件营销的策划。

◎ 素质目标
培养以诚待人、实事求是的职业素养。

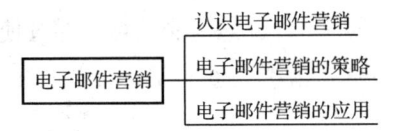

【思维导图】

电子邮件营销
- 认识电子邮件营销
- 电子邮件营销的策略
- 电子邮件营销的应用

【任务背景】

电子邮件作为网络时代最广泛的交流方式之一，已成为人们生活中不可或缺的一部分。随着信息化程度的不断加深，电子邮件的用户数量也在逐年增加，电子邮件营销作为企业营销手段更是具有很大的发展潜力。由于电子邮件营销具有普及率和使用率高、操作简便、针对性强、速度快、传达率比较高、成本低廉和一对一直接营销的优点，因此开展电子邮件营销不仅能够给企业带来意想不到的收获，也能节约企业资源，为企业的发展提供良好的动力。

【任务实施】

（一）认识电子邮件营销

1. 电子邮件营销的概念

电子邮件营销（Email Direct Marketing，EDM），是在用户事先许可的前提下，通过电子邮件的方式向目标用户传递价值信息的一种网络营销手段。电子邮件营销有三个基本因素：用户许可、电子邮件传递信息、信息对用户有价值。三个因素缺少一个，都不能称为有效的电子邮件营销。

电子邮件营销是利用电子邮件与用户进行商业交流的一种直销方式，同时也广泛地应用于网络营销领域。电子邮件营销是网络营销手法中最古老的一种，可以说电子邮件营销比绝大部分网站推广和网络营销手法都要老。

2．电子邮件营销的定义

电子邮件营销是一个广泛的定义，凡是给潜在用户或者目标用户发送电子邮件的都可以被看作电子邮件营销。电子邮件营销通常涉及以下几个方面：

① 以加强与企业和目标用户的合作关系为目的发送邮件，从而鼓励用户忠实于企业或者重复交易。

② 以获得新用户和使老用户立即重复购买为目的发送邮件。

③ 在发送给自己用户的邮件中添加其他公司或者本公司的广告。

3．电子邮件营销的优势

（1）成本低廉

电子邮件营销是一种成本较低的营销方式，与其他传统的营销方式，如电视、广播、报纸等相比，电子邮件营销所需的成本要低得多。企业可以通过使用专业的电子邮件营销平台，利用其提供的模板和工具，自动发送邮件并进行追踪分析，从而降低人力和运营成本。

（2）可承载信息量大

电子邮件的格式和内容可以多样化，包括文本、图片、链接、附件等多种形式，这些形式可以使邮件内容更加丰富和详细，同时也可以更好地满足用户的需求和兴趣。

（3）应用范围广

电子邮件是一种广泛使用的通信方式，几乎每个人都会拥有至少一个电子邮件账户。因此，电子邮件营销可以覆盖很大一部分人群，特别是对于那些拥有大量潜在用户的企业来说，更是一种非常重要的营销手段。

（4）精准度高

电子邮件营销可以通过对用户数据的分析，实现精准的定向营销。企业可以根据用户的兴趣、行为、购买历史等信息，对用户进行分类和标签化，然后针对不同的用户群体发送不同的邮件，从而提高邮件的打开率和转化率。

（5）个性化

电子邮件营销具有很好的个性化定制能力。企业可以根据不同的用户信息和需求，定制不同的邮件内容和发送方式，从而更好地满足用户的需求和兴趣。这种个性化定制的方式可以提升用户对企业的信任感和忠诚度。

（6）信息传播度广

由于电子邮件的发送对象可以包括个人、企业、组织等不同的群体，因此电子邮件营销信息的传播范围非常广。通过使用各种不同的电子邮件营销工具和技术,企业可以轻松地将信息传播到全球范围内的潜在用户手中。

【想一想】

阅读率对邮件营销来说是至关重要的。因此,了解用户阅读习惯,提高电子邮件的阅读率对于营销具有重要的意义。那么一般来说,哪几个因素对用户阅读有重要影响?

数字化营销为电子邮件营销的发展提供了更加高效、更加智能的新方式,而且与传统的电子邮件营销方式相比,新型电子邮件营销方式降低了企业成本,很多外贸企业都将这种低投资高回报的获客方式纳入自己的营销体系。

(二)电子邮件营销的策略

1. 搜集邮箱

电子邮件营销一般都需要征得用户同意,在前期有专人去和用户沟通,用户感兴趣的情况下,或者不方便面谈、通话的情况下,可以以邮件的形式发送至用户。

2. 发送邮件

根据邮箱的各种属性发送邮件,把不同的内容素材发送至相应的属性邮箱即可。可以即时发送,也可以定时发送。

3. 数据分析

发送邮件之后,分析各个时间节点的数据情况。比如我们发送的都是哪类属性的邮件,发送了几封,邮件打开率怎么样,用户点击率怎么样等数据。然后我们需要经过分析和进一步筛选,再优化邮件以及邮件内容等,从而慢慢提高邮件的打开率和点击率。

(三)电子邮件营销的应用

1. 电子邮件营销的流程

(1)制定电子邮件营销的目标

评估许可电子邮件营销在完成企业营销目标中担任的角色,同时不忽视它作为一种测试工具的强大力量。

(2)确定目标受众

为了达到目标,要确定何种许可水平的电子邮件营销对企业来说是最重要的环节。使用兴趣、人口统计、地理等变量对电子邮件列表数据库进行细分,使电子邮件接收者与企业的营销目标相一致。

(3)设计创意

评估企业营销活动的目标,确定应建立哪种形式的邮件营销文本,并设计独特的信息表达创意。

（4）选择电子邮件列表服务商

选择高质量的电子邮件列表服务商是电子邮件营销成功的关键。电子邮件列表服务商的邮件列表质量、提供的服务水准、定向能力、追踪和报告反馈的能力、市场信誉等都是需要考虑的因素。

（5）测试、度量、精炼

电子邮件营销策略建立在测试、度量、精炼的基础上，依赖于追踪、报告和分析以往电子邮件营销活动的能力。

2．电子邮件营销应用案例

深圳傲基科技股份有限公司（以下简称傲基）成立于 2010 年 9 月 13 日，坐落于商贸物流发达的深圳华南城，是一家致力于引领中国品牌走向世界的电子商务示范企业。

傲基新开发的一款头戴蓝牙耳机在外观设计上非常独特，具有很高的辨识度。耳机头梁支持伸缩功能，具有很强的韧性；头垫和耳罩采用了柔软的 PU 皮革材质，佩戴舒适贴合，长久使用也不易磨损。内部主要配置方面，扬声器采用了 40mm 大尺寸动圈，内置电池容量 500mAh，配备有电路板负责电池的过充、过放、过流、短路等保护功能。主控芯片为瑞昱 RTL8763BFR 蓝牙音频 SoC，以及 DIODES PAM P8908 立体声耳机放大器，用于驱动耳机单元。现征集一批热爱傲基产品的用户，作为产品体验官。

假设这是傲基公司的一封产品宣传电子邮件营销邮件：

尊敬的用户，您好！

我们了解到您是一位热爱傲基产品的用户，我们公司新开发了一款头戴式耳机，可以请您当我们的产品体验官吗？

如果您想免费拥有一款头戴式耳机，请通过邮件联系我们。

以上案例是通过电子邮件给用户推送新品，对于跨境卖家而言，新品推送是个十分重要的环节。每个用户的产品都是不一样的，用户的需求也不同，推送新品前一定要弄清楚用户的需求。当然，除此之外，推送还需要考虑用户的预算等细节。

【任务小结】

通过该任务的学习，学生了解到电子邮件营销的概念、定义和优势，能够掌握电子邮件营销的策略，并能根据企业营销需要，开展电子邮件营销推广活动，给客户推送营销邮件。

【任务评价】

根据表 4-2 进行评价。

表 4-2　电子邮件营销学习评价表

评 价 内 容	自我评价（30分）		同学互评（30分）		教师评价（40分)	
	分值	平均分	分值	平均分	分值	平均分
认识电子邮件营销	10		10		10	
电子邮件营销的策略	10		10		10	
电子邮件营销的应用	10		10		20	

【拓展实训】

数百亿的 Gmail 用户中几乎 75%的人都在手机上阅读邮件，所以电子邮件的打开率与使用设备有关，仍然以手机的使用率最高，因此未来的电子邮箱设计毋庸置疑的是以手机易阅读为优先。如果你的海外客户也是通过手机查收邮件，在这样的背景下，撰写邮件时要注意哪些细节，为什么？

任务三　海外社交媒体营销

【学习目标】

◎ 知识目标
1. 了解海外社交媒体营销的概念。
2. 了解各大社交媒体平台类型。

◎ 技能目标
1. 掌握 LinkedIn 营销活动的技巧。
2. 掌握 Facebook 营销活动的技巧。
3. 掌握 Pinterest 营销活动的技巧。
4. 掌握 TikTok 营销活动的技巧。

◎ 素质目标
培养学生爱岗敬业和不卑不亢的服务精神。

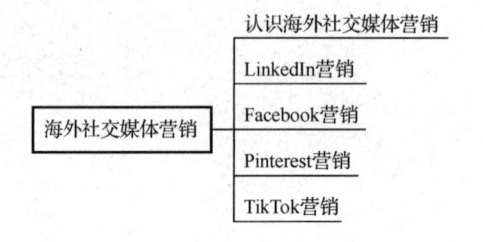

【思维导图】

海外社交媒体营销
- 认识海外社交媒体营销
- LinkedIn营销
- Facebook营销
- Pinterest营销
- TikTok营销

【任务背景】

如今，在社会化媒体时代，消费者变得越来越精明、越来越有主见。通过社交媒体营销创作内容和分享内容变得越来越重要。由于海外社交媒体的差异化，深度掌握各个渠道的推送机制和投资回报率（Return On Investment，ROI）转化成为难题。同时越来越多的品牌接连加入赛道，如何精准洞察目标客户痛点并在海量推广信息中脱颖而出也困扰着不少出海人。

【任务实施】

（一）认识海外社交媒体营销

1. 海外社交媒体营销的概念

海外社交媒体营销是企业通过国外社交媒体平台分享日常生活、与工作有趣的故事或者有关自身品牌的资讯。企业可以通过社交媒体直接跟客户进行互动，实现转化，拉近和客户的距离。最重要的是，社交媒体营销能够帮助企业实现品牌的宣传，通过公司主页的发帖，品牌故事的分享，以及口碑营销等方式，扩大企业的品牌知名度，并培养一批忠实的粉丝。

目前海外社交媒体营销涉及的主流平台有 LinkedIn、Facebook、Pinterest、Twitter、TikTok、YouTube 等。社交媒体营销有丰富的媒体种类、良好的传播能力、强大的用户黏性、准确而详细的用户信息，在很多领域展现出卓越的营销效果，适合跨境电商卖家开展海外营销活动。

2. 海外社交媒体营销的作用

在这些海外社交媒体营销渠道中，公司可以使用有效的工具与受众群体进行互动，同时也可分析他们社交媒体的动态，了解他们的喜好等，为品牌营销提供场景化的展现。最终帮助企业更好地完善自身产品和优化调整其他营销渠道的策略，锁定品牌的传播市场和精准用户，提高客户忠诚度，拓宽流量入口。

3. 海外社交媒体营销的特点

社交媒体营销周期性长，传播的内容量大且形式多样。每时每刻都处在营销状态，与消费者的互动强调内容性与互动技巧，需要对营销过程进行实时监测、分析、总结与管理，需要根据市场与消费者的实时反馈调整营销目标等。此外，它还具有以下几个特点：

① 与搜索引擎营销、电子邮件营销等其他网络营销相比，海外社交媒体营销以信任为基础的传播机制，以及用户的高主动参与性，更能影响网民的消费决策。

② 在人群分享信息和讨论问题，通过不断地交互和提炼，能够对某个主题达成共识，为品牌提供大量被传播和被放大的机会。

③ 海外社交媒体营销用户黏性和稳定性高，定位明确，可以为品牌提供更细分的目标群体。

④ 基于互联网的沃土，海外社交媒体营销的市场仍在不断扩大，已不仅仅是朋友们共享的场所，还成为一种全新的商业竞争模式。

LinkedIn、Facebook、Pinterest、Twitter、TikTok、YouTube 等都极大地改变了人们的生活，将人们带入了一个社交网络的时代。海外社交媒体营销属于网络媒体营销的一种，而我们营销人在社交网络时代迅速来临之际，也不可避免地要面对社交化媒体给营销带来的深刻变革。

【想一想】

目前有一些社交媒体平台已经推出了拟人化的虚拟形象与用户互动,选取一个你感兴趣的虚拟形象,并与之对话。分析其拟人的效果如何,判断你是否与之产生了某种情感或联系。

想一想:社交媒体平台一般是通过社交成员之间的个人关系进行营销,那么想实现快速传播需要以什么方式来营销?

4. 运作方式

(1)创造企业在社交媒体平台的曝光量

企业应该利用社交媒体,在不同的社交媒体平台上发布相关的服务信息和产品资讯,利用社交媒体平台上的粉丝关注效应和社群效应,可以大大增加企业的产品与服务信息在社交网络上的曝光量。

社交媒体的热点聚焦效应,使得企业能够通过社交媒体实现与潜在用户之间更为广泛的沟通。社交媒体还具有平等沟通的特性,更利于企业与潜在用户之间保持亲和的沟通,持续深化关系。

(2)增加网站流量和注册用户

传统的网络营销是基于互联网而进行的营销活动,企业通过在自己的官方网站或是垂直门户的资讯频道发布信息,然后通过关键词搜索,由搜索引擎带来相关的流量和点击。

社交媒体的应用改变了以往过于依赖搜索引擎的网络营销模式,通过社交媒体不仅可以直接将社交媒体上的用户流量转化为企业官方网站的流量,而且可以通过企业在社交媒体上的信息来发展注册用户。

(3)促进具体业务成交

社交媒体的特性不仅是利用社交网络发布信息,更重要的作用是利用社交媒体平台发起与潜在用户的互动。

企业的社会化营销团队不仅可以关注在社交媒体上的用户,监控用户对于相关产品与服务的关注,而且可以实时发起与潜在用户的互动,持续深化与潜在用户的关系,激发用户对企业产品与服务的兴趣,然后适时地发起社会化营销活动来促进成交。

(二)LinkedIn营销

1. LinkedIn简介

LinkedIn(领英)创立于2003年5月,是一个面向职场的社交平台,总部位于美国加利福尼亚州的森尼韦尔。该公司于2011年5月20日在纽约证券交易所上市,LinkedIn是全世界最大的招聘平台之一,同时也是B2B公司最常使用的旨在吸引业务决策者的社交媒体平台之一。超过 5 亿的用户通过共享引人入胜的内容建立专业联系。

2. LinkedIn 注册流程

步骤 1：进入 LinkedIn 官网，点击"立即加入"开始注册账号，如图 4-16 所示。

图 4-16　LinkedIn 官网首页

步骤 2：点击"立即加入"后，跳转到如图 4-17 所示的页面，输入"手机号码、密码"，用户协议打"√"，点击"同意并加入"，进入下一步。

图 4-17　LinkedIn 注册页面

步骤3：输入"真实姓名"，点击"继续"进入下一步，如图4-18所示。

图4-18 "真实姓名"页面

步骤4：进行"安全验证→人机身份验证"，如图4-19所示。

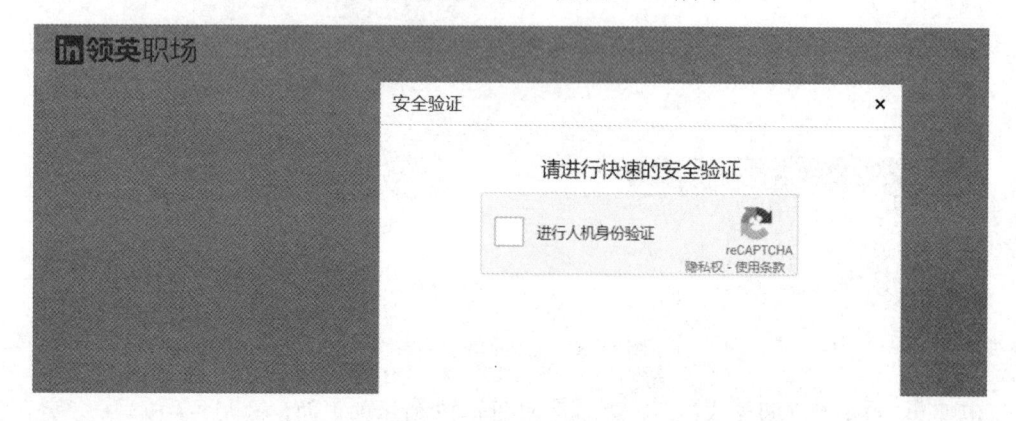

图4-19 "安全验证"页面

步骤5：输入"验证码"，点击"提交"，进入下一步，如图4-20所示。

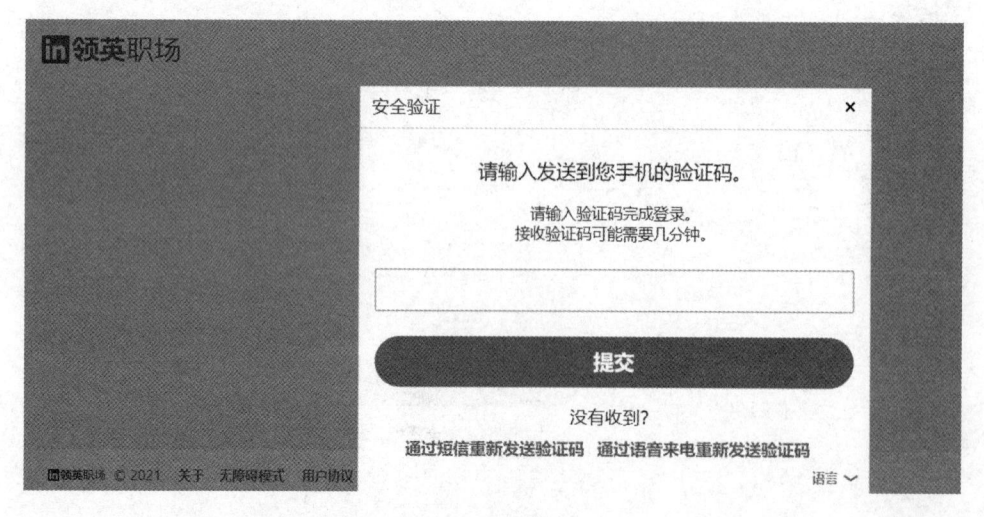

图4-20 "输入验证码"页面

步骤6：选择"国家/地区、市/区"，点击"保存地点"进入下一步，如图4-21所示。

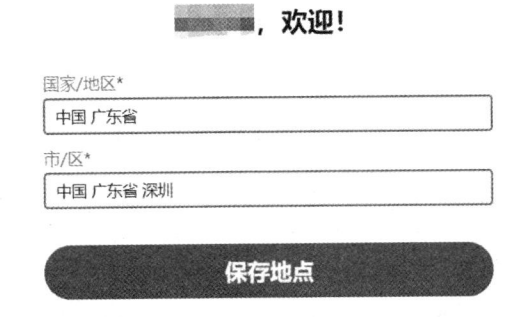

图4-21 "设置地区"页面

步骤7：填写"职业档案"，点击"继续"进入下一步，如图4-22所示。

图4-22 "创建职业档案"页面

步骤8：点击"是的/以后再说"，完成注册，如图4-23所示。

图4-23 "完成注册"页面

3. LinkedIn 添加好友技巧

① 在 LinkedIn 搜索框输入搜索内容，可以搜人，搜公司，搜内容，搜学校，搜群组，搜事件。

② 在 People Also View（人们也在看）查看并添加好友。

③ 在 People You May Know（你可能认识的人）查看并添加好友。

④ 在潜在客户的技能和认可这里查看并添加好友。

⑤ 在对方关注的公司里点进去查看并过滤，添加潜在客户。

⑥ 在对方申请添加你为好友的指令通过之后，只要对方的设置不是好友仅自己可见，系统就会给你推荐一些有可能你感兴趣的二度联系人。

⑦ 用 Tags 来找客户，在搜索框输入"#+关键词"。

4. 如何在 LinkedIn 设置商业活动实操

（1）创建个人账户

这也将是公司页面的管理员（以后可以添加额外的页面经理）。登录后，点击浏览器右上方的工作图标，滚动到弹出的菜单底部，选择创建一个公司网页。

（2）填写资料

资料填写完整的公司的浏览量要比其他公司的浏览量多出 30%。另外，翔实的文字叙述也有助于搜索引擎优化，使得相关词条在用户搜索时能被抓取，增加曝光。

（3）添加翻译

页面可以添加翻译，不需要为每个地区创建一个单独的公司页面。Linkedin 配备的语种包含 20 余种。Linkedin 页面会被谷歌收录，所以在公司描述的第一段中，可以加入公司的关键词，介绍愿景、价值观、产品和服务等。最后是添加标签，最多可添加 3 个。

（4）点击帖子编辑器

点击帖子编辑器下的标签，就可以看到所有使用这些标签的帖子。这样就可以评论、点赞和分享相关的帖子。

（三）Facebook 营销

1. Facebook 简介

Facebook 是一个社会化网络站点，中文名为脸书或脸谱网。它于 2004 年 2 月 4 日上线，总部位于美国加利福尼亚州的门洛帕克。Facebook 是世界排名领先的照片分享站点。

Facebook 是一个联系朋友的社交工具。用户可以建立个人主页，添加其他用户作为好友并分享信息，包括自动更新与及时通知对方，同时可以加入不同群组。大家可以通过它和朋友、同事、同学以及周围的人保持互动交流，分享无限上传的图片，发布链接和视频，增进朋友间的感情。

2. Facebook 注册流程

步骤 1：进入 Facebook 官网，点击"立即加入"进入下一步，如图 4-24 所示。

图 4-24　Facebook"注册"页面

步骤 2：点击"新建账户"，跳转到如图 4-25 所示的页面，输入"个人信息"，点击"注册"进入下一步。

图 4-25　"填写个人信息"页面

步骤 3：验证 Facebook 账户，点击"继续"进入下一步，如图 4-26 所示。

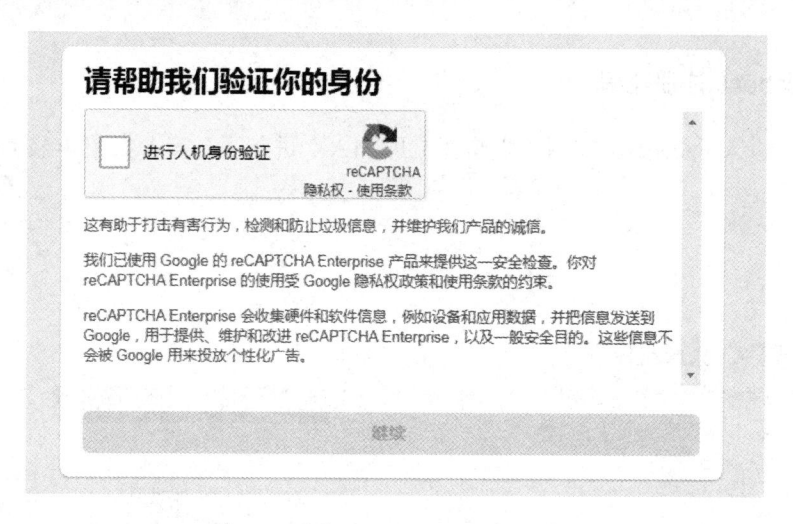

图 4-26 "验证 Facebook 账户"页面

步骤 4：输入"验证码"，点击"继续"，完成注册，如图 4-27 所示。

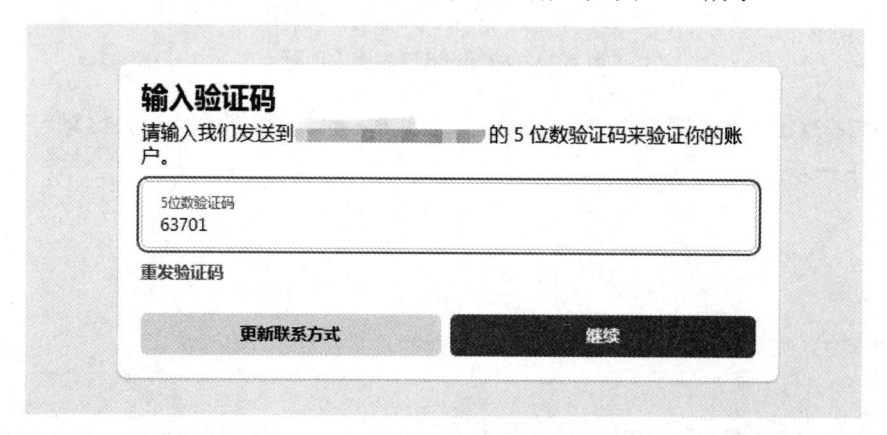

图 4-27 "输入验证码"页面

3. Facebook 创建广告推广实操

步骤 1：点击左上角的"创建"按钮，创建"广告系列"，如图 4-28 所示。

Facebook 创建广告

图 4-28 Facebook 创建"广告系列"页面

步骤 2：创建广告组，在"新建广告系列"页面输入"广告系列名称、购买类型、营销目标"，如图 4-29 所示。

图 4-29 填写"广告系列"信息页面

步骤 3：在"营销目标"里可以选择不同的广告目标，也可以选择不同的广告系列目标，如图 4-30 所示。

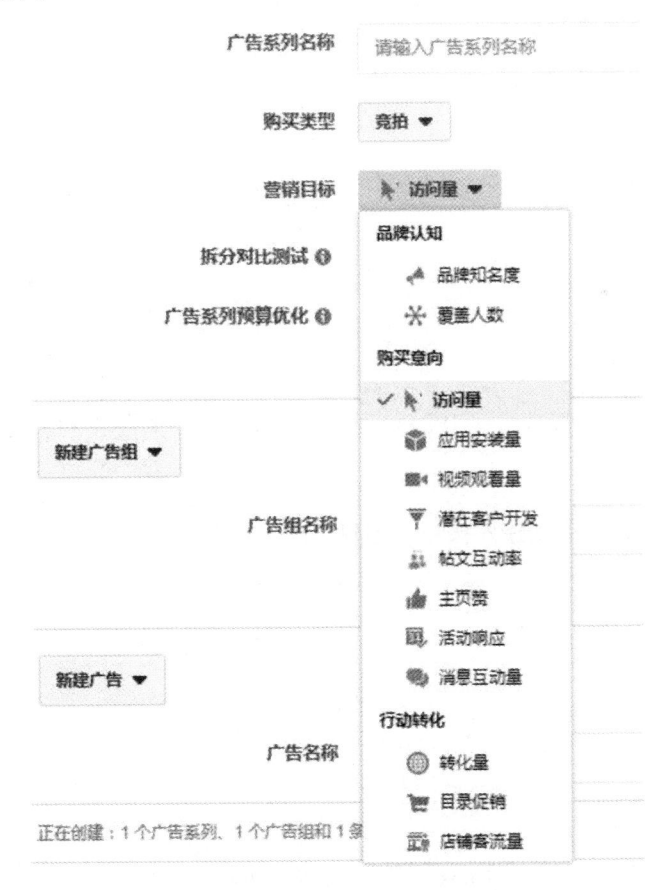

图 4-30 设置"营销目标"页面

步骤 4：设置广告系列的"优惠、预算和排期"信息，如图 4-31 所示。

图 4-31 设置"优惠、预算和排期"信息页面

步骤 5:设置"新建受众",如图 4-32 所示。

步骤 6:设置"版位",如图 4-33 所示。

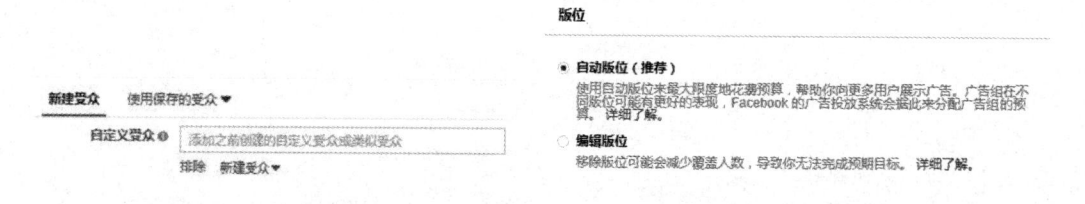

图 4-32 "新建受众"页面　　　　　　图 4-33 "版位"页面

步骤 7:设置"优化与投放",完成 Facebook 广告投放,如图 4-34 所示。

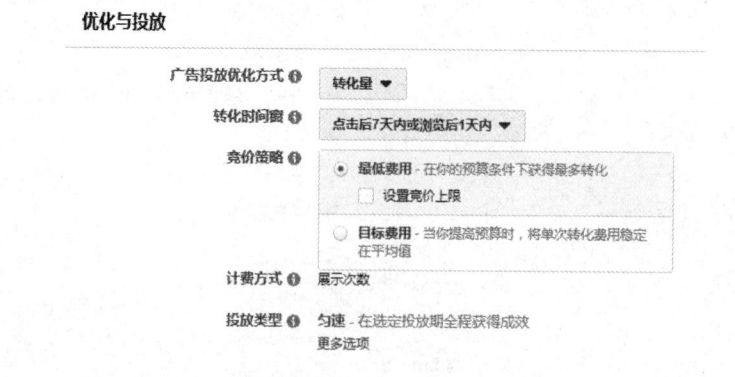

图 4-34 "优化与投放"页面

4.Facebook 轮播广告特点

① 创建轮播广告,无须创建多条,可以展示多项产品或服务。

② 轮播中的图片或视频可以添加独立的链接，方便用户直接点击到对应的产品。

③ 日常生活中比较受欢迎的素材，Facebook 轮播广告会自动调整素材的顺序，让更受欢迎的素材展示在前面；也可以设置固定轮播广告进行排序，进一步营销自身品牌。

④ Facebook 轮播广告是一种比较特别的 Facebook 广告营销方式，这种广告形式可以让广告主充分利用各种图片或者视频去组合，极大地丰富品牌视觉元素，从而推广产品、应用或者服务。

⑤ Facebook 广告形式可以在单个广告中插入图片或视频（或者两者组合），可以添加的图片或视频量最大为 10，每张图片或每个视频可以插入不同的链接。

5．Facebook 轮播广告技巧

① 素材是重要环节，最好是新颖、能够瞬间抓住人眼球的素材，就好比网上购物一样，吸引眼球的是图片。

② 文案简介不要有过多文字内容，要突出重点，因为文字太多会让用户产生视觉疲劳。

6．Facebook Live

① Facebook Live 支持手机和电脑直播，选择手机直播的话，直接下载 Facebook 即可使用；选择用电脑直播的话，则需要安装 Facebook Live 软件进行直播。

② 手机直播相对方便，随时随地都可以进行直播，对设备和环境也没什么要求。但如果想最大程度保证视频质量，添加其他功能的话，建议使用电脑直播。

③ 直播期间，尽可能确保直播清晰稳定，直播的画面构图，合理地切换机位，达到展示产品的最佳效果，直播时的灯光、声音、背景也都要提前准备和规划好。

④ 可以通过 Facebook 公共主页、小组或活动中的这三种方式进行直播。

7．Facebook Live 技巧

① 预告等于直播预热，提前几天更新内容，发布自己将要直播的消息，对直播感兴趣的用户，刷到了的话就会提前关注，这样就能提前积累直播间活跃度。

② 创建"速推活动"，在 Facebook 直播页面，点击"速推活动"按钮，对直播创建的速推广告进行推广，增加直播观看人数。

③ 明星效应，在直播的时候可以邀请行业的权威人士或者明星来对产品进行解说，不仅可以让产品更有信服力，还能吸引明星的粉丝前来购买，无论直播间人数还是直播推荐都会实现快速增长的效果。

（四）Pinterest 营销

1．Pinterest 简介

Pinterest 是采用瀑布流的形式展现图片内容，无须用户翻页，新的图片不断自动加载在页面底端，让用户不断地发现新的图片。

Pinterest 堪称图片版的 Twitter，网民可以将感兴趣的图片上传到 Pinterest 上保存，其他网友可以关注，也可以转发图片。索尼等许多公司也在 Pinterest 建立了主页，用图片营销旗下的产品和服务。

2. Pinterest 注册流程

步骤 1：进入 Pinterest 官网，输入邮箱和密码，进入下一步（如果你有 Google 账号或者 Facebook 账号，可直接选择快捷注册登录），如图 4-35 所示。

图 4-35　Pinterest 注册页面

步骤 2：点击到下一个页面以后，输入"姓名"，选择"性别"，点击"come on in"，进入下一个页面。这里会让大家选择自己感兴趣的分类。

步骤 3：点击跳过以后，自动跳转到 Pinterest 后台首页，完成注册。

3. Pinterest 引流技巧

① Pinterest 账号和 Facebook、Twitter 绑定有利于增加 Pinterest 的权威度。
② 上传的图片描述用关键字来命名以提高排名。
③ Pinterest 的链接一定要指向相关性出处。
④ 图片的纵向展示要比横向展示好，长图片展示的效果更好。
⑤ 不断更新 Pinterest 内容。

4. Pinterest 投放广告实操

步骤 1：登录企业账户，选择"广告→创建广告→确定推广目标"，如图 4-36 所示。推广计划目标决定广告如何竞价、广告适用格式等。进行广告投放时，可以从品牌认知度、视频播放量、喜欢程度、转化率等维度选择目标。

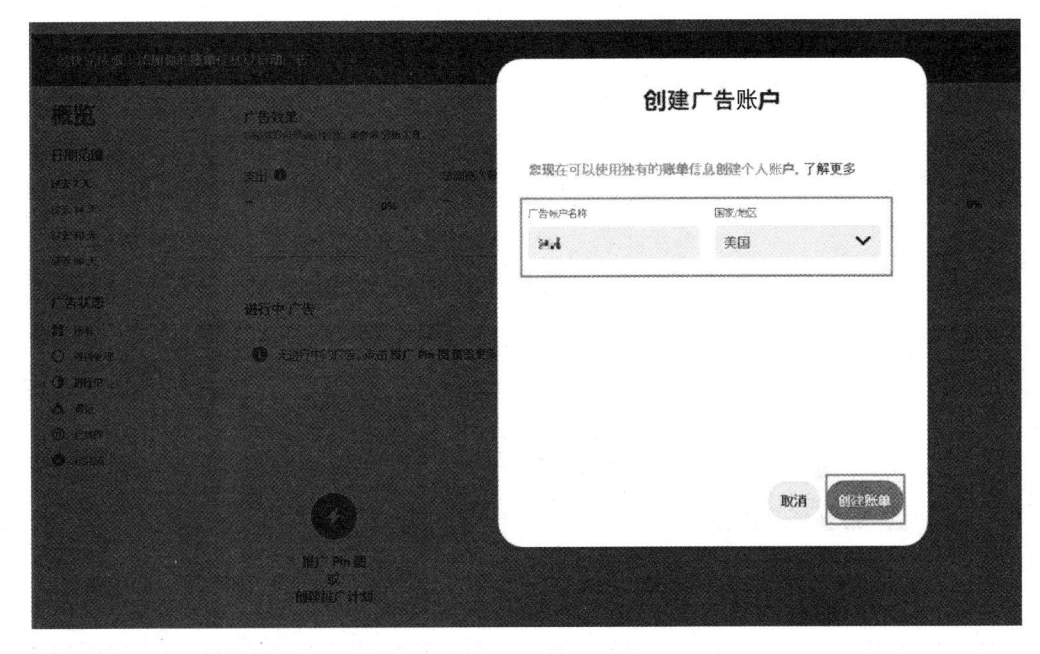

图 4-36 Pinterest 创建广告账户页面

建议：在选择推广计划目标的同时，也要确定如何竞价。一般会有自动模式或者自定义模式，即让 Pinterest 自动管理竞价还是自己设置数值。

步骤 2：在选择完广告目标之后，接下来需要填写详细的推广计划，包括推广计划名称、状态以及推广计划预算类型（包括每日或总计、推广计划预算以及广告计划）。

点击"继续"，然后转到"创建广告组"。推广计划包含广告组，广告组又包含一系列广告，每个推广计划可以包含多个广告组。既可以在新的推广计划中添加新的广告组，也可以在已有的推广计划中创建新的广告组。每个广告组设置 2~4 个主题一致的广告，如图 4-37 所示。

图 4-37 Pinterest 创建推广计划页面

注意：创建广告后须接受审核，审核时间一般为 24 小时。如果审核不通过会收到 Pinterest 特定邮箱的邮件通知，如认为审核结果不合理可以申诉。

（五）TikTok 营销

1. TikTok 简介

TikTok 是字节跳动旗下的短视频社交平台，于 2017 年 5 月上线，愿景是"激发创造，带来愉悦（Inspire Creativity and Bring Joy）"。TikTok 也叫国际版抖音，是字节跳动推出的一款针对海外用户的短视频社交软件。目前，TikTok 遍布全球 150 多个国家，覆盖 75 种语言，下载量超 30 亿次，每月活跃用户近 14 亿人，用户数量惊人，在许多国家都达到了千万级别的使用人次。TikTok 短视频已经成为中国产品在海外获得成功的又一杰出代表，被视为中国移动产品出海的新模式。

2. TikTok 注册流程

TikTok 注册可以选择使用手机号码、邮箱、Google 账户和其他第三方平台注册完成的账号。以 Google 账户为例进行 TikTok 注册的流程如下：

步骤 1：进入谷歌官网，完成 Google 账户注册，如图 4-38 所示。

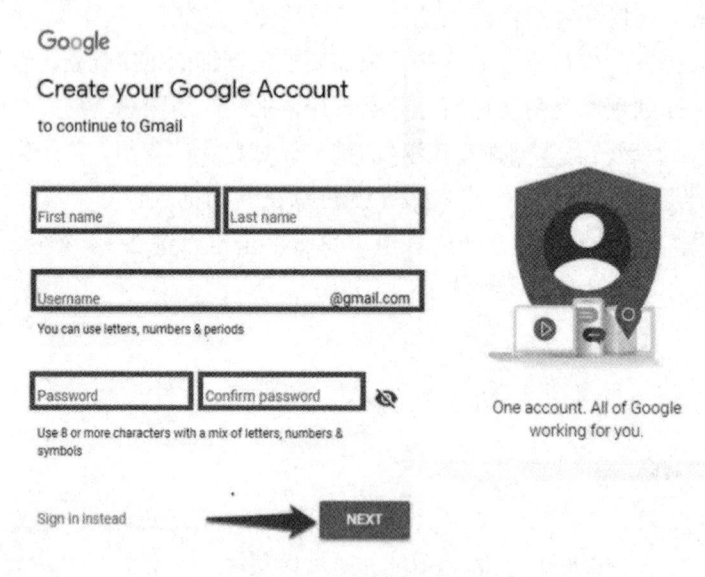

图 4-38　Google 账号注册页面

步骤 2：使用 Google 账号注册 TikTok，按照系统提示输入电子邮箱地址和密码，收到确认代码后即可完成 TikTok 注册，如图 4-39 所示。

步骤 3：注册成功后，应补充账户的用户名、头像和个人资料，如图 4-40 所示。

步骤 4：邮箱验证，点击右上角的三个小点，打开 Manage my account（管理我的账户），如图 4-41 所示。选择 Verify your email（验证邮箱），会收到一个代码，填写进去，如图 4-42 所示。

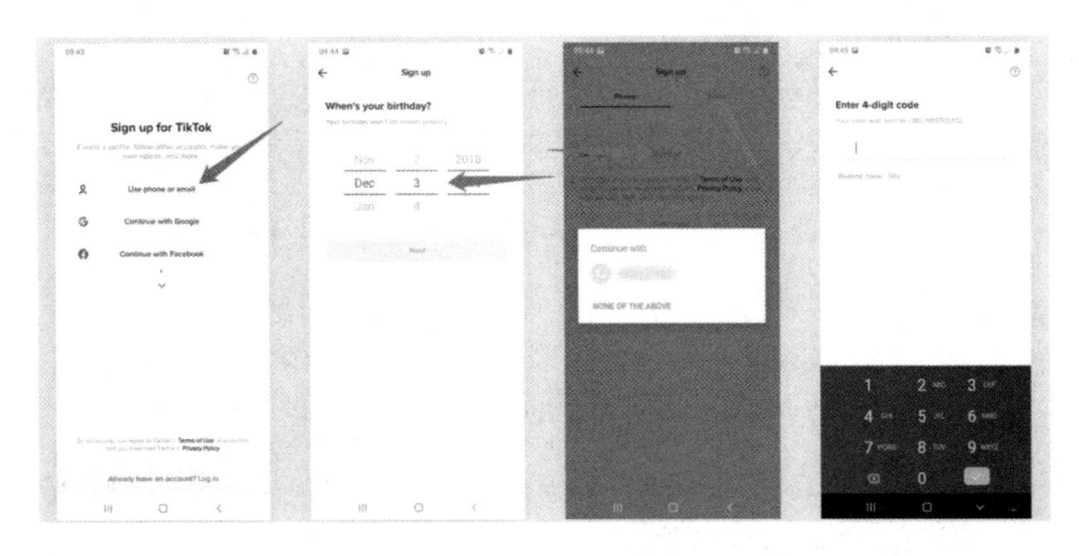

图 4-39　TikTok 账号注册页面

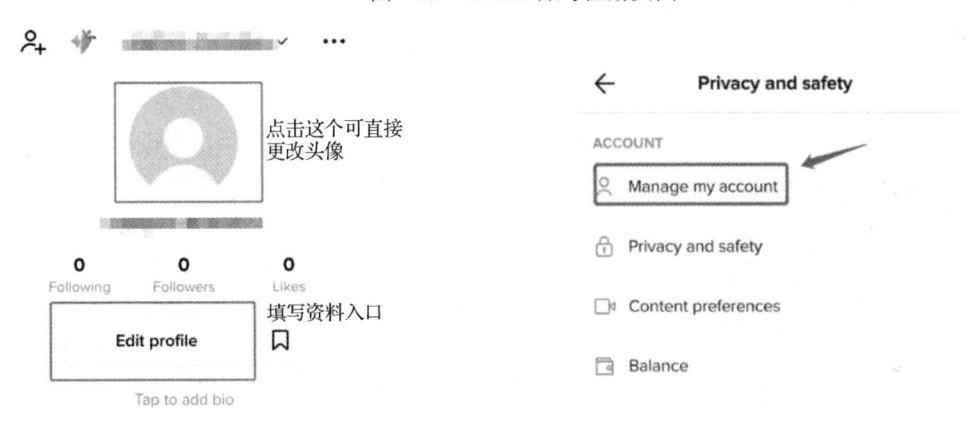

图 4-40　完善 TikTok 个人信息页面

图 4-41　TikTok 账号管理页面

步骤 5：把 TikTok 账号设置成 Pro Account（专业账户），切换至专业账号就可以查看 TikTok 的账号数据。

3．TikTok 短视频发布流程

① 设置标题。
② 分镜头设计、脚本制作。
③ 前期拍摄准备：人员、场景、设备。
④ 后期剪辑：配音、配乐、特效、字幕。
⑤ 标题突出重点、封面优化、文案设计。
⑥ 发布视频。

图 4-42　TikTok 邮箱验证页面

4．TikTok 短视频发布技巧

① TikTok 平台对短视频标题的字数控制在 10~20 个字符，不宜过长。
② 将标题写成一个疑问句，让用户产生好奇是最简单的方法，只有产生了好奇心，用

户才会想知道你的视频内容是什么，才会有点击浏览的欲望。

③ 生活中的热点话题、流量热词、热播影视剧、节日元素等，只要是讨论度广、关注高的话题，都可以蹭热点，能有效提升短视频曝光率，帮助视频上热门。

④ 互动类文案就是通过增强体感反馈、剧情参与、内容探索等方式激起观众互动的兴趣。

⑤ 话题标签，标签写在标题后面，标签就等于关键词，能有效提升视频播放量。

5. 开通 TikTok 直播实操

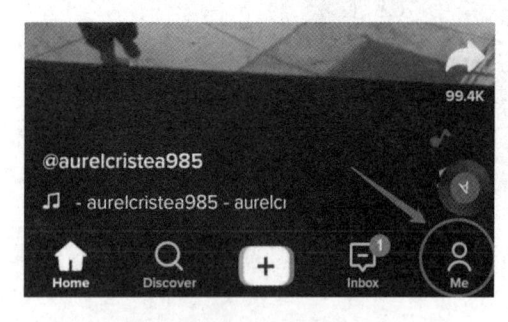

步骤1：进入 TikTok，点击"Me"进入，如图4-43所示。若店铺内还未上架商品，则点击"Get started"开始上架商品；若店铺内已有商品，则点击"Manage Shop"添加店铺内商品。

步骤2：添加完商品后，在主页点击"+"进入直播界面，设置好直播封面和标题后，点击"GO LIVE"开启直播，如图4-44所示。

图4-43　TikTok 直播登录页面

步骤3：设置"镜头翻转、美颜"，点击右侧的"flip"即可翻转摄像头画面，点击"Enhance（提升）"，选择美颜和滤镜，如图4-45所示。

图4-44　TikTok 直播设置封面和标题页面 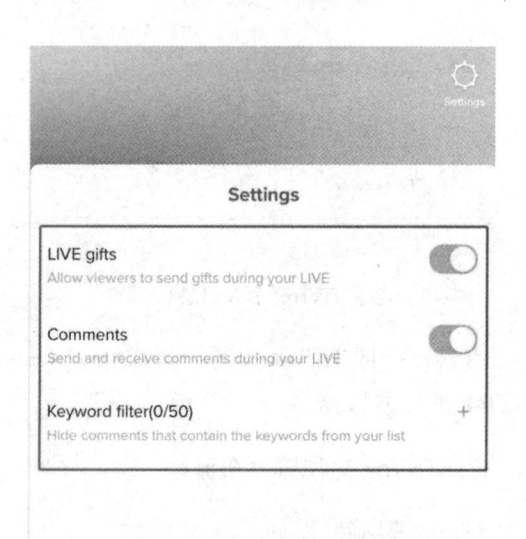　　图4-45　TikTok 直播设置美颜和滤镜页面

6. TikTok 直播技巧

① 店铺和带货的人都有固定的直播时间，将直播时间写在简介内，不仅可以培养忠实客户定期观看的习惯，还能够提升直播间权重。

② 提升视频质量，直播的设备最好新一点，保证画质清晰无码，不能做拉伸处理，以免影响画面的正常比例。

③ 提升直播间互动率，根据 TikTok 的推荐机制，每个直播间都会有一个基础推荐量，

但下一轮的推荐取决于上一轮的点赞、评论和转发量。

④ 直播过程中，介绍节奏为 3~5 分钟一个商品。在商品介绍过程中，主播需要重点告知观众目前展示的是几号商品，展示商品用法或卖点以及直播间优惠，并告知观众如何下单。

⑤ 给进入直播间的观众介绍商品品类、活动优惠，例如，买赠活动、抽奖、秒杀折扣等。

7．TikTok Shop 入驻实操

步骤 1：访问海外 TikTok Shop 官方网站，点击注册按钮，进入下一步，如图 4-46 所示。

图 4-46　注册 TikTok Shop 页面

步骤 2：填写邮箱地址和手机号码等信息，进入下一步，如图 4-47 所示。

图 4-47　填写注册信息页面

步骤3：公司主体所在地选择"中国大陆"，然后选择"普通入驻"，点击"提交"，如图4-48所示。

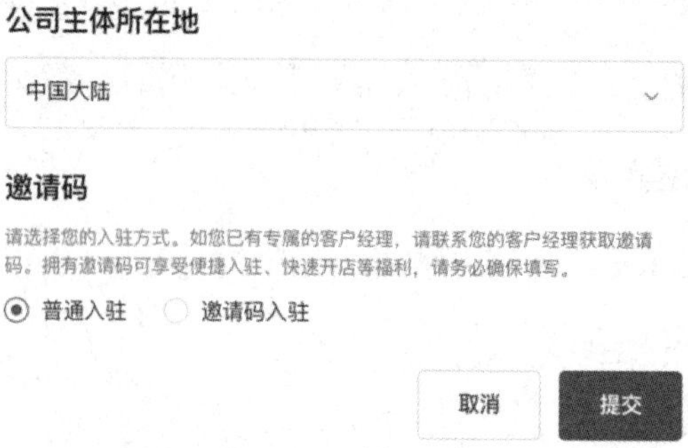

图4-48　选择公司主体所在地页面

步骤4：提交主营店铺相关截图及链接，进入下一步，如图4-49所示。

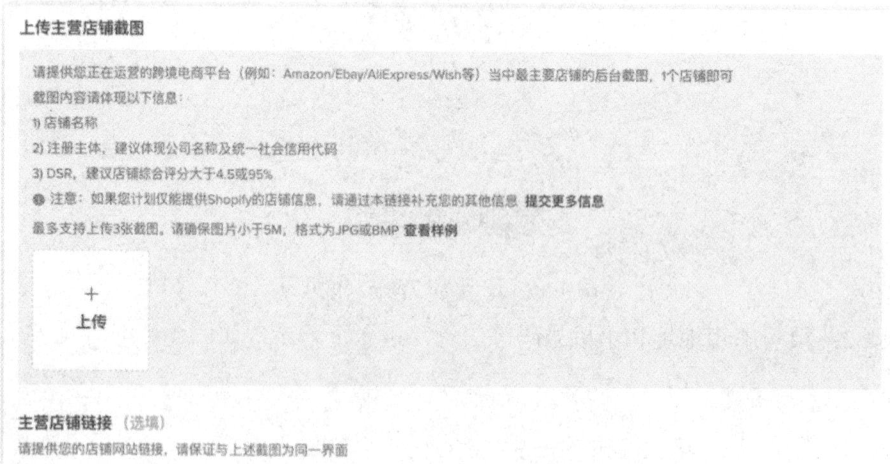

图4-49　上传主营店铺截图页面

步骤5：填写Shopify独立站相关链接及截图，品牌名、品牌官方链接，如图4-50所示。

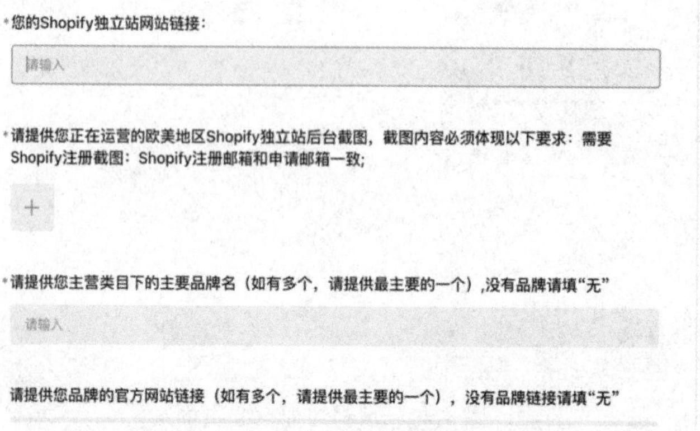

图4-50　上传独立站、品牌信息资料页面

步骤 6：填写店铺名称，选择主营类目，如图 4-51 所示。

图 4-51　填写店铺名称、主营类目页面

步骤 7：填写完信息，提交等待审核，如图 4-52 所示。

图 4-52　等待审核页面

【任务小结】

通过该任务的学习，学生主要了解海外主流社交媒体平台的分类及特点，掌握社交网络、商务社交、短视频分享、直播带货等海外社交媒体营销的知识点。

【任务评价】

根据表 4-3 进行评价。

表 4-3　海外社交媒体营销学习评价表

评价内容	自我评价（30 分)		同学互评（30 分)		教师评价（40 分)	
	分值	平均分	分值	平均分	分值	平均分
认识海外社交媒体营销	10		10		10	
LinkedIn 营销	5		5		5	
Facebook 营销	5		5		10	
Pinterest 营销	5		5		5	
TikTok 营销	5		5		10	

【拓展练习】

相关调查表明，在海外社交媒体上，用户对视频的关注度越来越高。比如，分享日常生活、知识内容、萌宠、开箱视频、合拍和随机模仿等短视频都受到了海内外用户的喜爱。假设你是一家宠物用品企业的跨境电商运营人员，请帮公司进行短视频创意策划，帮助公司利用海外社交媒体进行产品短视频营销推广。

任务四　社群营销

【学习目标】

◎ 知识目标
1. 了解社群营销的概念。
2. 了解社群营销的流程。

◎ 技能目标
1. 掌握社群营销的技巧。
2. 掌握社群营销的实例。

◎ 素质目标
培养学生的大局观意识。

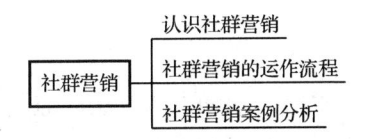

【思维导图】

社群营销
- 认识社群营销
- 社群营销的运作流程
- 社群营销案例分析

【任务背景】

互联网让信息的传播变得更快速，成本更低。社群营销中，企业可以通过社群快速宣传自己的产品，消费者也可以通过社群营销获得产品信息。通过对社群营销的观察，我们发现，只要你的产品好、服务好，顺应了消费者的情感需求，抓住了那些强有力的表达愿望，就一定能够取得营销的成功。

【想一想】

社群营销是一种公开、互动的营销模式，参与者可以了解他人的观点，也可以帮助他人或者向他人求助。社群营销是互联网时代诞生的一种新型的营销模式，可以借助网民的力量进行口碑式传播，也可以与社交媒体平台合作进行推广。那么社群营销的模式有哪些？

【任务实施】

（一）认识社群营销

1. 社群营销概念

社群营销是指在网络社群营销及社会化媒体营销基础上发展起来的，用户连接及交流更为紧密的网络营销方式。社群营销主要通过连接、沟通等方式实现用户价值，营销方式人性化，深受用户欢迎。

社群营销就是商家根据自己产品的定位，确定目标人群，有针对性地通过打造自己的社群或参与某些社群，将自己的产品进行推广，从而带来更多的粉丝增量，激活社群的潜力。但是，单纯的社群推广，不能保证这个社群里一定会有多少人认可你的产品。所以想要卖好产品，在社群营销中还需要做很多细节的工作。

2. 管理工具

社群管理工具主要是通过对社群后台数据处理，将其转化成让人一目了然的统计图表。通过将不同社群平台的信息整合在同一个界面上，便于商家同时管理多个平台。还可以通过将社群平台帖文进行自动分类，直观地呈现出不同类别帖文的互动效果。

3. 监测工具

社群监测工具则是通过对社群平台的动态进行实时监测，能够让商家及时掌握社群平台的动态，利于商家从平台动向的大数据中发掘灵感、紧跟时事。好的营销活动应该将重点放在对消费者的了解上，其次才是活动创意的好坏。只有当商家真正了解、发掘出消费者的真正需求，才能为消费者提供真正满足其需求的产品，培养其对品牌的信任。

（二）社群营销的运作流程

步骤1：精准定位客群，建立纽带，如建立Facebook群，方便互动和交流。针对自己的产品定位，利用各种抽奖或是优惠等小技巧先找到第一批客户，聚集起来。但是在做之前，一定要做好计划。不管是做社群营销，还是做其他类型的营销活动或者项目，都应该有计划和安排，找到更好的方式和方法，有一个明确的目标，这样才会让自己的营销更有节奏和效果。

步骤2：做好社群的日常互动和交流。不能冷落客户，否则他们就会去往别处。要每日在群内保持和客户的互动交流，让客户更加了解你想要营销的东西。可以聘请专业的人来负责社群营销，专业的人具备专业的知识和技巧，有丰富的经验。他们可以做好社群营销，并且可以真正创造出结果和价值，为你的公司带来效益。

步骤3：增加社群平台的曝光率，让更多人知道。营销就是需要大张旗鼓，高调做事，让越来越多的人知道才更加容易吸引客群。可以让利优惠，让社群中的人帮忙宣传。因为仅靠个人的力量是不够的，要做好社群营销，还需要依靠更多人的力量。团队的力量才是最伟大的，所以还可以考虑组建一个团队。除让专业的人来负责社群营销外，需要再组建一个团队，大家一起来完成社群营销的其他各类活动和工作。

步骤 4：扩大社群，实现客户的不断裂变。做社群营销，图的就是客户的引流和裂变，这样会让营销更加简单，因此一定要在原来社群的基础上扩大社群，实现客户的裂变。可以开展有主题有话题的活动，促进大家消费。做好社群营销的一个重要体现就是产生了实实在在的消费，让自己社群内的客户真正买单，为公司带来利益。所以开展各类有话题度的活动也很重要。

步骤 5：培养忠实的粉丝，增强凝聚力。现在的营销模式，都讲究粉丝效应。因此一定要利用人们的喜好来培养粉丝感情，做好互动，激发社群成员之间的参与感和体验感。要想将社群营销做得更好，还需要让自己的客户和自己有互动，让大家积极参与其中，积极体验自己的产品和服务，才会有接下来的消费行为。

（三）社群营销案例分析

假设你在全球拥有 500 家水果门店，线上+线下共有 1500 万个会员，TikTok 粉丝 200 万人，Facebook 粉丝 900 万人，以 1 个线下门店 3 个社群，平均每个群 500 人左右估算，该如何利用现状打造一个有效的社群圈子呢？

首先，引导客户添加门店社群号。以门店作为入口，客户只要去购物，导购人员就会利用优惠券、折扣等作为福利，吸引客户入群。

在做社群运营前，先通过海外社交媒体软件去做生态，再去做用户的管理体系。导购人员在引导用户入群之前，会邀请用户注册门店会员，实现用户的数字化管理。在这个过程中就能够通过会员生态，获取用户的信息，并根据用户的购物行为，获取用户画像，实现标签化运营。

其次，打造私域生态商业闭环。当门店有了用户画像，就能实现门店+社群+海外社交媒体平台的商业闭环。其中，门店的功能主要是为消费者提供线下体验及获客入口。而社群的作用就是通过活动，增加与粉丝的黏性，为粉丝提供持续的产品及服务。

变现方式就是老客户反复购物，裂变是老客户会分享内容到自己的海外社交媒体平台，打通社交媒体关系链。

总之，在线下流量枯竭、市场竞争严重同质化的今天，实体门店想要生存，必须根据用户的需求，打造属于自己的商业闭环。

【任务小结】

通过该任务的学习，学生主要了解了社群营销的基本概念、运作流程，及其发展基础与趋势，能够运用社群营销案例的思路与方法进行实践。

【任务评价】

根据表 4-4 进行评价。

表 4-4　社群营销学习评价表

评价内容	自我评价（30 分）		同学互评（30 分）		教师评价（40 分）	
	分值	平均分	分值	平均分	分值	平均分
认识社群营销	10		10		10	
社群营销的运作流程	10		10		20	
社群营销案例分析	10		10		10	

【拓展练习】

打开 LinkedIn 官网，完成个人账号注册后，进行如下操作：

① 添加 5 个以上好友。

② 通过"可能认识的人"找到跟你有相同教育经历的人，看看他们之中有没有从事跨境电商行业的校友，添加他为好友。

③ 了解该校友的公司背景资料、产品结构、客户分布情况等。

项目五　跨境电商站内营销工具

【学习目标】

◎ **知识目标**
1. 了解店铺的各项营销活动。
2. 了解店铺商品推广的展示位置。
3. 了解直通车推广的展示位置。

◎ **技能目标**
1. 能够掌握店铺营销工具的设置方法。
2. 能够掌握店铺广告的设置方法。
3. 能够掌握直通车推广的设置方法。

◎ **素质目标**
1. 培养学生爱岗敬业、诚实守信的职业道德。
2. 培养学生的创新能力。

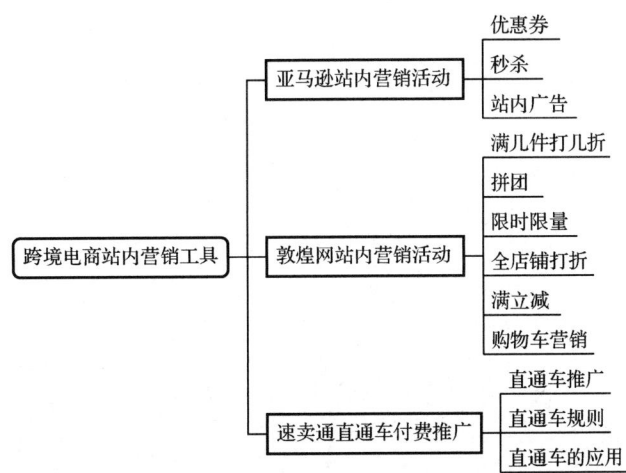

【思维导图】

跨境电商站内营销工具
- 亚马逊站内营销活动
  - 优惠券
  - 秒杀
  - 站内广告
- 敦煌网站内营销活动
  - 满几件打几折
  - 拼团
  - 限时限量
  - 全店铺打折
  - 满立减
  - 购物车营销
- 速卖通直通车付费推广
  - 直通车推广
  - 直通车规则
  - 直通车的应用

【情景案例】

　　YRQ 是一家做出口贸易的公司，最近，公司领导想让刘经理先单独负责跨境电商平台业务。刘经理在吃饭的时候突发奇想，如果在上传产品时，将同一个产品放到不同的产品类目中，那就可以有效提高产品在平台上的排名。因为在平台中买家最常用的功能就是搜索，而将同一个产品放到不同类目中去，那肯定会大大提升产品被买家搜索的概率。

　　于是刘经理说干就干，直接将同一个产品上传到不同的类目中。过了一个礼拜之后，刘经理发现产品都被下架了，产品不但没有很高的点击率反而还被平台多次警告。

【案例解析】

　　上述案例中，刘经理的做法是不正确的。因为其做法导致产品类目错放。平台规定不同产品必须上传到不同的类目，刘经理的公司以销售 3C 产品为主，如果他把 3C 产品上传到女装类目，肯定会造成类目错放。对于店铺运营人员而言，首先要熟悉店铺的产品结构，在上架产品前要先做好规划，比如哪些产品作为爆款、引流款，哪些产品作为利润款、潜力款、活动款。

项目五　跨境电商站内营销工具

任务一　亚马逊站内营销活动

【学习目标】

◎ 知识目标
1. 了解亚马逊平台站内营销活动类型。
2. 了解亚马逊平台站内广告类型。

◎ 技能目标
1. 掌握亚马逊平台营销活动的步骤。
2. 掌握亚马逊平台站内广告的设置方法。

◎ 素质目标
培养学生的团队协作、互帮互助意识。

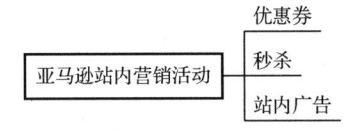

【思维导图】

亚马逊站内营销活动
├── 优惠券
├── 秒杀
└── 站内广告

【任务背景】

在校学生团队运营亚马逊店铺已有 1 个月。团队成员发现店铺的运营效果并没有预期得那么好，而且店铺访客量、产品点击率都忽高忽低，订单量也非常不理想，可以说基本没有出单。后来经过指导老师的分析，店铺只纯粹上架产品，没有设置营销活动和广告是不行的。跨境电商店铺的运营是一场持久战，上架产品只是基本，在运营过程中，离不开"优惠券、秒杀、站内广告"等活动。只有各方面优化到位，店铺才能持续增加曝光率与产品点击率，产品转化率才能不断提高。

【任务实施】

（一）优惠券

亚马逊优惠券，也叫 Amazon Coupon，是让店铺卖家创建优惠券，给买家提供折扣的一个优惠工具，从而达到促进销售、推广产品的目的，功能简单而强大。

优惠券是亚马逊后台可以自行设置的一个促销功能，是买家可以在产品页面直接使用的一个优惠码,也就是我们常说的优惠券。目前作为针对第三方卖家开放的自助营销工具,它的出现帮助卖家更好地进行产品营销,卖家可以利用这个折扣促销功能,为产品获取更多流量,从而提高产品销量。

1. 设置优惠券的流程

步骤1:登录亚马逊"卖家中心",点击"广告",选择"优惠券",如图5-1所示。

亚马逊优惠券设置

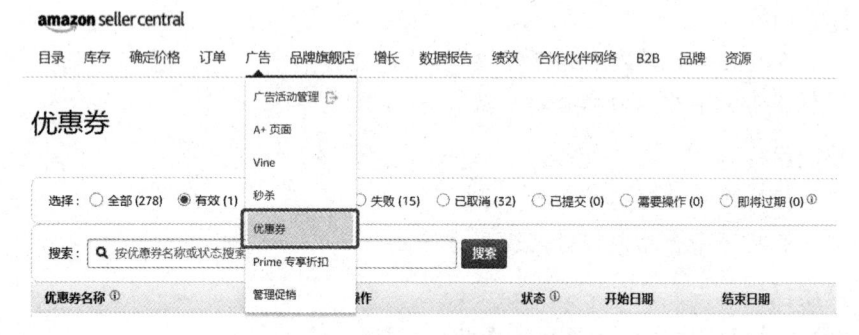

图5-1 亚马逊"优惠券"页面

步骤2:添加"优惠券商品",如图5-2所示。

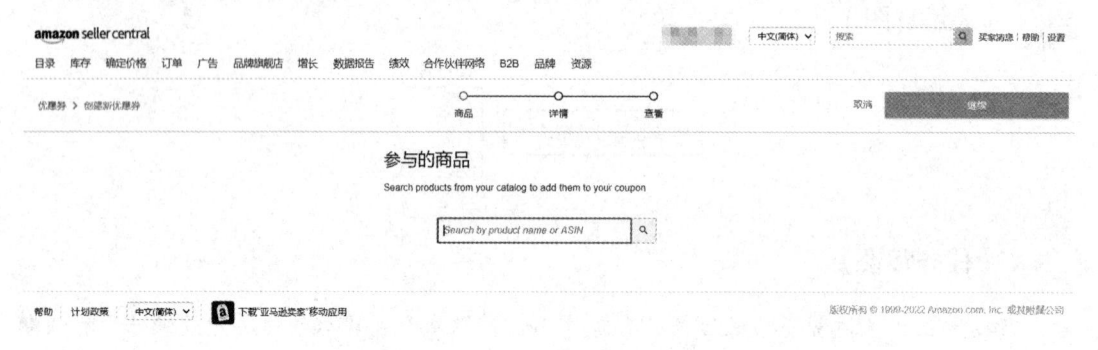

图5-2 添加"优惠券商品"页面

步骤3:在页面中设置"选择参与促销的商品"并核对添加的商品是否有误,如图5-3所示。

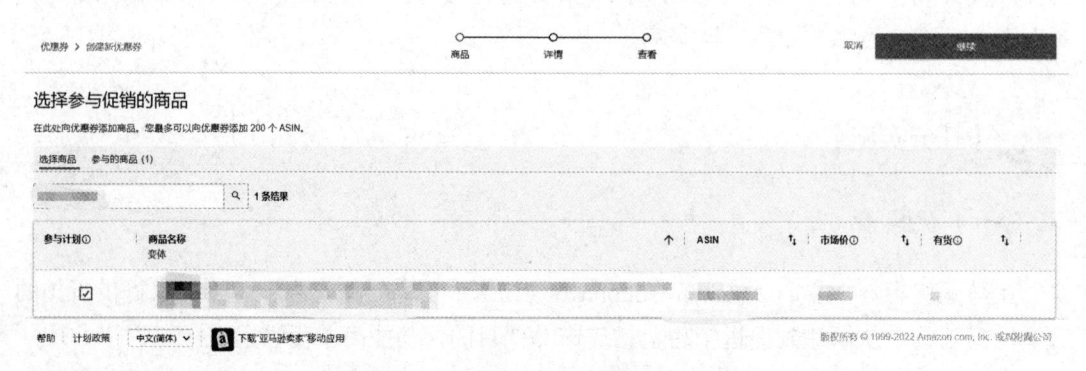

图5-3 "选择参与促销的商品"页面

步骤 4：设置"优惠券开始日期与结束日期"，如图 5-4 所示。

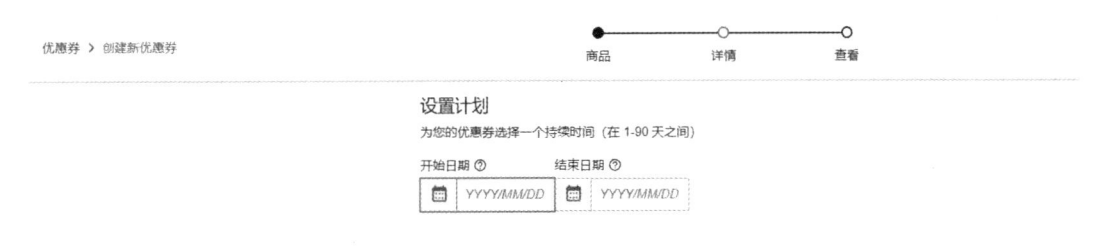

图 5-4 设置"优惠券持续时间"页面

步骤 5：设置"商品折扣"，在这里可以选择直接降价或者打折，再设置领取数量。比如一名买家只能领取一张优惠券或者多张，由卖家设置领取数量，如图 5-5 所示。

图 5-5 设置"商品折扣"页面

步骤 6：设置"优惠券预算"，如图 5-6 所示。

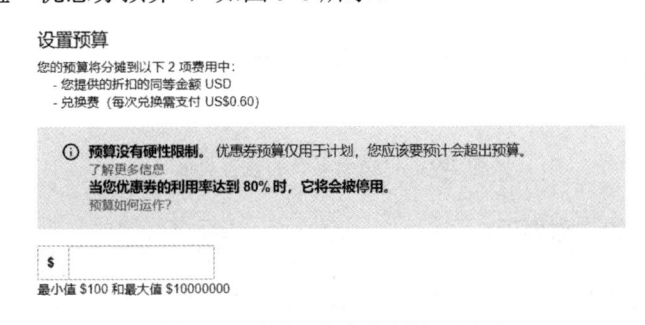

图 5-6 设置"优惠券预算"页面

步骤 7：设置"优惠券名称"，如图 5-7 所示。

图 5-7 设置"优惠券名称"页面

步骤 8：设置"优惠券的受众"，可针对所有买家、prime 会员买家、学生以及家庭用户，如图 5-8 所示。

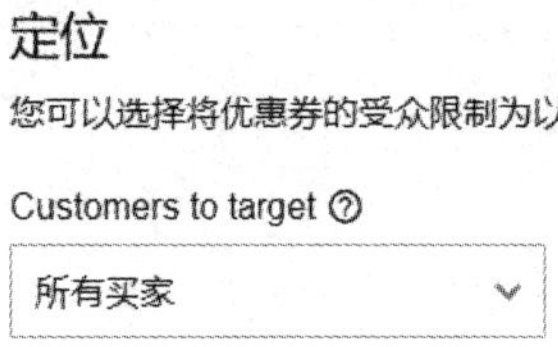

图 5-8　设置"优惠券的受众"页面

步骤 9：点击"提交"完成优惠券的设置，如图 5-9 所示。

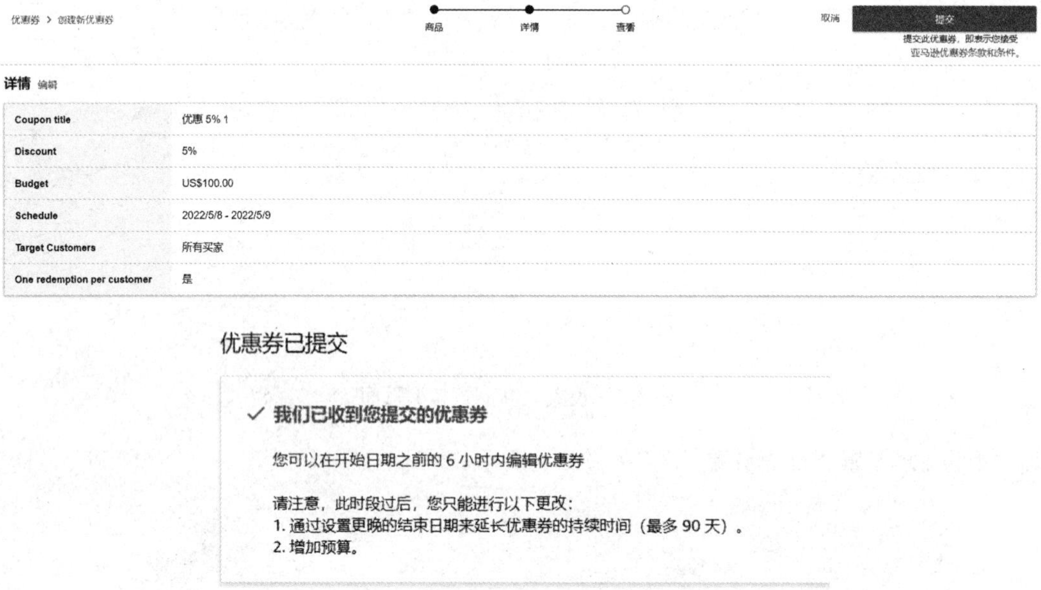

图 5-9　完成优惠券的设置页面

2. 优惠券设置的注意事项

① 优惠券可能会被叠加使用，因此，请务必注意，对于同一款商品，不要重复设置优惠券，如果前一种优惠券活动发生变化，可以将其关闭，重新设置。

② 优惠券并非立即生效，生效期为提交后 6 小时。

③ 优惠券可以跟其他促销活动叠加使用，可能产生折上折费用，注意控制成本。

④ 买家领取优惠券并下单，亚马逊平台才收取费用；买家只领取优惠券没有下单，平台不进行收费。各国亚马逊平台收取优惠券的费用标准如下：英国收取 0.45 英镑/张、德国和法国收取 0.5 欧元/张、日本收取 60 日元/张。

（二）秒杀

亚马逊的站内秒杀功能很受卖家欢迎，主要分为以下几类：Lightning Deal（小时秒杀）、

Best Deal（周秒杀）、Deal of the Day（当天秒杀）。秒杀不仅可以给卖家带来更多的曝光量和流量，还可以帮助卖家提高转化率、增加销量、清理库存，如图 5-10 所示。

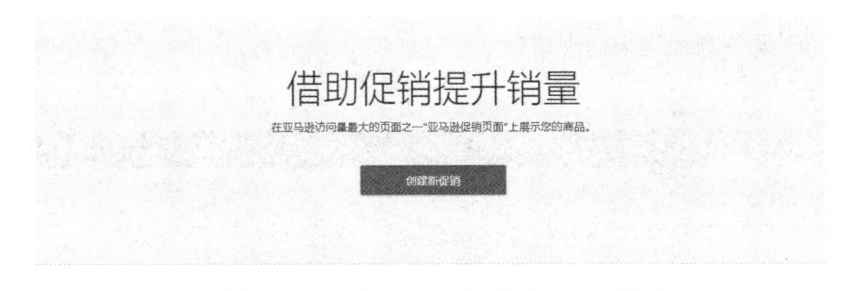

图 5-10 "亚马逊秒杀"页面

1．Lightning Deal

"Lightning Deal"简称"LD"，如图 5-11 所示，秒杀时间一般持续 4～6 小时，美国站 4 小时，欧洲站 6 小时，它会有一个进度条和时间器，卖家可以自主申请创建活动。在此期间内可以获得巨大流量，而获得流量的同时也就意味着销量也会随之增加。

图 5-11 "Lightning Deal"页面

2．Best Deal

"Best Deal"简称"BD"，如图 5-12 所示，秒杀时间持续 14 天，只能通过招商经理报名。

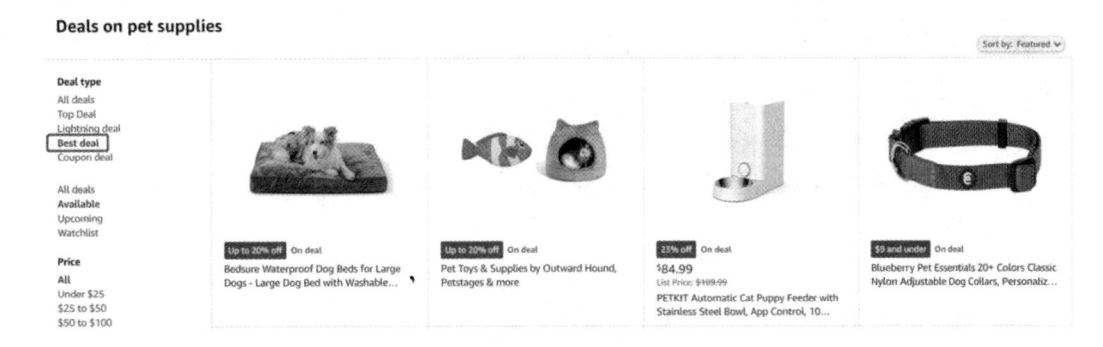

图 5-12 "Best Deal"页面

3. Deal of the Day

"Deal of the Day"简称"DOTD",如图 5-13 所示,是亚马逊官方邀请卖家参与的一个活动,卖家可以与招商经理沟通申请,每天只有 3 个广告位,秒杀持续 24 小时,这类秒杀对卖家的要求很高。

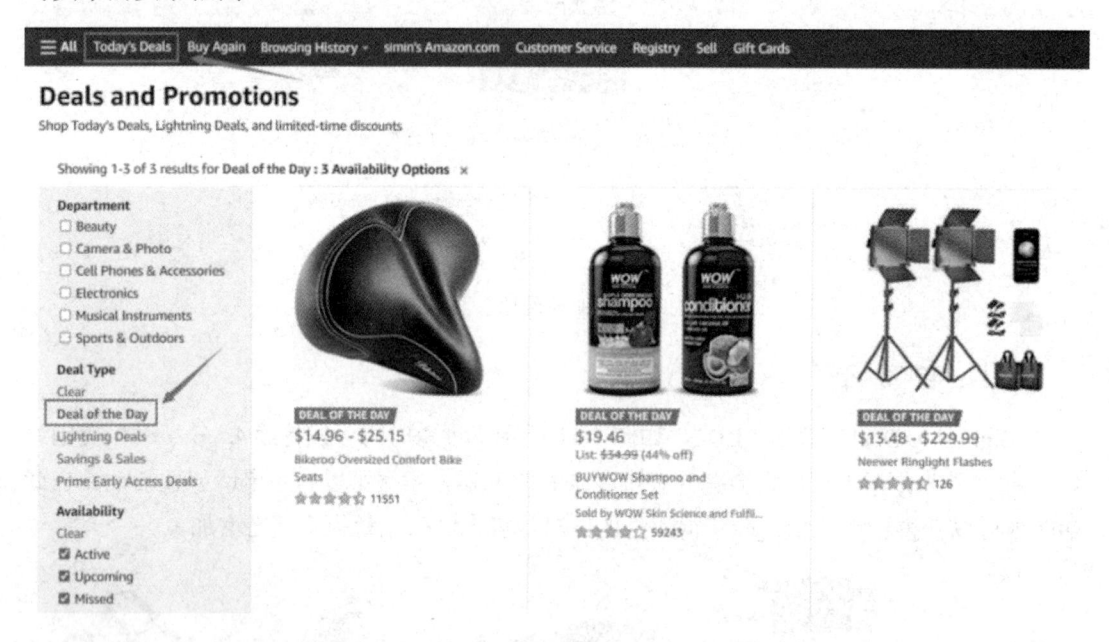

图 5-13 "Deal of the Day"页面

4. 参与亚马逊各类秒杀的基本要求

(1) Lightning Deal

这是一类具有时效性的秒杀活动,一般持续 4~6 小时,每个 ASIN 需要 150 美元。需要满足以下条件:

① 有用户评价且越多越好,电子产品、家装产品、办公产品要求有 10 个以上用户评价。

② 3.5 颗星以上的推荐概率高。

③ 新品转化率较高,也有被推荐或抓取的概率。

④ 通常是为 Prime 会员服务,配送必须是亚马逊物流(Fulfillment by Amazon,FBA)。

⑤ 秒杀价是现在的购物车售价的 8 折或更低(不是在 list price 的基础上,而是在现在的购物车售价基础上打折)。

⑥ 每月只能报名一次。

⑦ 如果后台推荐秒杀已经提交,那么亚马逊会优先审核。一些秒杀费用也会在申请通过后才会收取。

(2) Best Deal

这种类型是免费的,一般可以持续 2 星期,涵盖美国站和日本站。需要满足以下条件:

① 至少 3 颗星的用户评价。

② 秒杀价是现在的购物车售价的 8.5 折或更低。

③ 使用 FBA 配送商品。

④ 每月最多有两次报名机会。

（3）Deal of the Day

这类秒杀可以免费申请，时间为一天，比较抢手，也是最难申请的。在移动端打开亚马逊 App 的时候，第一个显示的就是 Deal of the Day。需要满足以下条件：

① 必须有 20%以上的折扣。

② 52 周以来的最低价。

③ 30 天内最低价的 20%。

④ 是现在的购物车售价的 20%。

⑤ 有 20 条以上的用户评价。

⑥ 用户评价分数在四星级以上。

⑦ 带视频以及 A+页面的 listing。

⑧ 如果是变体产品，父 ASIN 下必须满足 75%以上的子 ASIN 都申报。

温馨提示：该秒杀暂不对卖家开放，须等客户经理通知后，方可通过客户经理申请。申请成功以后会收到客户经理发来的邮件，告诉你的参与时间，如果你觉得这个时间段不合适可以选择取消然后再次申请。

（三）站内广告

亚马逊站内广告，又被称为关键字广告，是一种利用关键字匹配用户的搜索方式。是亚马逊上精准定向展示商品的广告形式，按实际点击次数收取费用，站内广告都属于按点击付费（Pay Per Click，PPC）的广告模式，如图 5-14 所示。

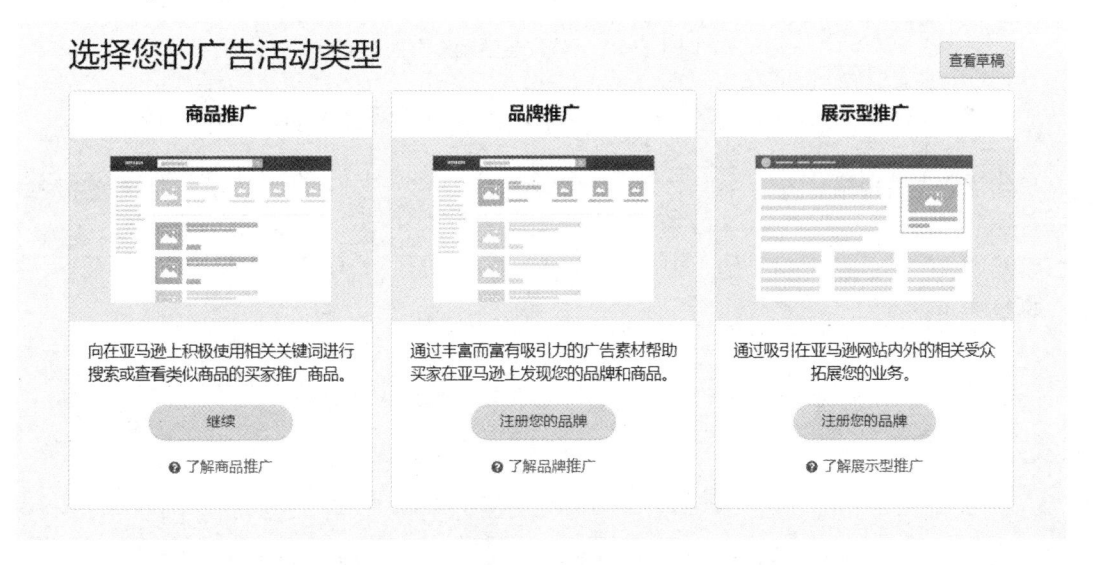

图 5-14 亚马逊"广告活动类型"页面

亚马逊的第 1 种广告活动类型——商品推广，在站内广告的投放上有两种方式：自动广告和手动广告。自动广告是指亚马逊根据你的商品信息来投放你的广告，曝光量大但不够精准；手动广告需要卖家自己设置关键词，当买家搜索对应的关键词是你的广告时才会展示。

1. 设置商品推广广告的流程

步骤 1：登录亚马逊后台，点击"广告活动管理"，选择"商品推广→创建广告活动"，设置"广告活动名称""广告开始时间与结束时间""每日预算""定向策略"等，如图 5-15 所示。

图 5-15 "创建广告活动"页面

步骤 2：设置"广告活动竞价策略"，分为动态竞价与固定竞价，如图 5-16 所示。

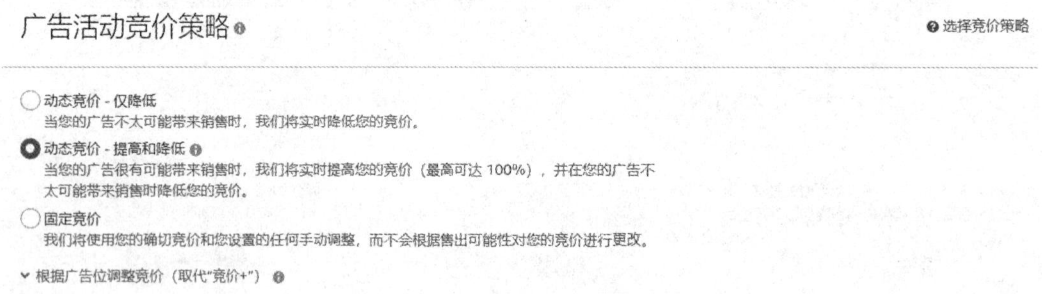

图 5-16 "广告活动竞价策略"页面

步骤 3：设置"广告组名称"，可以用产品 ASIN 命名，如图 5-17 所示。

创建广告组

广告组是广告活动中共享相同投放策略或广告素材类型的一系列广告。它们可以帮助您更有效地组织广告活动。请考虑将属于相同品类和价格区间的商品分为一组。您可以在广告活动启动后在"广告活动管理"中创建其他广告组。

图 5-17 "创建广告组"页面

步骤 4：添加想要推广的商品，如图 5-18 所示。

图 5-18 "添加推广商品"页面

步骤 5：设置广告投放竞价模式，如图 5-19 所示。

图 5-19 "竞价投放"页面

步骤 6：商品广告推广投放成功，如图 5-20 所示。

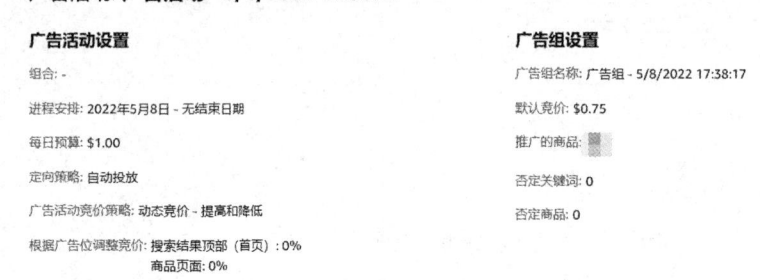

图 5-20 "广告活动设置成功"页面

亚马逊的第 2 种广告活动类型——品牌推广，可帮助顾客在显眼的搜索广告位中发现你的品牌并与之互动。此类广告活动可以通过链接转到落地页或品牌旗舰店的定制广告，来帮助提高卖家的知名度和顾客的购买意向。

2．设置品牌推广广告的流程

步骤 1：登录亚马逊后台，点击"广告活动管理"，选择"商品推广→创建广告活动"，设置"广告活动名称""广告开始时间与结束时间""每日预算""定向策略"等。

步骤 2：选择不同类型的品牌推广广告模式：商品集和视频。

步骤 3："设置品牌推广→商品集广告"，商品集广告由一个品牌 Logo 图和三个商品展示位构成。

步骤 4：展示方式设置好之后，我们需要设置广告的投放方式，关键词定位与商品定位。

步骤 5：上传的视频分辨率为 1920×1080px、1280×720px 或 3840×2160px，文件大小不超过 500MB，文件格式必须为 mp4 或 mov，视频时长必须为 6~45 秒，建议的最佳时长为 15~30 秒。

亚马逊的第 3 种广告活动类型——展示型推广是一种新的自助广告解决方案，能够吸引亚马逊站内及站外受众群以增进卖家的业务。通过对展示型推广广告进行配置，可以触达亚马逊网站外的受众。以帮助卖家将广告投放到合适的相关内容旁的可靠广告位。顾客点击广告位后，将会转到商品详情页，即可直接进行下单购买。

3．设置展示型推广广告的流程

步骤 1：设置展示型广告类型，比如点击计费（Cost Per Click，CPC）或者每千次可见展示成本（Visible Cost Per Mille，VCPM），定位到指定的 ASIN 或品类。

步骤 2：设置营销受众，广告的作用是向过去浏览你的 listing 或对你的产品感兴趣的用户进行二次展示投放。

步骤 3：设置自定义受众，可以设置你互补产品的受众。

4．注册品牌推广与展示型推广流程

步骤 1：注册品牌推广与展示型推广都必须进行店铺品牌备案。登录亚马逊后台，点击"广告活动管理"，点击"创建广告"，使用品牌推广，需要先注册品牌，才能进行推广，如图 5-21 所示。

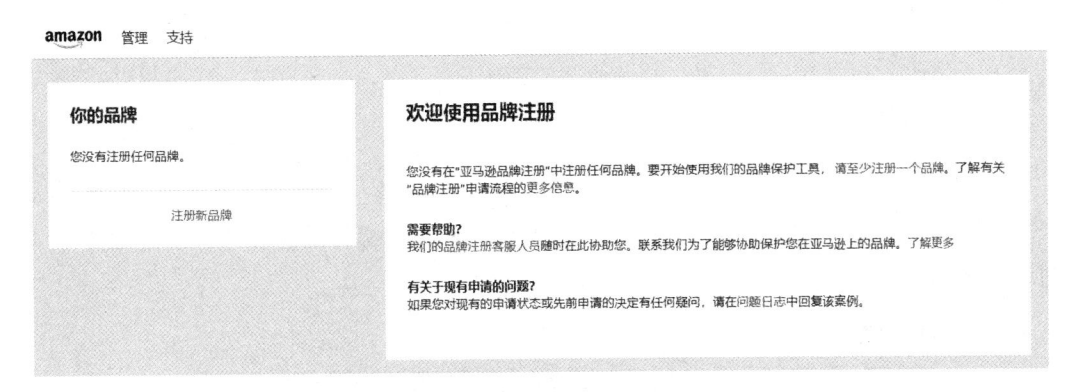

图 5-21 "品牌注册"页面

步骤 2：点击"注册您的品牌"，如图 5-22 所示。

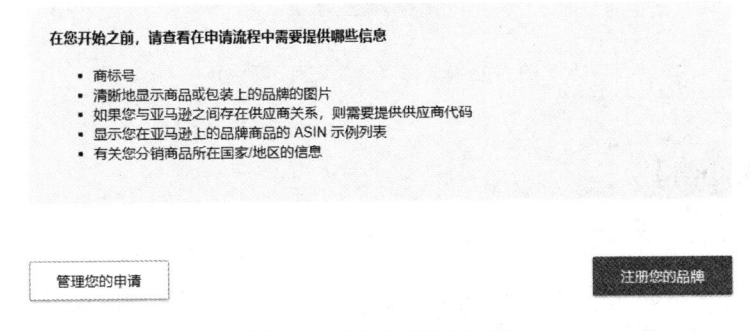

图 5-22 "注册品牌"页面

步骤 3：填写"品牌名称"，选择"商标局"，填写"注册号或序列号"，如图 5-23 所示。

图 5-23 填写"品牌信息"页面

步骤 4：填写"品牌官方网站的 URL"，如图 5-24 所示。

图 5-24　填写"商品信息"页面

步骤 5：上传"商品上的品牌名称、徽标或其他识别标记的商品或包装的图片"，如图 5-25 所示。

图 5-25　上传"商品图片"页面

【任务小结】

通过该任务的学习，学生对亚马逊平台站内营销活动的类型和站内广告的类型有比较深入的了解，能够掌握亚马逊站内营销活动的步骤，以及站内广告的设置流程与方法，能够结合商家的营销需要，在亚马逊站内设置优惠券、秒杀等营销活动，帮助商家提升销售业绩。

【任务评价】

根据表 5-1 进行评价。

表 5-1　亚马逊站内营销活动学习评价表

评价内容	自我评价（30分）		同学互评（30分）		教师评价（40分）	
	分值	平均分	分值	平均分	分值	平均分
优惠券	10		10		10	
秒杀	10		10		10	
站内广告	10		10		20	

【拓展实训】

打开模拟实训平台（平台访问方式见附录A），进入亚马逊模拟平台后台，进行如下操作：

在亚马逊后台选择一款产品，选择"商品推广"，设置"广告活动的竞价策略"，分别设置"动态竞价、只降低/动态竞价、提高和降低/动态竞价、固定竞价"，分析亚马逊广告竞价和预算的逻辑。

任务二　敦煌网站内营销活动

【学习目标】

◎ 知识目标
1. 了解敦煌网平台营销活动类型。
2. 了解敦煌网平台购物车营销。

◎ 技能目标
1. 掌握敦煌网平台营销活动的步骤。
2. 掌握敦煌网平台营销活动的技巧。

◎ 素质目标
培养学生正确的人生观和价值观。

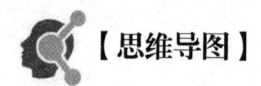

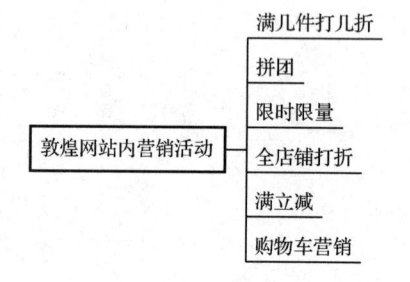

【思维导图】

```
                    ┌── 满几件打几折
                    ├── 拼团
                    ├── 限时限量
敦煌网站内营销活动 ──┤── 全店铺打折
                    ├── 满立减
                    └── 购物车营销
```

【任务背景】

学生团队在运营敦煌网平台时发现，近段时间店铺的日访客只有 400 人左右，导致店铺产品转化率较低。学生主动找学校的指导老师进行咨询，老师发现店铺产品数量是达标的，但是学生一直没有设置店铺营销活动。老师告诉学生，做好店铺产品上架只是运营店铺的基本内容，要适当地给店铺做营销活动。

敦煌网平台的销量实际上跟进入店铺的流量有很大的关系，敦煌网流量源于产品自然排名，从运营程度上来说店铺要想获得更多订单，就要不断优化营销推广效果，那么店铺流量、访客量、产品的自然排名也会提升。敦煌网站内推广离不开"满几折打几折、拼团、限时限量、全店铺打折、满立减、购物车营销"等店铺活动，如图 5-26 所示，这也是获取流量的重要来源。

图 5-26 敦煌网"店铺活动"页面

【任务实施】

（一）满几件打几折

同一时间段内只能设置一个满几件打几折活动。活动最多可设置 2 个阶梯，例如，满 2 件打 8 折，满 3 件打 7 折，商品数量不能低于 2 件。

1. 满几件打几折设置的注意事项

① 满几件打几折活动的折扣范围为 0.1~9.9 折，保留一位小数，如 9.7 折。
② 活动持续时间不得少于 1 小时，不能超过 60 天。

2. 设置满几件打几折的流程

步骤 1：登录敦煌网后台，选择"推广营销→店铺活动→创建满几件打几折"，如图 5-27 所示。

敦煌网满几件打几折设置

图 5-27 "创建满几件打几折"页面

步骤 2：设置"活动信息"，如图 5-28 所示。

图 5-28　设置"活动信息"

步骤 3：选择参加满几件打几折活动的产品（最多选择 100 个产品），填写产品折扣信息如图 5-29 所示。

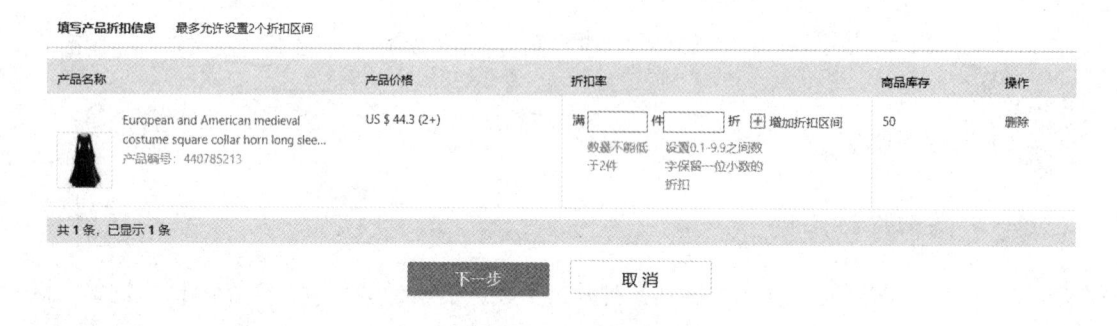

图 5-29　填写"产品折扣信息"

【想一想】

对卖家来说，流量是店铺的生命线，没有高流量，店铺的商品就很难有高销量。那么无论是敦煌网平台活动还是店铺站内营销活动，卖家都可以通过报名平台活动或设置不同站内营销活动来吸引客户，那么敦煌网平台活动与店铺活动各有什么优势和劣势？

（二）拼团

拼团产品买家购买说明：买家购买拼团产品时，不能同时享受其他任何形式的促销优惠。（每月可发起拼团的数量为 5 个，每个活动可报名的产品数为 100 款）

1. 拼团设置的注意事项

① 设定的拼团价即买家端展示的价格。
② 成团与不成团：开团 48 小时后，如果人数不够，也会自动成团。

2. 设置拼团的流程

步骤 1：登录敦煌网后台，选择"推广营销→店铺活动→创建拼团"，如图 5-30 所示。

项目五　跨境电商站内营销工具

图 5-30 "创建拼团"页面

步骤 2：设置拼团活动信息，如图 5-31 所示。

图 5-31 "拼团活动信息"页面

步骤 3：选择拼团产品，如图 5-32 所示。

图 5-32 "选择拼团产品"页面

步骤 4：填写产品打折信息并提交活动，如图 5-33 所示。

图 5-33 "填写产品打折信息"页面

153

（三）限时限量

参加限时限量促销的产品，打折后的价格须低于或等于 90 天均价（90 天均价计算：从当前创建活动日期起的前 90 天促销后价格，该促销均价仅计算由卖家自行发起的"店铺促销"商品价）。

1. 限时限量设置的注意事项

① 同一时间段内，同一产品，只能参加一个限时限量活动。

② 限时限量活动一旦创建且开始后，直至活动结束，中间无法停止操作，请谨慎创建你的限时限量活动。

③ 屡次恶意抬价后促销的商户会被限制使用，在一段的时间内不允许进行店铺活动的创建、编辑等操作。

④ 拼团数量与产品数：每月可发起的拼团数量为 5 个，每个活动可报名的产品数为 100 款。

2. 设置限时限量的流程

步骤 1：登录敦煌网后台，选择"推广营销→店铺活动→创建限时限量"，如图 5-34 所示。

图 5-34 "创建限时限量"页面

步骤 2：设置限时限量活动信息（可以选择"App 专享或全平台+App 专享"），如图 5-35 所示。

图 5-35 填写"限时限量活动信息"页面

步骤3：选择参加限时限量活动的产品，如图5-36所示。

图5-36　选择"限时限量产品"页面

步骤4：填写产品打折信息，如图5-37所示。

图5-37　"填写产品打折信息"页面

（四）全店铺打折

全店铺打折活动增加了可以按照促销分组进行折扣设置，在创建全店铺打折活动前，可以提前将促销分组设置好，然后针对分组进行不同折扣的设置。（注：全店铺打折活动一旦创建且开始后，直至活动结束，中间无法停止操作，请谨慎创建你的全店铺打折活动）

1. 全店铺打折设置的注意事项

① 活动须提前24小时创建。
② 活动开始与结束时间为北京标准时间。
③ 折扣设置：将以促销分组形式进行折扣设置，如果未创建任何分组，全部商品将默认加入其他分组中。可以在创建全店铺打折活动前，进行分组创建，当有全店铺打折活动在进行时，不允许创建分组和修改分组内的商品，所以一定记得提前创建分组。

2. 设置全店铺打折的流程

步骤1：登录敦煌网后台，选择"推广营销→店铺活动→创建全店铺打折"，如图5-38所示。

步骤2：设置活动信息（注：App专享折扣率要大于全站折扣率），如图5-39所示。

步骤3：完成全店铺打折活动创建，如图5-40所示。

图 5-38 "创建全店铺打折"页面

图 5-39 填写"全店铺打折信息"页面

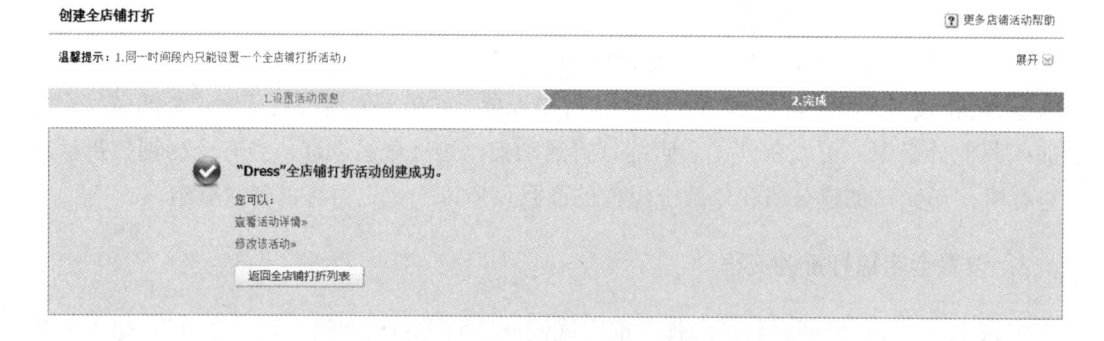

图 5-40 "全店铺打折活动创建成功"页面

（五）满立减

满减活动一旦创建且开始后，直至活动结束，中间无法停止操作，请谨慎创建满减活动。满减活动每月仅可创建 3 个，活动总时长为 720 小时。

1. 满立减设置的注意事项

① 活动须提前 48 小时创建。

② 活动开始与结束时间为北京标准时间。

③ 优惠是否可累加，当你勾选"优惠可累加"时，你设定的满减为满 100 美元减 10 美元，则满 200 美元减 20 美元，以此类推，上不封顶。

④ 订单满减不包含运费，如果商品同时在参加其他打折活动，满减则按折扣后的价格进行满减。

⑤ 全店铺满减活动，不对商品价格、信息进行锁定，在满减过程中，可修改商品信息。

2. 设置满立减的流程

步骤 1：登录敦煌网后台，选择"推广营销→店铺活动→创建满立减"，如图 5-41 所示。

图 5-41 "创建满立减"页面

步骤 2：设置全店铺满立减信息，如图 5-42 所示。

图 5-42 设置"全店铺满立减信息"页面

步骤 3：完成全店铺满立减活动创建，如图 5-43 所示。

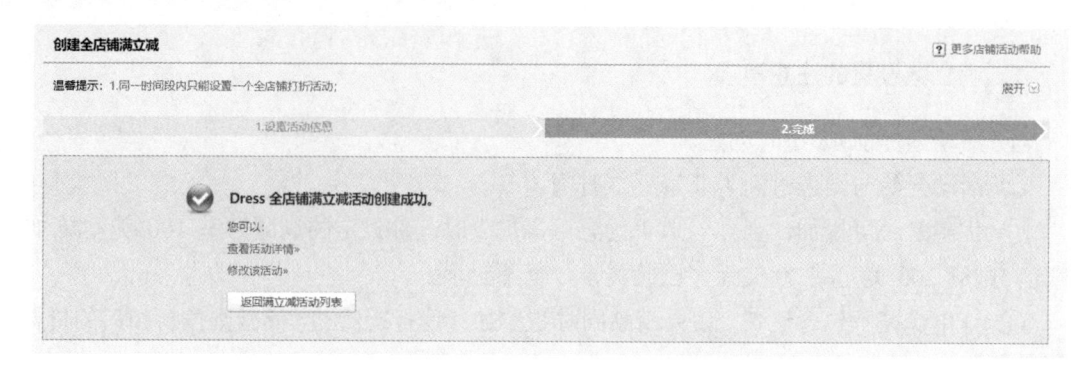

图 5-43 "全店铺满立减活动创建成功"页面

(六)购物车营销

购物车营销,旨在帮助卖家对加购但一段时间未成交的客户进行洞察、分析和挖掘,通过降价等活动方式,借助敦煌网购物车营销、敦煌网站内信息等出口触达已加入购物车但未购买的潜在客户,召回客户,促成购买。(购物车营销活动的减价是在所有促销活动基础上进行的,计算顺序为:平台打折>店铺限时限量>全店铺打折>店铺满减>店铺优惠券>购物车营销)

1. 购物车营销设置的注意事项

① 购物车营销活动一旦开始将无法停止(未开始前可以修改、停止)。
② 购物车营销折扣是以单价维度进行打折(购买件数越多减价额度越大),折扣比例对所有区间单价都生效,设置时需注意折扣比例。
③ 每次发起活动的最低时长为 24 小时,单个活动最长不能超过 168 小时。
④ 每月都可创建购物车营销活动(含未开始、进行中、已结束三种状态)。

2. 设置购物车营销的流程

步骤 1:登录敦煌网后台,选择"推广营销→店铺活动→购物车营销",如图 5-44 所示。

图 5-44 创建"购物车营销"页面

步骤 2:选择参加购物车营销的产品,上限为 300 个,如图 5-45 所示。

图 5-45 选择"参加购物车营销的产品"页面

步骤 3：设置活动信息，如图 5-46 所示。

图 5-46 "创建活动信息"页面

步骤 4：选择进行购物车营销的买家，如图 5-47 所示。

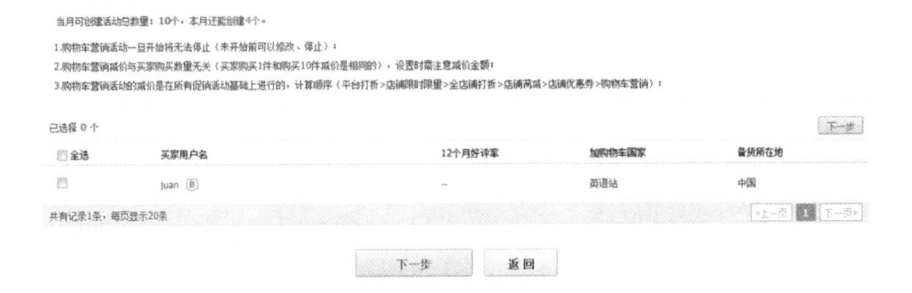

图 5-47 "选择进行购物车营销的买家"页面

步骤 5：设置促销信息，如图 5-48 所示。

图 5-48 "设置促销信息"页面

步骤 6：完成购物车营销活动创建，如图 5-49 所示。

图 5-49 "购物车营销活动创建成功"页面

【任务小结】

通过该任务的学习,学生对敦煌网站内营销活动的几种常见类型有了深入的了解,能够根据跨境商家的需要,在敦煌网站内有效开展"满几件打几折、拼团、限时限量、全店铺打折、满立减、购物车营销"等网络营销活动,帮助商家吸引客流,提升业绩。

【任务评价】

根据表 5-2 进行评价。

表 5-2 敦煌网站内营销活动学习评价表

评 价 内 容	自我评价（30分）		同学互评（30分）		教师评价（40分）	
	分值	平均分	分值	平均分	分值	平均分
满几件打几折	5		5		10	
拼团	5		5		5	
限时限量	5		5		5	
全店铺打折	5		5		5	
满立减	5		5		5	
购物车营销	5		5		10	

【拓展实训】

打开模拟实训平台（平台访问方式见附录 A），进入敦煌网模拟平台后台,进行如下操作:

① 选择两款产品设置"限时限量"活动。
② 选择两款产品设置"拼团"活动。
③ 选择两款产品设置"满立减"活动。

项目五 跨境电商站内营销工具

任务三　速卖通直通车付费推广

【学习目标】

◎ 知识目标
1. 了解速卖通直通车的特点。
2. 了解速卖通直通车的规则。

◎ 技能目标
1. 掌握速卖通直通车的操作步骤。
2. 掌握速卖通直通车的推广的技巧。

◎ 素质目标
培养学生一丝不苟的职业精神。

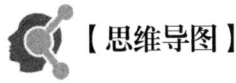

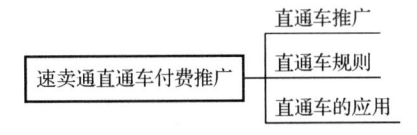

【思维导图】

```
                          ┌── 直通车推广
速卖通直通车付费推广 ──────┼── 直通车规则
                          └── 直通车的应用
```

【任务背景】

学生团队在运营速卖通平台时发现，店铺直通车关键词有展现却一直没有点击量，费用也没有花出去，了解后才发现一开始没有制定精选关键词与直通车优化策划。

经过一段时间的学习和总结，学生在操作直通车时也逐渐形成了一种固定的操作模式，每当一款新品要推广的时候，就会采取搜索量较大的精准关键词出价策略，稳在第一页，直通车主要是为速卖通平台进行精准投放，卖家可以设置多个维度的产品关键词，来展示店铺产品信息，通过大量曝光产品吸引客户，并按照点击付费广告方式进行营销推广。如图 5-51 所示。

（一）直通车推广

速卖通直通车是卖家通过自主设置多维度关键词，免费展示产品信息，通过大量曝光产品来吸引潜在买家，并按照点击付费的全新网络推广方式。

1. 直通车的特点

① 精准投放是免费展现的，只有当买家点击时才会收费。商家可以自由设置日限额以及投放时间与地域，这样就可以根据店铺实际情况控制支出，从而在保证效果的前提下合理降低成本。

② 精确对准买家。只要是上车的产品，买家一旦搜索相关词，就会看到。所以产品的关键词要准，这样就可以大大提升产品的展现率，为店铺带来更多潜在买家。

③ 较高的权重。花费增加店铺权重就会随之增加，这对于提升产品排名有很大帮助。

④ 有效的关联可以为店铺带来更多人气。很多买家在进店之后都有一种习惯，会点击查看店铺内的其他产品，这也是关联营销的目的，会提高其他产品成交的可能性，久而久之，店铺人气自然就能得到提升。

⑤ 精准转化。精准词会带来较为精准的流量，这类人群通常会有比较明确的购买意向，转化率自然也就会提升，所以精准词真的相当重要。

（二）直通车规则

1. 直通车扣费规则

① 速卖通直通车是按点击计费的，展现不计费。

② 当买家搜索了一个关键词，当设置的推广商品符合展示条件时（推广商品选择的关键词与买家搜索的关键词相关），就会在相应的速卖通直通车展示位置上出现。当买家点击了速卖通直通车推广的商品时，才会扣费。

③ 点击花费会受推广评分的影响，且不会超过卖家为关键词所设定的出价。卖家的推广商品与相关关键词的推广评分越高，卖家所需要付出的每次点击花费就越低，因此实际的点击花费往往要低于卖家的出价。

2. 直通车效果相关指标

（1）点击率

速卖通直通车所有的点击数据在推广中均不指向结果，只表示流量，有点击率≠有转化。点击率原本的意义在于尽可能获取流量，同时点击率决定推广质量的评分。

（2）养词效果（关键词的质量得分）

关键词和所推广商品的相关度（关键词和商品的标题、类目、属性的匹配度），买家的喜好度（点击、下单、评价等行为），推广的时间和优化，决定养词的效果。

（三）直通车的应用

直通车"新增推广计划"操作步骤如下：

步骤1：登录速卖通后台，点击"营销活动"，选择"直通车"，点击"新增推广计划"，如图5-50所示。

直通车的应用

项目五 跨境电商站内营销工具

图 5-50 "新增推广计划"页面

步骤 2：点击"添加推广商品"，再点击"下一步，设置推广详情"，如图 5-51 所示。

图 5-51 "添加推广商品"页面

步骤 3：在推广详情里面选择"推广方式"，填写"计划推广名称"，设置"每日预算"，如图 5-52 所示。

图 5-52 "设置推广详情"页面

163

步骤 4：选择"推广关键词"（按照不同产品平台自动推荐关键词供卖家选择），设置"关键词出价"（分为 App 出价和非 App 出价），价格由卖家自定，如图 5-53 所示。

图 5-53 "添加推广关键词"页面

步骤 5：设置"投放地域"，可以设置"全部地域"或针对地域"欧洲、北美洲、南美洲、亚洲、大洋洲、非洲"等进行投放，如图 5-54 所示。

图 5-54 "设置投放区域"页面

步骤 6：设置"投放人群标签"，如图 5-55 所示；设置"人群溢价"信息，如图 5-56 所示，然后点击"提交，开始推广"，直通车推广流程就设置完成了。

图 5-55 设置"投放人群标签"页面

图 5-56 "人群溢价设置"页面

【任务小结】

通过该任务的学习，学生了解了速卖通直通车的特点及规则，掌握了速卖通直通车推广的操作步骤及应用技巧，为后续相关内容的学习打下基础。

【任务评价】

根据表 5-3 进行评价。

表 5-3 速卖通直通车付费推广学习评价表

评价内容	自我评价（30 分）		同学互评（30 分）		教师评价（40 分）	
	分值	平均分	分值	平均分	分值	平均分
直通车推广	10		10		10	
直通车规则	10		10		20	
直通车的应用	10		10		10	

【拓展实训】

打开模拟实训平台（平台访问方式见附录 A），进入速卖通模拟平台店铺，进行如下操作：

① 在店铺中选择 3 款不同的产品进行直通车推广，各添加 10 组关键词并设置竞价。

② 筛选关键词，对 3 款产品的标题进行优化。

项目六　跨境电商网络营销数据分析

【学习目标】

◎ **知识目标**
1. 了解跨境电商数据分析的目的和步骤。
2. 掌握跨境电商数据分析的关键指标。
3. 掌握跨境电商数据分析工具的使用方法与技巧。

◎ **技能目标**
1. 能够理解数据分析的关键技术与价值。
2. 能够分析跨境电商行业各项数据指标。
3. 能够运用相应的数据分析工具和方法分析跨境电商店铺数据。

◎ **素质目标**
1. 培养学生精益求精的工匠精神。
2. 培养学生诚实守信的职业道德。
3. 培养学生的互联网思维和科学数字素养。

【思维导图】

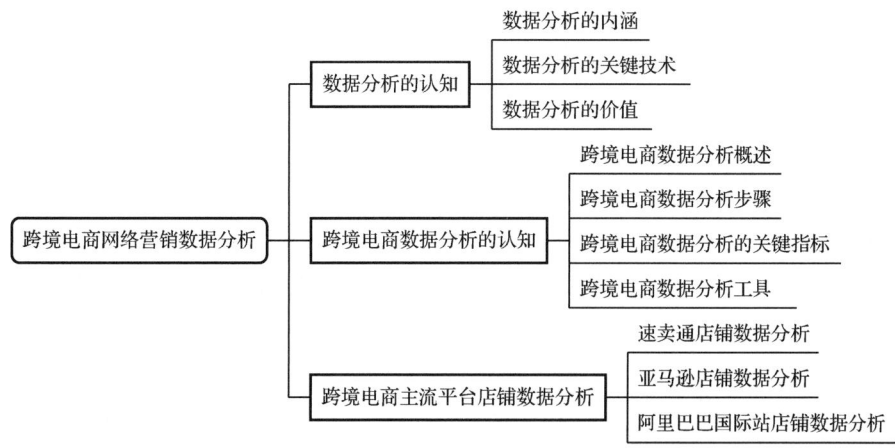

```
                            ┌── 数据分析的内涵
                ┌─ 数据分析的认知 ──┼── 数据分析的关键技术
                │                   └── 数据分析的价值
                │
                │                       ┌── 跨境电商数据分析概述
跨境电商网络营销数据分析 ─┼─ 跨境电商数据分析的认知 ─┼── 跨境电商数据分析步骤
                │                       ├── 跨境电商数据分析的关键指标
                │                       └── 跨境电商数据分析工具
                │
                │                           ┌── 速卖通店铺数据分析
                └─ 跨境电商主流平台店铺数据分析 ─┼── 亚马逊店铺数据分析
                                            └── 阿里巴巴国际站店铺数据分析
```

【情景案例】

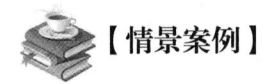

SHEIN 的强大，藏在数据里

"2021 BrandZ 中国全球化品牌 50 强"榜单显示，一家跨境公司——SHEIN，力压腾讯、中国航空、大疆，在 2021 年 BrandZ 中国出海品牌 50 强中，排名第 11，一度超越亚马逊成为美国下载量最大的购物应用 App，成为独立站大佬。SHEIN 立足快时尚女装，通过其官方网站及 App 进行产品销售，销售额连续 8 年以翻倍的速度增长。根据 2022 年 Apptopia 全球 App 下载排行榜单，SHEIN 又创下一项纪录，成为 2022 年全球下载量第一的电商购物类 App。

这个一直在"闷声发大财"的快时尚跨境电商平台逐渐受到关注，其成功密码正被越来越多的人讨论：SHEIN 成功的秘诀是什么？

流量获客：全渠道获取流量

SHEIN 在流量获客上每一步都稳扎稳打。第一步，先开始广泛地在 Google、Facebook、Twitter 等平台投放广告，然后基于平台的社交属性进行针对性营销。第二步，抓住早期的低成本网红营销，快速提升 GMV，树立品牌和产品形象，提升用户黏性，打造用户口碑。

产品设计：数字化工具打造潮流爆款

SHEIN 的产品可以用三个词来概括：便宜、好看、上新多。在选品与产品设计方面，SHEIN 也真正做到了数据驱动，公司的技术人员从网络上抓取时尚网站的流行趋势，包括流行关键词、流行元素、流行面料等，发现主推款、热推款，并将产品的信息分类收集，作为设计师参考的基础。与传统的时尚公司"猜测"趋势不同，SHEIN 通过监测市场趋势变化以及分析用户回传数据来迅速响应用户的时尚偏好，并以此设计出匹配的时尚单品。在这样一套数字化体系下，SHEIN 的爆款率高达 50%。

供应链：柔性供应链快速响应

SHEIN 直接连接起了工厂车间与客户，通过自己的算法系统，他们可以即时获取基于客户行为的新订单的状态更新，并将实时库存、生产能力等数据送回。SHEIN 网站的每个部分都与其企业资源计划（Enterprise Resource Planning，ERP）和制造端相连，他们根据谁在网站上浏览什么，以及谁在购买什么来实时更新其制造能力。基于浏览、点击和销售，数据经过算法处理后立即更新到工厂车间，如需更多面料则会自动下单订购。另一个算法则会更新权重，将产品推荐给更多画像相似的用户。

【案例解析】

在 SHEIN 的每个业务环节，从市场分析、类目选择，到选品、产品设计与生产、定价、流量获客、供应链、销售运营、售后等，都有一个数据时刻更新的系统对其进行算法处理与数据分析，这就是 SHEIN 的核心竞争优势。

任务一 数据分析的认知

【学习目标】

◎ 知识目标
了解数据分析的内涵。

◎ 技能目标
1. 能够理解并掌握数据分析的关键技术。
2. 能够理解数据分析的价值。

◎ 素质目标
培养学生的大数据分析思维。

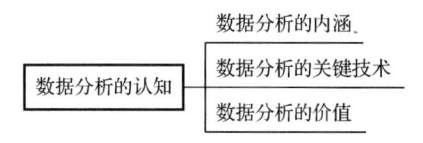

【思维导图】

数据分析的认知 ── 数据分析的内涵
　　　　　　　├── 数据分析的关键技术
　　　　　　　└── 数据分析的价值

【任务背景】

随着计算机和信息技术的迅猛发展和普及应用，行业应用系统的规模迅速扩大，行业应用所产生的数据呈爆炸性增长。动辄达到数百 TB 甚至数百 PB 规模的行业或企业大数据已远远超出了现有的传统计算技术和信息系统的处理能力，因此，寻求有效的大数据处理技术、方法和手段已经成为现实世界的迫切需求。大数据已上升为国家战略，数据驱动的大数据时代已经到来，只有站在时代的前列，我们才会更具竞争力。

【任务实施】

（一）数据分析的内涵

【想一想】

思考下面三组内容的区别。

先带大家看以下三组内容，试着思考区别是什么。

170/170CM/小明的身高是170CM

170是一个数值，170CM是一个带单位的数值，而小明的身高是170CM就是一个数据。

1．数据的定义

数据是事实或观察的结果，是对客观事物的逻辑归纳，是用于表示客观的未经加工的原始素材。

2．数据分析的定义

数据分析的数学基础在20世纪早期就已确立，但直到计算机的出现才使实际操作成为可能，并使数据分析得以推广。数据分析可以帮助企业发现做得好的方向、需要改进的地方，以及指出企业存在的问题。

数据分析是指用适当的统计分析方法对收集来的大量数据进行分析，提取有用信息和形成结论，从而对数据加以详细研究和概括总结的过程。在实际应用中，数据分析可以帮助人们做出判断，以便采取适当的行动。数据分析的目的是把隐藏在杂乱无章的数据中的信息集中、萃取和提炼出来，以找出所研究对象的内在规律。

大数据营销在主动性和精准性方面，都有非常大的优势。不少企业通过收集海量的用户信息，按用户的属性和兴趣，购买行为等维度，挖掘目标用户，然后对其进行分类，对个体用户进行营销信息推送。同时，大数据能够促进个性化营销快速发展。产品和服务更加个性化，用户市场并不是一个简单的划分，而是通过数据做到精细划分。企业所面临的是一个个用户，并非一群用户，个性化营销成为企业应对大数据时代的主要营销方式。

【课堂案例】

生活中的数据分析案例

"小明的身高很高！"这句话就是一个数据分析结论，那是怎么得出这个结论的呢？小明的身高是175CM，那如何来判断小明的身高高不高呢？首先需要判断小明的性别，男生和女生的判断标准可是大不相同的。其次是年龄，10岁的小明、30岁的小明、90岁的小明身高的标准也不一致。然后是地区，北方和南方的差异也比较大。除此之外，还有一些其他影响因素需要考虑进去，比如是否有什么疾病等，明确判断标准后才能对小明的身高做出合理的判断。

这个就是生活中的一个数据分析的例子，里面蕴含的就是数据分析最常见的也是最核心的思想。

（二）数据分析的关键技术

数据分析技术，是指伴随着数据的采集、存储、分析和应用的相关技术，是一系列使用非传统的工具来对大量的结构化、半结构化和非结构化数据进行处理，从而获得分析和预测结果的一系列数据处理和分析技术。数据分析的关键技术主要有以下内容：

1. 数据采集与预处理技术

利用抽取-转换-加载（Extract-Transform-Load，ETL）工具将分布的异构数据源中的数据，如关系数据、平面数据文件等，抽取到临时中间层后进行清洗、转换、集成，最后加载到数据仓库或数据集市中，成为联机分析处理、数据挖掘的基础；也可以利用日志采集工具（如Flume、Kafka等）把实时采集的数据作为流计算系统的输入，进行实时处理分析。

2. 数据存储和管理技术

利用分布式文件系统、数据仓库、关系型数据库、非关系型数据库、云数据库等，实现对结构化、半结构化和非结构化海量数据的存储和管理。

3. 数据处理与分析技术

利用分布式并行编程模型和计算框架，结合机器学习和数据挖掘算法，实现对海量数据的处理和分析。对分析结果进行可视化呈现，帮助人们更好地理解数据、分析数据。

4. 数据安全和隐私保护技术

在从大数据中挖掘潜在的巨大商业价值和学术价值的同时，构建隐私数据保护体系和数据安全体系，有效保护个人隐私和数据安全。

【课堂案例】

供应链的分析与优化

大数据分析已经是很多电子商务企业提升供应链竞争力的重要手段。通过大数据提前分析和预测各地商品需求量，从而提高配送和仓储的效能，保证次日货到的客户体验。射频识别等产品电子标识技术、物联网技术以及移动互联网技术能帮助工业企业获得完整的产品供应链大数据，利用这些数据进行分析，将带来仓储、配送、销售效率的大幅提升和成本的大幅下降。

以海尔公司为例，海尔公司供应链体系很完善，它以市场链为纽带，以订单信息流为中心，带动物流和资金流的运动，整合全球供应链资源和全球用户资源。在海尔供应链的各个环节，客户数据、企业内部数据、供应商数据被汇总到供应链体系中，通过供应链上的大数据采集和分析，海尔公司能够持续进行供应链改进和优化，保证了海尔对客户的敏捷响应。

利用销售数据、产品的传感器数据和出自供应商数据库的数据，工业制造企业便可准确地预测全球不同区域的需求。由于可以跟踪库存和销售价格,可以在价格下跌时买进,所以制造企业便可节约大量的成本。如果再利用产品中传感器所产生的数据,就能知道产品出了什么故障,哪里需要配件,他们还可以预测何处以及何时需要零件。这将会极大地减少库存,优化供应链。

(三)数据分析的价值

1. 数据分析的价值金字塔

一个完整的企业数据分析体系涉及采集、清理、转化、存储、可视化、分析、决策等多个环节。其中,不同环节的工作内容不一样,消耗的时间和产生的价值也相差甚远。数据分析价值金字塔图,如图6-1所示。

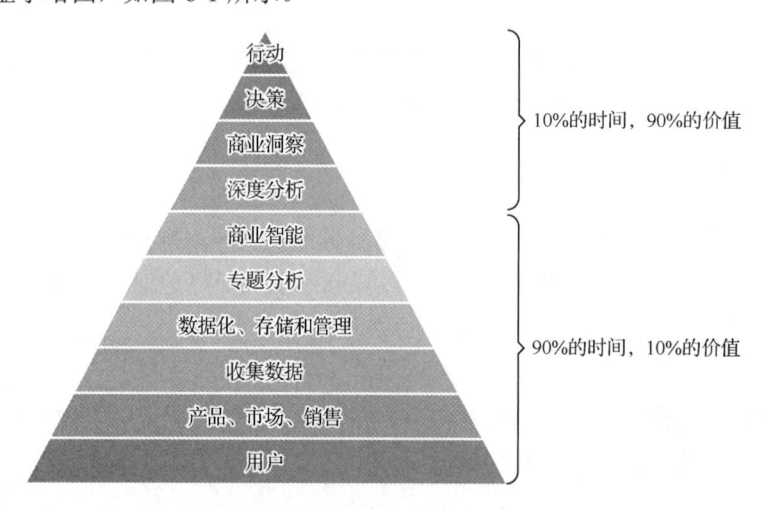

图 6-1　数据分析价值金字塔图

企业数据分析体系中至少有三方面的数据:用户行为数据、交易订单数据和客户关系管理数据。数据分析师把不同来源的数据采集好,然后通过清理、转化等环节统一到数据平台上,再从数据平台上提出数据。这些工作占用了整个环节90%的时间,然而产生的价值却只占10%。

这个金字塔再往上,数据分析就和业务实际紧密结合,以报表、可视化等方式支持企业的业务决策,涵盖产品、运营、市场、销售、客户支持等各个一线部门。这个部分才占用了整个环节10%的时间,但是却能产生90%的价值。

数据分析师应该以价值为导向,紧密结合产品、运营、销售、客户支持等,支持各条业务线发现问题、解决问题并创造更多的价值。

2. 数据分析的业务价值

(1) 利用大数据成就客户

利用大数据战略来收集、存储、分析客户踪迹,对个性化的客户及时展开交互至关重要。通过更深入地了解客户的行为和偏好,卖家可以引导客户完成购买过程,并提供便捷、差异化的体验，主动迎合客户的期望。

（2）大数据助力挖掘蓝海市场

销售市场是动态的，我们必须利用实时的市场大数据进行科学有效的分析，针对具体产品，分析各个细分市场中该产品的容量大小、竞争程度情况，综合分析、对比，以判断商机大小，为产品筛选蓝海市场。

（3）大数据使营销精准化

精准营销的实现，前提是必须充分认识客户，只有了解了客户的期望，才能采取正确的营销策略。

【任务小结】

该任务主要通过一些案例，让学生认识到数据分析的重要性。通过这部分内容的学习，学生能够了解数据分析的含义，掌握数据分析的关键技术，理解数据分析的价值，了解企业的数字化转型升级趋势，具备一定的数据思维。

【任务评价】

根据表 6-1 进行评价。

表 6-1 数据分析的认知学习评价表

评 价 内 容	自我评价（25分）		同学互评（25分）		教师评价（50分）	
	分值	平均分	分值	平均分	分值	平均分
数据分析的内涵	5		5		10	
数据分析的关键技术	10		10		20	
数据分析的价值	10		10		20	

【拓展实训】

请同学们思考一个问题：为什么双十一电商大促活动时，很多品牌都会有 0.01 元入会送豪礼，以及会员积分兑换礼品的活动？品牌设置会员制的目的是什么？

任务二　跨境电商数据分析的认知

【学习目标】

◎ **知识目标**
1. 了解跨境电商数据分析的目的。
2. 掌握跨境电商数据分析步骤与关键指标。
3. 掌握跨境电商数据分析工具与方法。

◎ **技能目标**
能够熟练运用各类数据分析工具采集数据。

◎ **素质目标**
培养学生互联网思维和数据思维。

【思维导图】

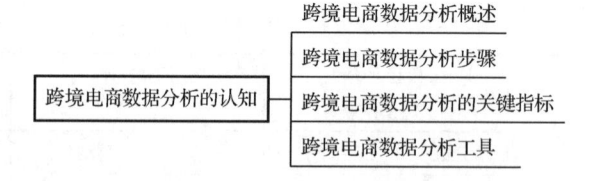

```
                          ┌── 跨境电商数据分析概述
                          ├── 跨境电商数据分析步骤
  跨境电商数据分析的认知 ──┤
                          ├── 跨境电商数据分析的关键指标
                          └── 跨境电商数据分析工具
```

【任务背景】

数字经济的发展为跨境电商的发展提供了数字化平台，推动跨境电商参与全球数字化贸易，成为当前推动我国外贸增长的新动力。在新冠疫情的影响下，全球消费者购物行为大量从线下转到线上，消费人群以及购物心理的变化日益加快，深刻地改变了跨境电商的竞争格局。随着跨境电商的迅猛发展，行业内的竞争日趋激烈，昔日流量红利逐渐退去。随着竞争的加剧，跨境电商数据化运营的重要性不断凸显。

【任务实施】

（一）跨境电商数据分析概述

1. 跨境电商数据分析的定义

跨境电商数据分析指的是对跨境电商企业经营过程中产生的数据进行分析，在研究大量数据的过程中寻找模式、相关性和其他有用的信息,从而帮助企业更好地适应变化,做出更明智的决策。

【想一想】

下面的情况该如何决策?

比如某老板做出决定:"咱就在亚马逊卖水杯,这 5 款,每款 SKU 备货 200,本月安排发货 FBA,走海运。"

简单的一个决定,里面包含:
① 卖什么?(选品)
② 在哪里卖?(选平台)
③ 怎么备货?(选款、备货数量)
④ 入仓发货方式是什么?(海运还是空运,时效/成本)

在做出决定前,需要做大量的前期分析工作,不能贸然去做任何决定,不然就会导致滞销、亏钱、亚马逊不好做、放弃等后果。

2. 跨境电商数据分析的目的

跨境电商数据分析的目的是把隐藏在一大批看来杂乱无章的数据中的信息集中和提炼出来,从而找出所研究对象的内在规律。跨境电商店铺运营包括行业对比、选品开发、店铺监控、商品分析、打造爆款等,在所有运营环节中能够为决策提供客观依据的就是数据分析。数据分析的目标是找到最适合自己店铺的运营方案,达到销售利润最大化。通过聚合跨境电商全渠道、全平台、全触点的用户反馈声音,挖掘结构化与非结构化文本数据背后的知识洞察和趋势分布,助力企业精准判断消费者的需求痛点和兴趣偏好,打通消费者反馈闭环,实现数据驱动的决策运营。

因此,跨境电商数据分析的最终目的是收集数据、了解客户、优化产品和流程,以满足甚至超越用户的期望,最终帮助企业提高市场占有率和核心竞争力。

(二)跨境电商数据分析步骤

1. 明确分析目的与思路

明确分析目的是确保数据分析过程有效进行的先决条件。这个目的可以是长期的,也可以是短期的,但一定是具体可实现的。

明确分析思路是指把分析目的分解成若干个不同的要点,即如何展开数据分析工作,需要从哪几个角度进行分析,采用哪些指标进行分析。在数据分析的时候,第一步要做的是确定你想要的结果是什么,不能见异思迁,看见后台很多数据,这里感兴趣去点一下,那里感兴趣去点一下,要梳理好分析思路,把目标分解开来。要明白目的是什么,想要达到什么样的效果，应该通过哪种方法实现，应该用哪些分析方法。只有这样，在整个过程中才不会迷失方向。

数据分析目的举例说明如图6-2所示。

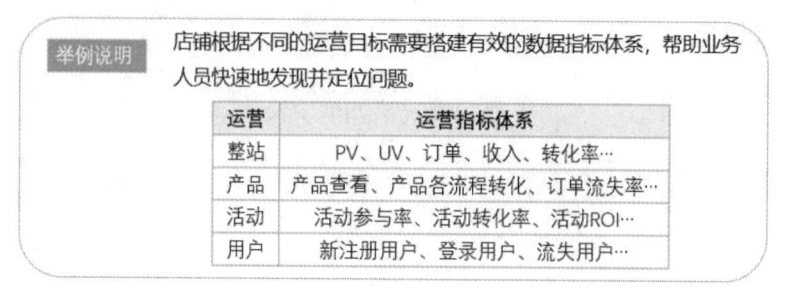

图6-2 数据分析目的举例

2．数据采集

数据采集是按照确定的数据分析框架收集相关数据的过程，它为数据分析提供了素材和依据。常用的数据采集工具有生意参谋、店侦探、八爪鱼、阿里巴巴的数据参谋板块等。部分数据采集工具如图6-3所示。

图6-3 数据采集工具

3．数据处理

数据处理是指对收集到的数据进行加工整理，形成适合数据分析的样式，因为数据质量会直接影响数据分析的效果，所以它是数据分析前必不可少的阶段。数据处理的基本目标就是从大量、混乱、难懂的数据中提取并导出有价值的、有意义的数据。数据处理主要包括数据清洗、数据转化、数据提取、数据计算等流程，如图6-4所示。

图6-4 数据处理流程

4．数据分析

通过建立数据监控体系，企业可以及时发现运营过程中的问题，迅速定位问题并分析原因。通过对数据进行探索式分析，企业可以全面认识整个数据集，以便后续选择恰当的分析策略。

一般情况下，数据分析结果的展现方式是表格和图形，常用的数据图表类型有以下几种，如图 6-5 所示。

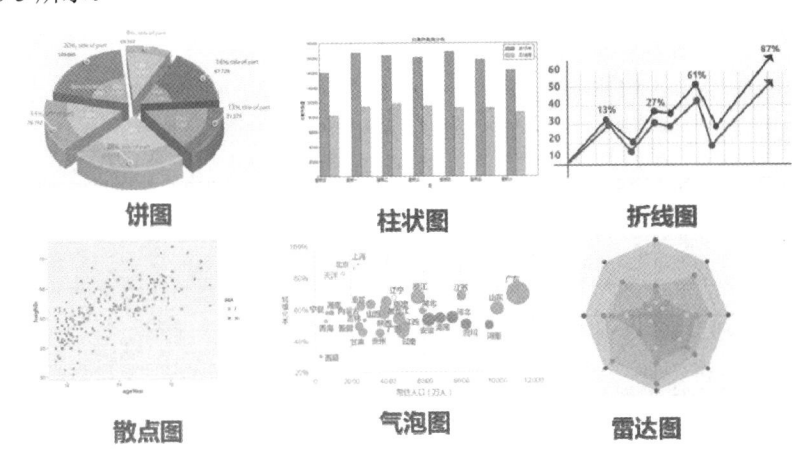

饼图　　柱状图　　折线图

散点图　　气泡图　　雷达图

图 6-5　数据分析图表类型

数据处理是数据分析的基础。通过数据处理，将收集到的原始数据转换为可以分析的形式，并且保证数据的一致性和有效性。如果数据本身存在错误，那么数据分析不具备任何参考价值。

5．数据优化

找到问题的原因后应及时解决问题，跨境电商企业可使用一些运营手段，如利用促销活动提高用户活跃度、购物送优惠券等方式。

6．持续追踪

方案实施后，跨境电商企业需要对应用的效果持续跟踪，需要持续跟踪用户数据的反馈来验证方案是否是正确的。

【相关知识】

跨境电商数据来源渠道

跨境电商数据来源渠道分析如表 6-2 所示。

表 6-2　跨境电商数据来源渠道一览表

数据来源渠道	数据分析关键点
平台数据	有些需要借助软件或者程序，没有软件的话可以从平台上获取一些产品销售相关的数据（例如，销售情况、评价情况、图片质量、价格、发货地、listing 时间、类目名次等），以及一些平台的大数据（例如，阿里巴巴国际站、阿里速卖通的后台就有数据可以供你参考，按品类选择查看一些宏观数据，对选品、最优化产品结构，以及目标市场都是有指导性意义的）

续表

数据来源渠道	数据分析关键点
店铺数据	如果店铺运营一段时间，你就会获取到该店铺在平台内部的一些数据。比如，店铺在平台内的流量来源，转化率情况等。如果对这些数据进行深度挖掘，你会发现你未来需要重视哪些流量，主推哪些产品，淘汰哪些产品，优化哪些产品（价格、图片、描述）等
关键词数据	只要有搜索，就有搜索排名规则，就跟关键词密切相关。无论是亚马逊、速卖通，还是其他平台，都可以借助谷歌以及一些关键词分析挖掘工具，去完善自己的关键词数据
价格数据	完成选品后，该如何定价？需要做价格对比表，将相似产品、相似品牌、相似卖家的产品做个价格对比，从而形成一个价格分析数据表供参考。最终定价还是要依托产品本身，市场接受预期以及盈利目标等

（三）跨境电商数据分析的关键指标

电商数据分析的基本指标体系主要分为 6 大类，这 6 大类具体为总体运营指标、网站流量指标、销售转化指标、客户价值指标、商品类指标、市场竞争指标。

1. 总体运营指标

总体运营趋势是从流量、订单、总体销售业绩等方面进行整体把控，总体运营指标包括流量类指标、订单产生效率指标、总体销售业绩指标和整体指标，如图 6-6 所示。

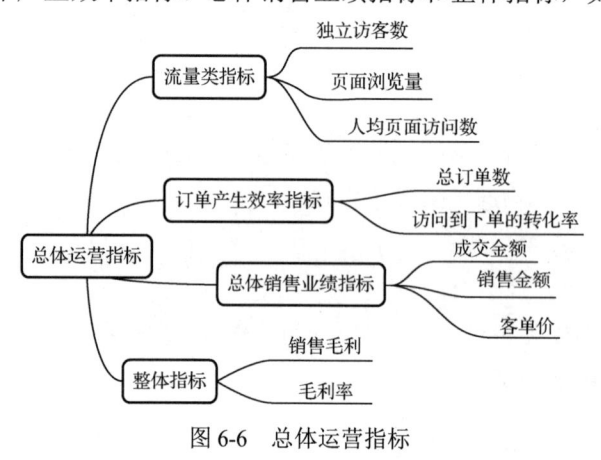

```
                       ┌─ 独立访客数
           ┌─ 流量类指标 ─┼─ 页面浏览量
           │             └─ 人均页面访问数
           │
           │                      ┌─ 总订单数
           ├─ 订单产生效率指标 ─┤
总体运营指标 ┤                      └─ 访问到下单的转化率
           │
           │                      ┌─ 成交金额
           ├─ 总体销售业绩指标 ─┼─ 销售金额
           │                      └─ 客单价
           │
           │             ┌─ 销售毛利
           └─ 整体指标 ─┤
                         └─ 毛利率
```

图 6-6　总体运营指标

【相关知识】

PV、UV、GMV 指标解读

① UV（Unique Visitor）

UV 即独立访客，访问网站的一台电脑客户端为一个访客。00:00—24:00 内相同的客户端只会被计算一次。

② PV（Page View）

PV 即页面浏览量或点击量，用户每次刷新即被计算一次。

③ 客单价

指每一位顾客平均购买商品的金额。

公式：客单价＝商品平均单价×每一位顾客平均购买的商品个数

④ 转化率

指在一个统计周期内，完成转化行为的次数占推广信息总点击次数的比率。

公式：转化率＝（转化次数/点击量）×100%。

转化率是网站最终能否盈利的核心，提升网站转化率是网站综合运营实力的结果。

⑤ GMV（Gross Merchandise Volume）

GMV即总交易额或总销售额，通常用于衡量电商平台或在线购物网站上的交易总额。

GMV＝访客数×全店成交转化率×客单价

举例：某店当天的UV为5000，其中50名用户有了后续转化的行为。

那么，其转化率＝（50/5000）×100%＝1%。

举例：某店当天的UV是191 251，全店转化率为3.36%，客单价为199.69元。

那么，该店当天的GMV＝191 251×3.36%×199.69＝1 283 214.65元。

2．网站流量指标反映运营细节

网站流量指标是指对访问你网站的访客进行分析，基于这些数据可以对网页进行改进，以及对访客的行为进行分析等，从而得出运营细节中的重点，并在运营过程中将这些重点逐个突破，成功改善消费者的购物体验。网站流量指标包括流量规模类指标、流量成本类指标、流量质量类指标与会员类指标，如图6-7所示。

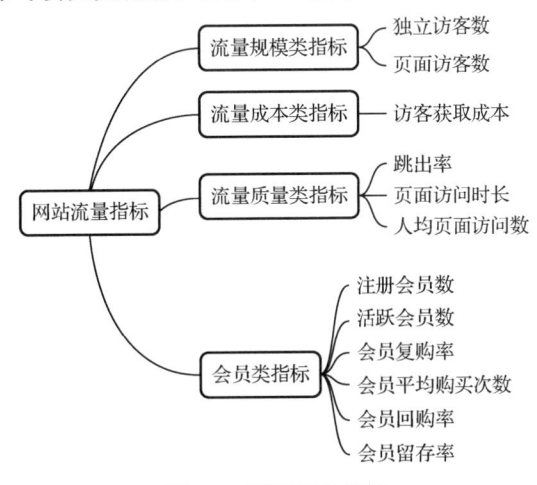

```
                    ┌─ 流量规模类指标 ─┬─ 独立访客数
                    │                  └─ 页面访客数
                    │
                    ├─ 流量成本类指标 ── 访客获取成本
                    │
                    │                  ┌─ 跳出率
网站流量指标 ───────┼─ 流量质量类指标 ─┼─ 页面访问时长
                    │                  └─ 人均页面访问数
                    │
                    │                  ┌─ 注册会员数
                    │                  ├─ 活跃会员数
                    │                  ├─ 会员复购率
                    └─ 会员类指标 ─────┼─ 会员平均购买次数
                                       ├─ 会员回购率
                                       └─ 会员留存率
```

图6-7　网站流量指标

【相关知识】

复购率和回购率的区别

（1）复购率

按照用户计算：在某时间窗口内重复消费用户（消费两次及以上的用户）在总消费用户中的占比。

重复消费用户的定义，又分为两种：

① 按天非去重，即一个用户一天产生多笔付款交易，则算重复消费用户。

② 按天去重，即一个用户一天产生多笔交易付款，只算一次消费，除非在统计周期内另外一天也有消费，才算重复消费用户。

按天非去重，是目前B2C网站统计数据常用的计算方法，计算出来的重复购买率要高于第二种。

按照交易计算：在某时间窗口内重复消费交易次数在总交易次数中的占比。

举例：比如在某个季度中，一共产生了100笔交易，其中有20个人有了二次购买，这20人中的10个人又有了三次购买，则重复购买次数为30次，重复购买率为30%。

（2）回购率

定义：是某一个时间窗口内消费的用户，在下一个时间窗口仍旧消费的占比。

举例：按月作为统计窗口，在1月份总共有1000名消费用户，其中有300名用户在2月份依然有过消费，则回购率为30%。

（3）两者区别

复购率是一个时间窗口内的多次消费行为，回购率是两个时间窗口内的消费行为。复购率与回购率越高，说明消费者对品牌的忠诚度就越高，反之则越低。

3. 销售转化指标提升商品转化率

销售转化指标分析从下单到支付整个过程的数据，帮助商家提升商品转化率，也被用来分析一些频繁异常的数据。销售转化指标包括购物车类指标、下单类指标和交易类指标，如图6-8所示。

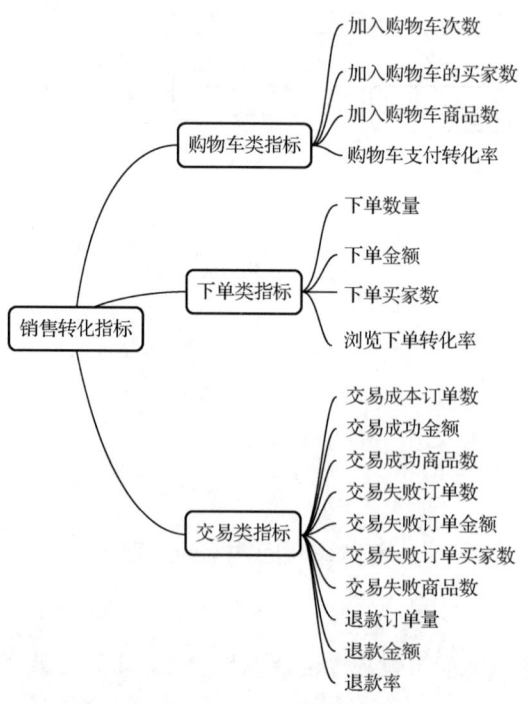

图6-8 销售转化指标

跨境电商亚马逊买家常用以下理由退货：

（1）产品和描述不一致

在优化 listing 的关键词和说明时，要保证以实际出发为基础，不要故意夸大事实。否则，遇到退货是很正常的事，容易引起其他麻烦。

（2）产品颜色、尺寸、型号、规格等参数不一致

无论是产品介绍还是出厂时都要注明自己产品的参数。如果买家本来要买 iPhone 7 plus 的手机壳，但是你却把 iPhone 7 的手机壳发给了买家，那么退货就不奇怪了。另外，服装类的销售者最容易出现这样的问题，因地区而异，很难调整。

（3）不知道产品的使用方法

有些产品的功能有点复杂，或者需要特定的操作。一定要有详细的使用说明书或操作视频讲解，需要注意操作的详细情况提醒。

（4）质量问题

作为亚马逊卖家，没有人想卖假货，但是进货渠道不一定可靠。我们需要商家严格检查，在发货前进行质量检查。

（5）快递物流

购买者和商家都可以知道商品的下落，并在最短的时间内将商品送到客户手中。

当然，问题不一定出在商家身上。只要商品质量过关，大部分买家都会开心购物接收货品并给予好评。但是也避免不了遇到一些有坏心思的买家，会利用亚马逊平台的规则，给商家带来很大的售后压力。

【想一想】

亚马逊退货率高会有什么影响？

高退货率会影响到退款率，对 listing 排名有一定的影响。正常来讲，FBA 的产品退货率不能超过 10%，如果超过 10%的 listing 就会被亚马逊禁售，不过对于账号没有影响。但是如果退货率实在是太高而且不整改的话，也有可能会被亚马逊封号。亚马逊禁售 listing 主要是想提醒商家自查产品，对产品服务进行改进，使其变得更好一些。如果你觉得自己的产品没有什么质量问题，可以重新发布 listing 售卖即可。

4. 客户价值决定营销方向

客户指标是分析客户价值，建立 RFM 价值模型的基础。客户指标有利于商家快速找到有价值的客户，进行精准营销。客户指标包括购买客户数、客单价、老客户指标和新客户指标 4 个方面，如图 6-9 所示。

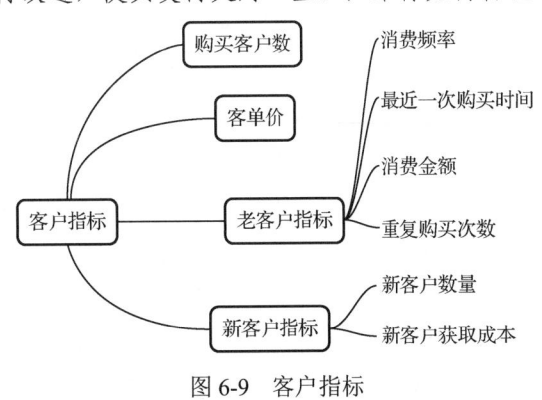

图 6-9 客户指标

【想一想】

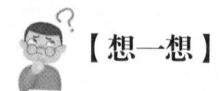

做跨境电商，如何降低客户获取成本？

客户获取成本（Customer Acquisition Cost，CAC），通常是指在获取客户的过程中产生的销售和营销成本。而降低获客成本是任何想要生存并继续创造收入的品牌的一项持续使命。通过 CAC 还能衡量当前的营销策略是否有效。更低的 CAC 也就意味着更多的客户和更高的 ROI。

降低客户获取成本的方法：

（1）确定合适的目标

如果你能越好地定义目标市场，你就能越准确地制定针对该市场的营销目标。通常来说，在产品合适、消息传递正确的前提下，理想买家的 CAC 会低于其他潜在买家的 CAC。因此，关注理想买家，围绕理想买家来调整营销工作，是降低 CAC 的有效方法。

（2）优化客户获取渠道

卖家可以使用一些工具来确定你的客户都在哪些渠道活跃。选择活跃的渠道来获取客户要比一般渠道来获取客户简单得多。这样能够减少你进行数据传递的成本，降低你的 CAC。

（3）重视客户保留率

不要只专注于获取客户，客户保留也很重要。获取一个新的客户比保留现有客户要贵得多。较高的客户流失率也就意味着较高的 CAC。因为你失去了客户，而失去的客户都给你增加了成本。因此，你需要增加客户保留率，找到客户流失的原因，采取措施来防止客户流失，这对你降低 CAC 很有帮助。

（4）提高客户转化率

你可能会花很多钱来吸引流量，但最终目的还是为了让客户实现购买行为。所以也需要去关注有多少客户正在使用你的产品或者服务。解决客户购买过程中遇到的问题，来提高客户转化率。

（5）使用自动化营销

你可以通过自动化营销来加快或者简化一些营销流程。比如邀请邮件、折扣邮件又或者设置一些试读版的白皮书来获取潜在客户的邮箱。

通过自动化的设置，能帮你吸引新客户、减少人工。同时，还能提高品牌的知名度。设置这些快速又容易，能够帮你节省大量的时间和成本。

（6）使用内容营销

你一定听说过"内容为王"。内容营销可以通过提供价值来与客户建立关系，这让你无须花费金钱就可以获得潜在用户。你需要根据买方角色来确定你的关键词内容。使用这个方法能够帮你逐步地增加自然流量并为你带来更多的品牌知名度。

总结：正确的市场定位和客户获取成本的降低对于品牌来说都非常重要。了解获取客户的成本能帮你最大化利润。使用以上这些方法，可以帮你用更有效、更便宜的方式来获取客户。需要注意的是，降低 CAC 并不是你唯一需要注意的指标。渠道流量和用户流失同样会影响店铺的 CAC，所以你一定要综合进行考量。

5. 商品类指标反映市场行情

商品类指标主要分析商品的种类，便于商家建立关联模型，对热销商品与滞销商品进行捆绑销售，带动店铺其他商品的销售。商品类指标包括商品总数指标、商品优势性指标、品牌存量、上架和首发五大类，如图 6-10 所示。

```
                    ┌─ 商品总数指标 ─┬─ SPU数
                    │              └─ 在线SPU数
                    │
                    ├─ 商品优势性指标 ── 独家商品收入比重
                    │
                    ├─ 品牌存量 ─┬─ 品牌数
         商品类指标 ─┤           └─ 在线品牌数
                    │
                    │           ┌─ 上架商品SKU数
                    ├─ 上架 ────┤─ 上架在线SKU数
                    │           │─ 上架商品数
                    │           └─ 上架在线商品数
                    │
                    └─ 首发 ────┬─ 首次上架商品数
                                └─ 首次上架在线商品数
```

图 6-10　商品类指标

【相关知识】

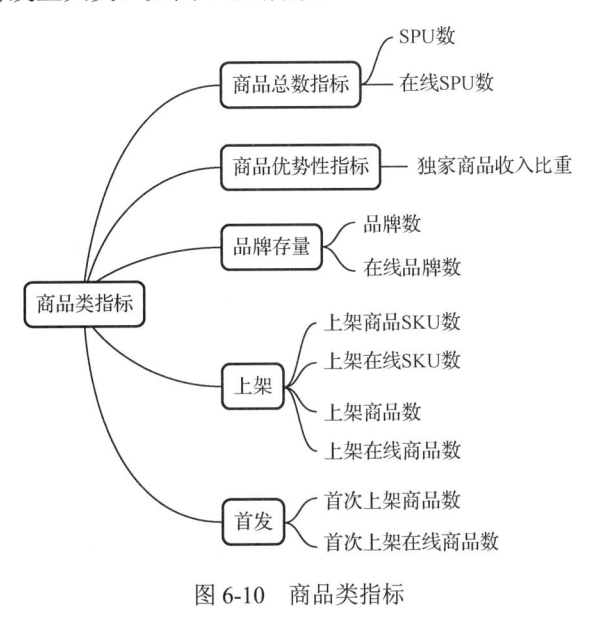

表 6-3　SPU 和 SKU 的介绍及区别

指　标	英 文 全 称	中 文 全 称	内　　涵
SPU	Standard Product Unit	标准化产品单元	SPU 是商品信息聚合的最小单位，是一组可复用、易检索的标准化信息的集合，该集合描述了一个商品的特性。通俗点讲，属性值、特性相同的商品就可以称为一个 SPU
SKU	Stock Keeping Unit	最小库存单位	SKU 即库存进出计量的单位，可以以件、盒、托盘等为单位 SKU 是物理上不可分割的最小库存单元。在使用时要根据不同业态、不同管理模式来处理，在服装、鞋类商品中使用得最多、最普遍

举例说明：

你想要一台华为 P13，店员会继续问：你想要什么性能的华为 P13？16G 银色？64G 白色？每一台华为 P13 的毛重都是 420g，产地也都是中国大陆，这两个属性就属于 SPU 属性。

而容量和颜色，这种会影响价格和库存的属性（比如16G与64G的价格不同，16G银色还有货，金色卖完了）就是SKU属性。

SPU属性：毛重420g，产地中国大陆。

SKU属性：容量为16G、64G、128G，颜色分银、白、玫瑰金。

例如：华为P13可以确定一个商品即为一个SPU。

例如：华为P13银色则是一个SKU。

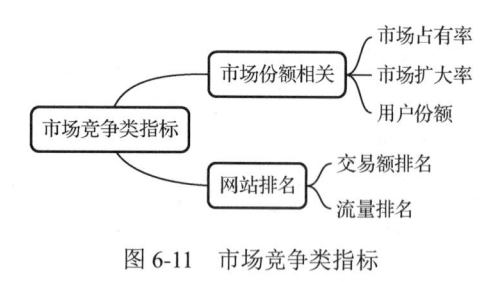

6. 市场竞争类指标反映市场份额

市场竞争类指标主要分析市场份额以及网站排名，有助于进一步优化改进店铺及商品。市场竞争类指标包括市场份额相关与网站排名。市场份额相关的内容包括市场占有率、市场扩大率、用户份额。网站排名包括交易额排名、流量排名，如图6-11所示。

图6-11 市场竞争类指标

（四）跨境电商数据分析工具

1. 选品数据分析工具

（1）海鹰数据

海鹰数据目前主要为亚马逊、Wish、易贝、Lazada以及Shopee五大跨境电商平台上的卖家提供大数据选品、数据监控等数据分析服务，如图6-12所示。

图6-12 海鹰数据

（2）卖家精灵

卖家精灵插件集成Keepa插件、产品查询、关键词反查、关键词挖掘、关键词收录五大功能。卖家在浏览亚马逊畅销榜（Amazon Best Sellers）的同时就能使用卖家精灵插件对畅销产品进行初步的市场分析，迅速判断市场的可行性，如图 6-13 所示。

图 6-13　使用卖家精灵分析亚马逊畅销产品

（3）生意参谋

生意参谋是速卖通基于平台海量数据打造的一款数据产品，如图 6-14 所示。卖家可以根据生意参谋提供的数据，为自己的店铺营销选择方向，以便做出正确的决策。生意参谋中的选品专家以行业为维度，提供行业中热卖产品和热门搜索关键词的数据，让卖家能够查看丰富的热卖产品资讯并多角度分析买家搜索关键词。卖家可以根据速卖通选品专家提供的内容调整产品，优化关键词设置。

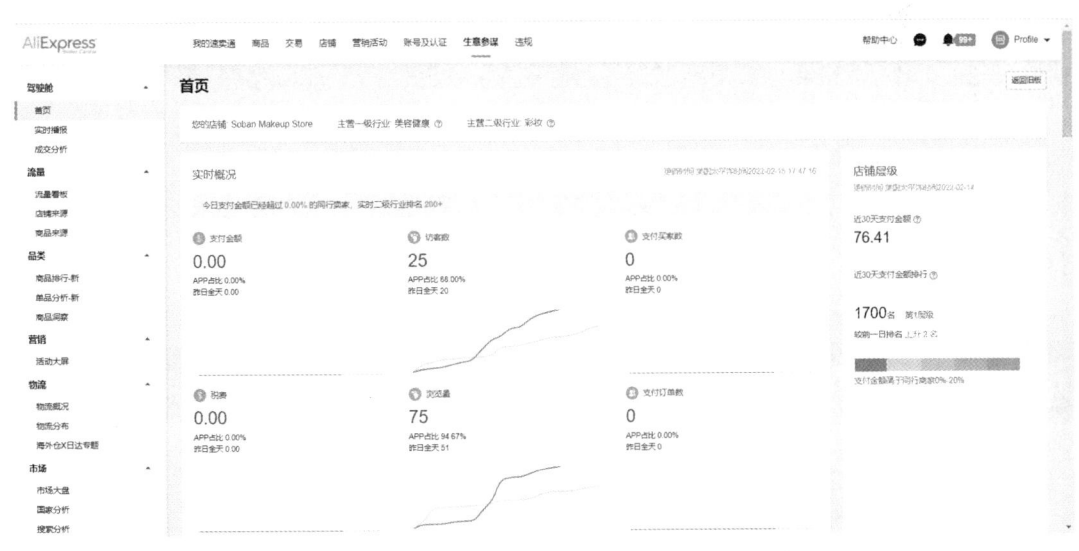

图 6-14　速卖通生意参谋

（4）数据参谋

数据管家行业版全新升级为数据参谋，成为阿里巴巴国际站最核心的数据分析决策工具，不仅优化了原有的数据模块，而且新增了四大参谋帮助商家探市场行情、知流量去向、看产品情报、识优质买家，能指导商家在国家站生意经营中简单、快速地做决策，数字化经营贸易，如图 6-15 所示。

图 6-15　阿里巴巴国际站数据参谋

2．关键词数据分析工具

（1）keyword.io

keyword.io 是一款免费的、很好用的长尾关键词研究工具，帮助我们进行产品调研，如图 6-16 所示。

图 6-16　keword.io 长尾关键词研究工具

（2）MerchantWords

MerchantWords 是一款很好用的关键词调研分析软件，能够匹配出绝大部分我们想要的关键词的搜索量，并且调研的数据很全面，如图 6-17 所示。

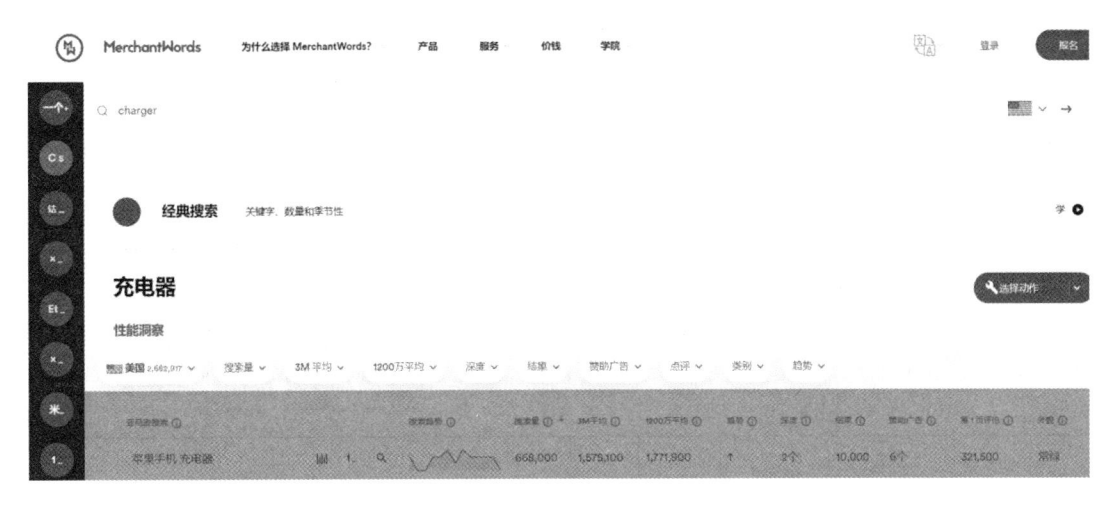

图 6-17　MerchantWords 关键词工具

(3) Keyword Tool

这是免费的长尾关键词工具,如图 6-18 所示,可以查询到亚马逊、易贝等平台上的关键词,但需要付费查看搜索量,这对于关键词延伸很有帮助。

图 6-18　Keyword Tool 关键词工具

(4) Google Keyword Planner

Google Keyword Planner(谷歌关键字规划师)提供了 Google 搜索引擎上的历史搜索数据,用户可以查看不同地区 Google 上每个关键词每月的搜索次数。如图 6-19 所示,用户可通过 Google Ads 账号跳转到 Google Keyword Planner 页面。如果卖家要在亚马逊售货,就一定要优化关键词。这要求卖家知道哪些词搜索率较高,哪些词搜索率相对较低,哪些可能带来较高的转化率,所以卖家需要一个关键词分析工具。但是,应该注意的是,Google Keyword Planner 仅限制已在 Google 上搜索的关键词,并且略微缺乏获取全面信息的能力。

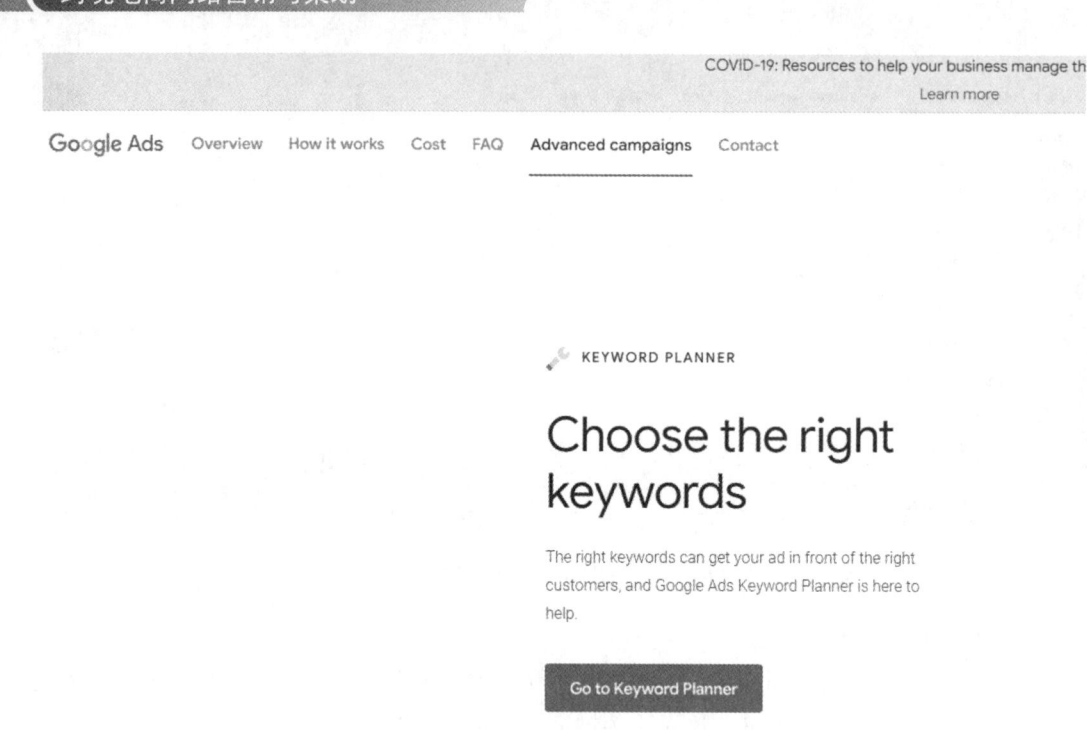

图 6-19　跳转到 Google Keyword Planner 页面

3. 市场数据分析工具

（1）Jungle Scout

Jungle Scout 是跨境电商圈内公认的比较实用的产品调研和市场分析工具，数据分析很全面，整体使用上也很方便，如图 6-20 所示。

图 6-20　Jungle Scout 分析工具

（2）Google Trends

Google Trends 是调研产品和品类发展趋势的最佳工具，可用于选择产品并了解这些产品的热度趋势,如图 6-21 所示。通过查看搜索次数和 Google 中关键词的变化趋势来分析行业的整体趋势表现。同时,该工具还有助于库存管理,卖家可以看到产品淡季在哪里,旺季在哪里,因此可根据往年的情况进行库存。

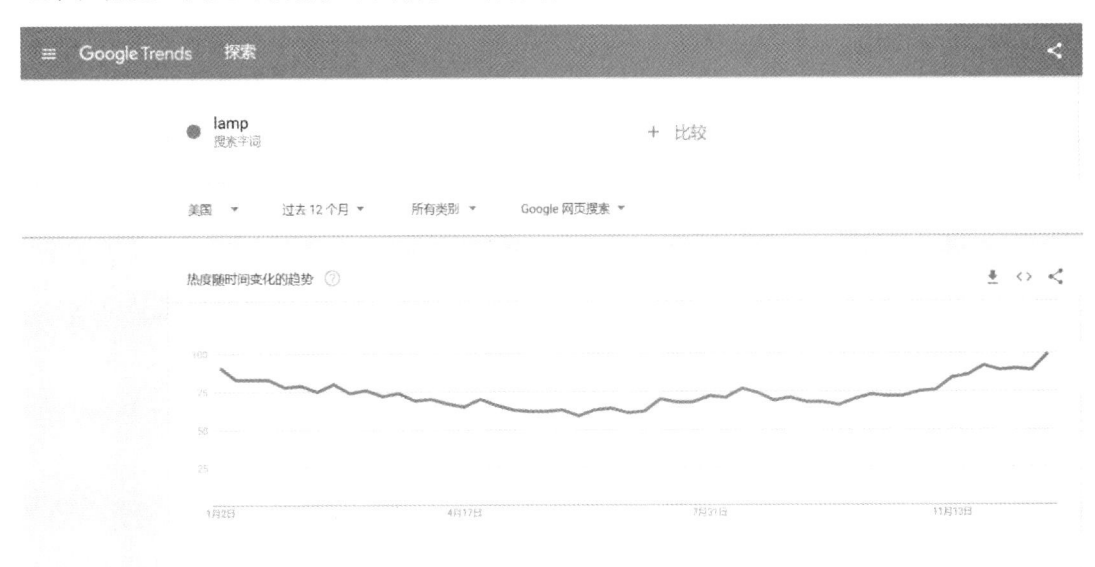

图 6-21　Google Trends 上某产品的热度趋势图

(3) Keepa

Keepa 是一个价格追踪工具,能够实时监测到竞争对手的价格变化情况,如图 6-22 所示。

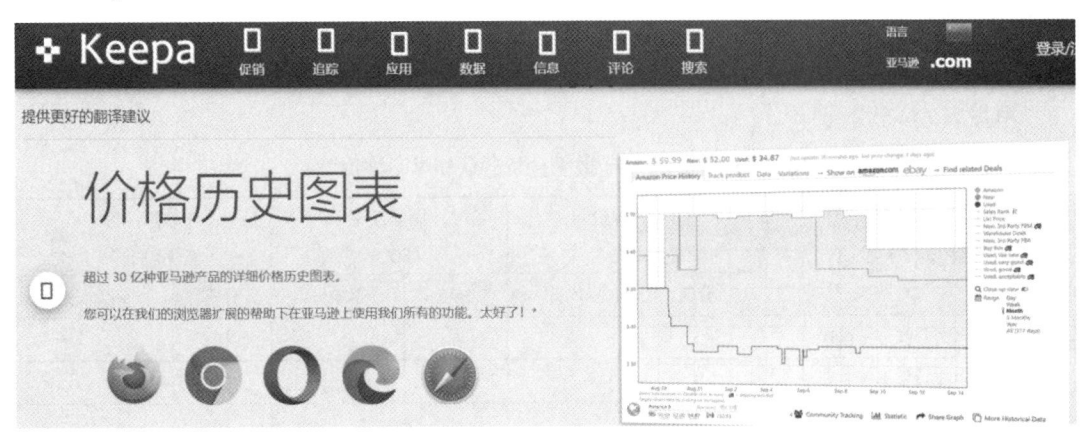

图 6-22　Keepa 价格追踪工具

(4) thereviewindex

thereviewindex 是一个分析商品评论的工具,可以识别产品得分是否受虚假评论影响。卖家可以根据真实评价改善自己的产品,也可以监控竞品。利用 thereviewindex,卖家可以清楚地看到竞品的评论数量、评论关键词、好评和差评的比例等数据,如图 6-23 所示。

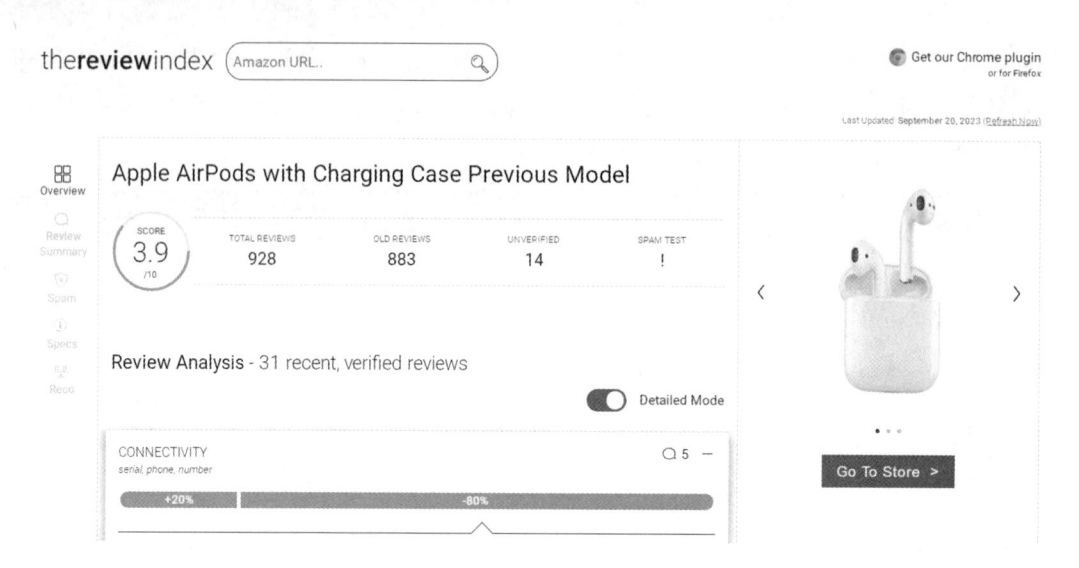

图 6-23 thereviewindex 上的商品评论数据

【任务小结】

通过该任务的学习，学生能了解跨境电商数据分析的目标及步骤，掌握跨境电商数据分析的关键指标。在实际的跨境电商店铺运营中，学会选取合适的数据分析工具采集与分析相关数据，从而提升店铺数据化运营效率。

【任务评价】

根据表 6-4 进行评价。

表 6-4 跨境电商数据分析的认知学习评价表

评价内容	自我评价（30 分）		同学互评（30 分）		教师评价（40 分）	
	分值	平均分	分值	平均分	分值	平均分
跨境电商数据分析概述	5		5		10	
跨境电商数据分析步骤	5		5		10	
跨境电商数据分析指标	10		10		10	
跨境电商数据分析工具	10		10		10	

【拓展实训】

登录海鹰数据网站，采集亚马逊平台北美站家居类目产品数据，通过对产品信息、市场销售数据、价格、评论等数据的处理与分析，完成亚马逊平台北美站家居类目的选品分析。

任务三　跨境电商主流平台店铺数据分析

【学习目标】

◎ **知识目标**

了解跨境电商主流平台店铺数据分析要点。

◎ **技能目标**

1. 能够根据跨境电商店铺需求进行数据采集与分析。
2. 能够根据数据分析结果进行店铺运营调整。

◎ **素质目标**

1. 强化学生数字素养，提升学生数字技能。
2. 培养学生精益求精的工匠精神。

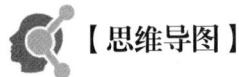

【思维导图】

跨境电商主流平台店铺数据分析
- 速卖通店铺数据分析
- 亚马逊店铺数据分析
- 阿里巴巴国际站店铺数据分析

【任务背景】

跨境电商行业的发展与变化极快，因此市场对商家是否贴近用户需求、是否了解全球市场，以及技术迭代水平是否足够高都有着极高的要求。多平台运营已成为跨境卖家的必选趋势，进行跨境电商市场竞争数据分析，对于出海企业而言是至关重要的。

【任务实施】

（一）速卖通店铺数据分析

1. 行业数据采集与分析

通过对行业市场规模、行业交易量、行业供需指数、行业发展趋势、行业国家分布、客户品牌偏好等的分析，可以帮助企业了解行业发展态势、行业类目下子类目的发展潜力以及行业容量，可以帮助企业对行业发展趋势有个整体了解和判断，为店铺后期发展、销量提升提供运营思路。

(1) 行业数据采集方式

行业数据来源于不同的渠道，目前速卖通采集行业数据的主要来源有站内、站外两大渠道。站内行业数据采集的渠道主要是速卖通前台以及速卖通后台"生意参谋"板块的行业数据，在速卖通前台我们可以通过类目筛选或关键词查找，看到不同类目、不同行业的数据，包括行业在售商品数、价格区间、行业下子行业及产品类型、行业最高销量产品等数据，如图 6-24 所示。

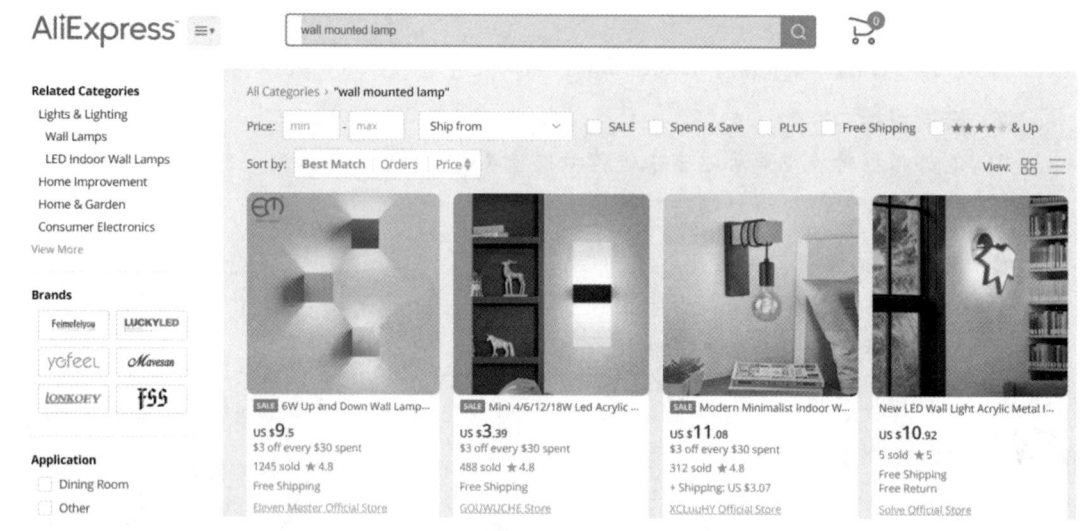

图 6-24　速卖通前台搜索页面

在速卖通后台"生意参谋"页面，我们可以看到整个行业的所有数据，这些数据对产品运营优化都是有价值的，如图 6-25 所示。

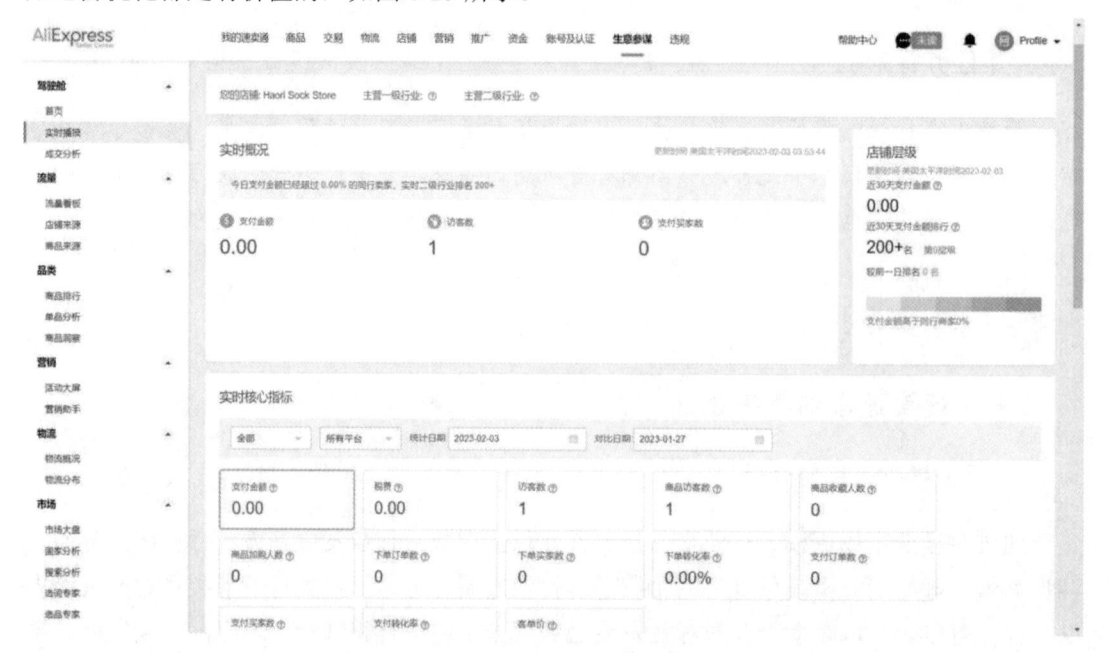

图 6-25　速卖通后台"生意参谋"页面

站外行业数据采集的渠道主要有 Google Trends 和第三方机构。Google Trends 支持通过查看关键词在谷歌的搜索次数及变化趋势，观察该关键词下的行业数据及行业趋势，如图 6-26 所示。这些数据指标主要来自谷歌搜索、谷歌购物、YouTube、谷歌新闻和谷歌图片等。所有搜索结果都以简单的图表呈现，所以数据查看直观简单，而且可以给搜索主题增加比较对象，从而能够直观地看出几个搜索主题之间的差距。此外，第三方机构年度或季度的行业情报也是重要参考。

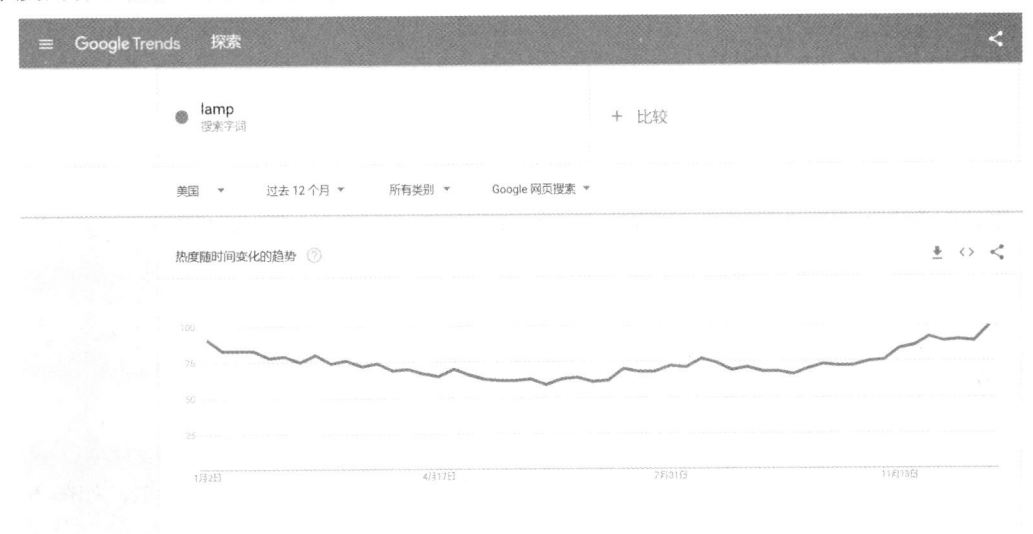

图 6-26　Google Trends 上某关键词的热度趋势图

（2）生意参谋市场数据分析

在"市场大盘"的数据中，我们可以查看不同行业以及其子行业的数据，包括访客指数、浏览商品数、供需指数、客单价等数据，如图 6-27 所示。

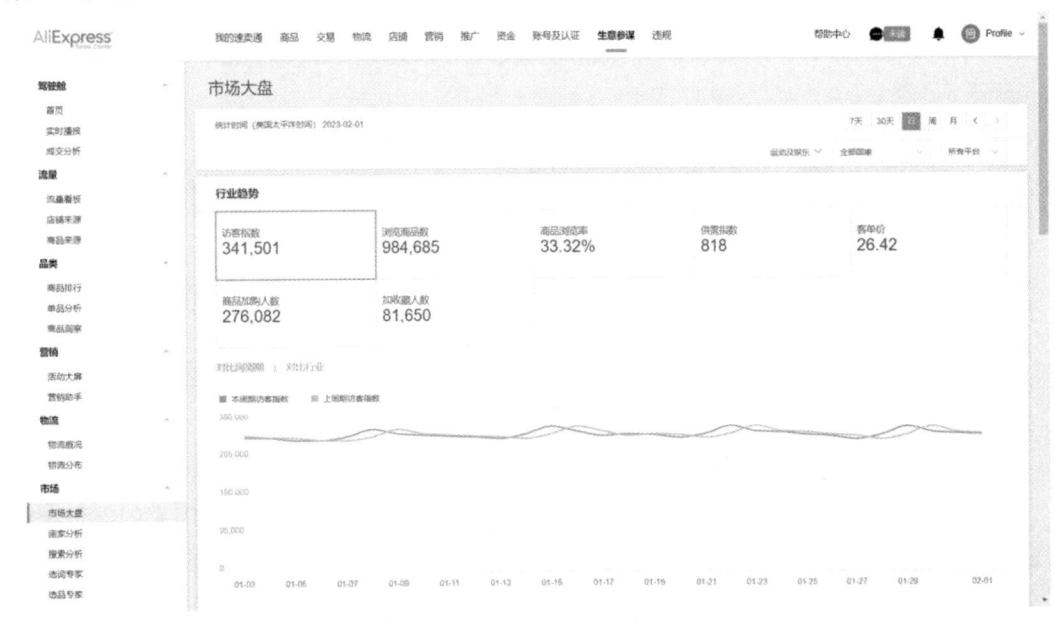

图 6-27　速卖通后台"市场大盘"页面

① 查看“行业构成”数据

在速卖通后台，生意参谋板块的市场大盘页面中，当我们选择行业之后，就可以在下方的“行业构成”部分查看到大行业下排名前 10 的子行业相关数据，比如各个子行业的搜索指数、交易指数、在线商家占比、供需指数、父类目金额占比及客单价数据，如图 6-28 所示。

排名	行业	搜索指数	交易指数	在线商家占比	供需指数	父类目金额占比	客单价	操作
1	项链 30 天前对比	644,832 -2.43%	4,674,238 +3.25%	56.53% +0.02%	347 -3.46%	16.26% -0.79%	8.27 +1.22%	趋势
2	Key Chains 较前30日	582,430 -2.17%	2,724,393 -0.26%	29.94% -0.63%	458 -2.89%	6.04% -6.79%	7.49 -0.53%	趋势
3	Earrings 较前30日	545,948 -0.41%	5,011,677 +3.82%	54.05% +0.07%	299 -1.15%	18.49% +0.27%	7.57 +1.88%	趋势
4	Bracelets 较前30日	510,302 -2.00%	3,766,356 +4.19%	51.63% -0.29%	278 -2.83%	10.94% +0.92%	8.87 +3.26%	趋势
5	Rings 较前30日	502,072 -1.37%	3,703,651 +2.69%	44.68% -0.29%	303 -2.18%	10.60% -1.76%	6.59 +4.27%	趋势
6	Brooches 较前30日	473,121 -1.35%	2,264,471 +3.24%	26.90% -0.85%	384 -1.80%	4.30% -0.92%	9.03 +1.80%	趋势
7	Charms	350,177	2,163,941	16.65%	369	3.96%	12.24	趋势

图 6-28　速卖通后台“行业构成”页面

② 查看“国家构成”数据

在“国家构成”板块下可以查看到所选行业或子行业的热门销售国家数据，如图 6-29 所示。

统计时间（美国太平洋时间） 2022-05-13 ~ 2022-06-11　　7天　30天　日　周　月

新奇特及特...play服装　全部国家　APP

国家构成

排名	国家&地区	访客指数	浏览商品数	商品浏览率	供需指数	客单价	商品加购人数	加收藏人数	操作
1	俄罗斯 较前30日	243,183 +5.01%	966,574 +5.46%	24.50% +8.22%	185 +5.51%	37.11 +3.83%	100,811 +14.02%	102,302 +12.13%	趋势
2	巴西 较前30日	140,942 +2.26%	625,418 +6.29%	24.68% +1.02%	86 +0.89%	47.08 +4.93%	29,648 +9.10%	51,086 +7.84%	趋势
3	美国 较前30日	134,424 +0.05%	698,818 +7.82%	22.24% +4.17%	83 -2.04%	56.27 +0.64%	49,287 +3.95%	69,622 +9.22%	趋势
4	法国 较前30日	126,285 -2.88%	551,693 +0.58%	21.49% +0.75%	81 -4.24%	39.96 +0.28%	39,289 -3.47%	31,809 -1.13%	趋势
5	西班牙 较前30日	125,267 -5.82%	456,055 -6.83%	20.34% +0.89%	79 -8.69%	32.03 -2.59%	24,653 -9.83%	24,200 -8.69%	趋势
6	智利 较前30日	115,523 +1.53%	513,079 +5.66%	23.47% +8.01%	67 -0.75%	42.43 -3.19%	26,342 +5.13%	34,205 +8.21%	趋势
7	墨西哥 较前30日	114,516 +2.69%	521,223 +7.56%	24.46% +4.75%	64 +1.32%	43.49 -7.11%	24,808 +7.54%	48,839 +10.96%	趋势
8	大韩民国 较前30日	74,332 +1.62%	217,603 +14.01%	16.29% +5.44%	42 +0.18%	36.92 +14.80%	7,680 +10.27%	7,613 +13.41%	趋势
9	意大利 较前30日	72,845 -6.83%	290,638 -7.28%	18.43% -2.02%	42 -8.62%	45.52 -5.36%	12,256 -12.27%	13,544 -10.19%	趋势
10	德国 较前30日	71,495 +0.27%	298,240 +4.24%	17.97% +1.18%	41 -0.32%	53.13 -2.05%	12,109 +3.29%	14,760 +5.50%	趋势

图 6-29　速卖通后台“国家构成”页面

③ 查看“国家分析”数据

通过“国家分析”中的“机会国家”数据可看出热门国家或全球其他国家的支付金额占比、上升指数等信息，从而确认哪些国家存在潜力市场，如图 6-30 所示。

图 6-30 速卖通后台"国家分析"页面

④ 查看"搜索分析"数据

"搜索分析"里可以看到几个重点数据，也是跟行业大盘里相关的，搜索词是指买家搜索产品时的关键词，分析"搜索人气"及"搜索指数"可以了解哪些产品类型是热度高的产品，如图 6-31 所示。

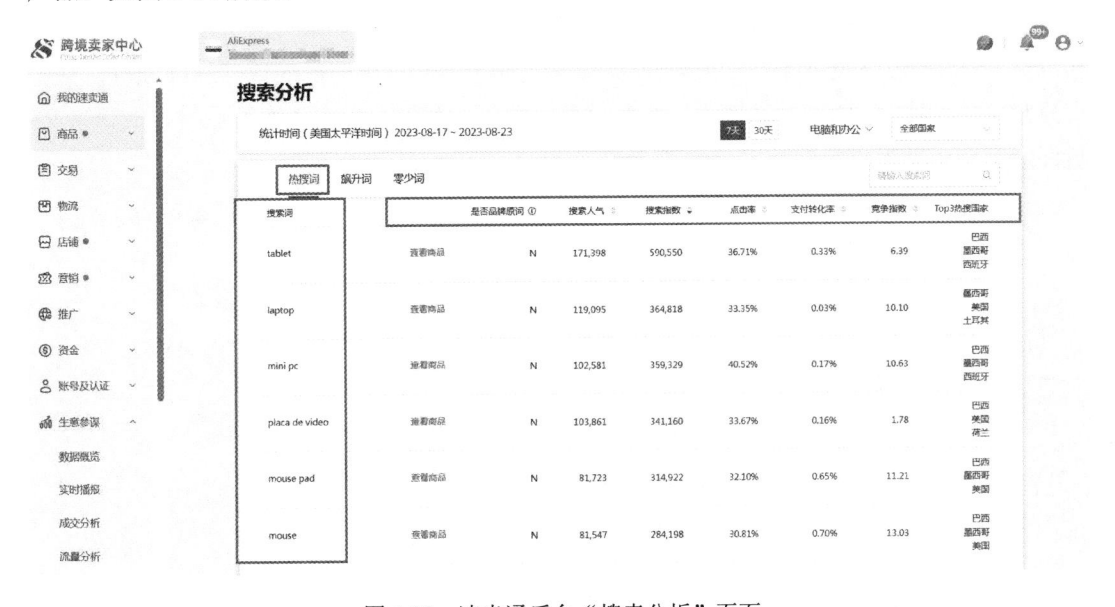

图 6-31 速卖通后台"搜索分析"页面

⑤ 查看"选词专家"数据

"选词专家"的板块里面是一些近期热搜的产品关键词，可以通过对这些热搜词、飙升词的分析，来了解什么类型的产品热度高、转化率高，以及产品的趋势如何，如图 6-32 所示。

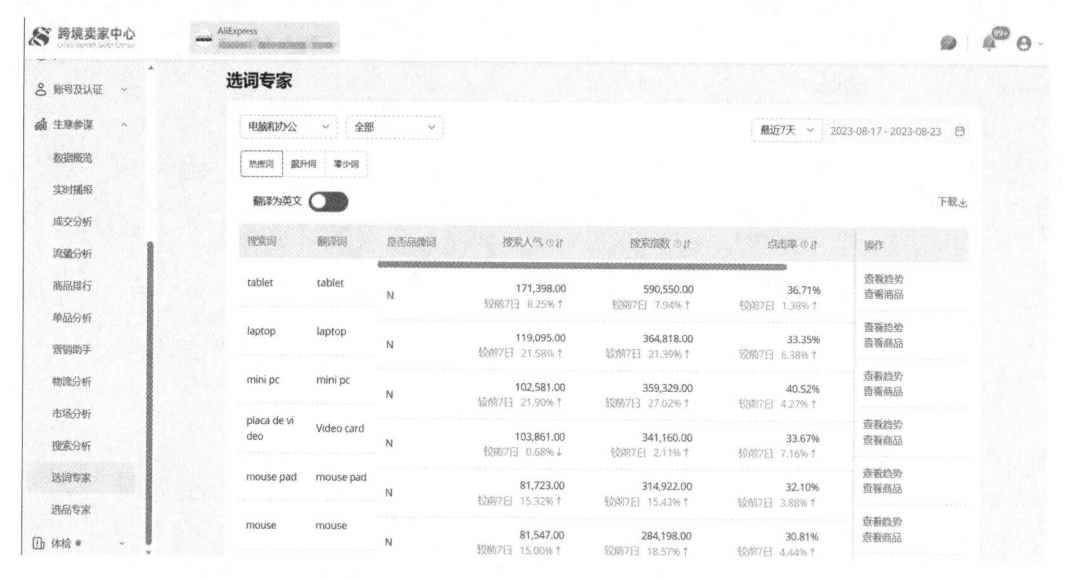

图 6-32　速卖通后台"选词专家"页面

⑥ 市场需求量分析

速卖通店铺在运营过程中需要时刻关注市场需求量的变化，这可以帮助速卖通商家了解买家需求的变化，从而能够及时调整店铺商品布局。市场需求有些季节性比较强，随着季节的变化而变化，如服饰类目；有的受节日影响比较大，如气球、LED 灯等节庆用品。同时，平台的大型促销活动也会影响市场需求，如"双十一""618"等活动。在进行市场需求量变化趋势分析的时候，我们需要结合速卖通平台一段时间内的数据进行分析，主要观察和分析"搜索指数"和"支付指数"这两组数据。我们可以在速卖通后台"生意参谋"页面观察到"搜索指数"数据，如图 6-33 所示。

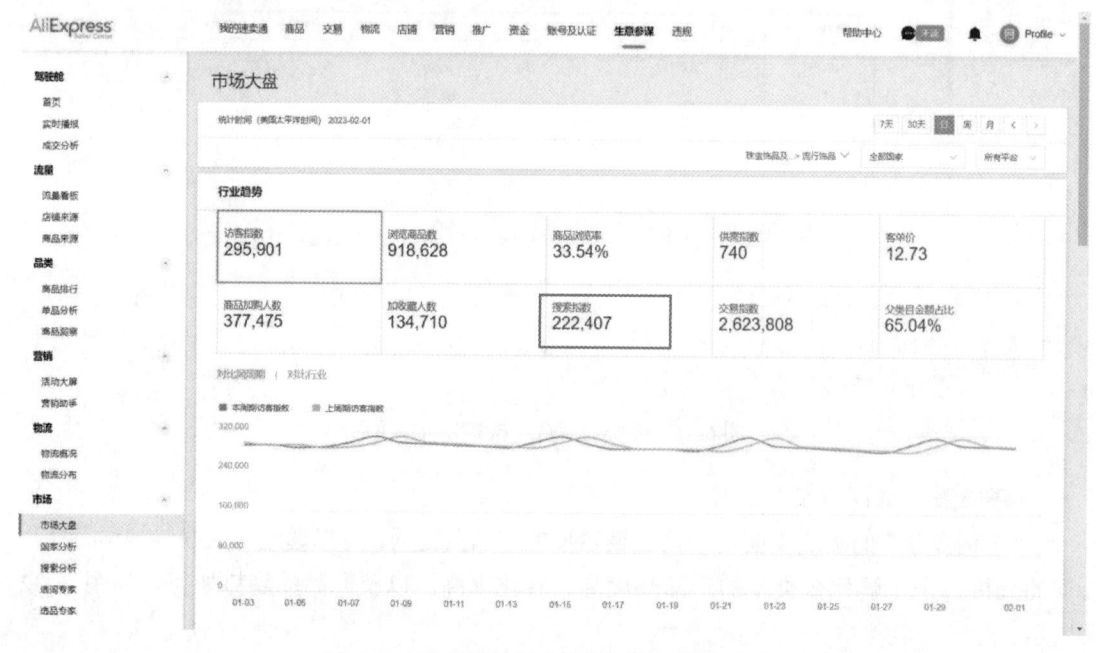

图 6-33　速卖通后台"搜索指数"数据页面

通过图 6-33 可以分析出，该行业的"搜索指数"在近 30 天内呈现较平稳趋势，说明近 30 天买家对该类产品的需求量较稳定，并未受季节、气候等其他因素的影响。

2．竞品数据采集与分析

在速卖通平台上，根据买家的搜索习惯及浏览习惯，不论买家是通过关键词搜索，还是类目浏览，或是产品推荐，第一时间浏览的基本是单个商品，然后才进入店铺浏览，所以能够吸引买家的首先是单品。为了提升单品的市场竞争力，卖家需要确定自身产品的竞品，并对竞品数据进行多维度观察分析。通过分析，了解产品的价格、基本属性、销量情况、营销活动、商品评价、详情页设计等，找出自身产品与竞品之间的差距，取长补短，提升自身产品的流量及销量，进一步了解竞品和市场动态，在市场竞争中掌握更多的主动权。

（1）竞争对手确定

① 通过产品类目识别竞争对手

速卖通平台上，产品会根据所属行业的不同，被分在不同的类目下，这也就意味着，同一个类目下的产品一般互为替代品，所以会产生最直接的竞争关系。

如图 6-34 所示，在速卖通平台首页，通过经营类目下子类目的搜索，可以找到同一类目下的其他产品和商家。

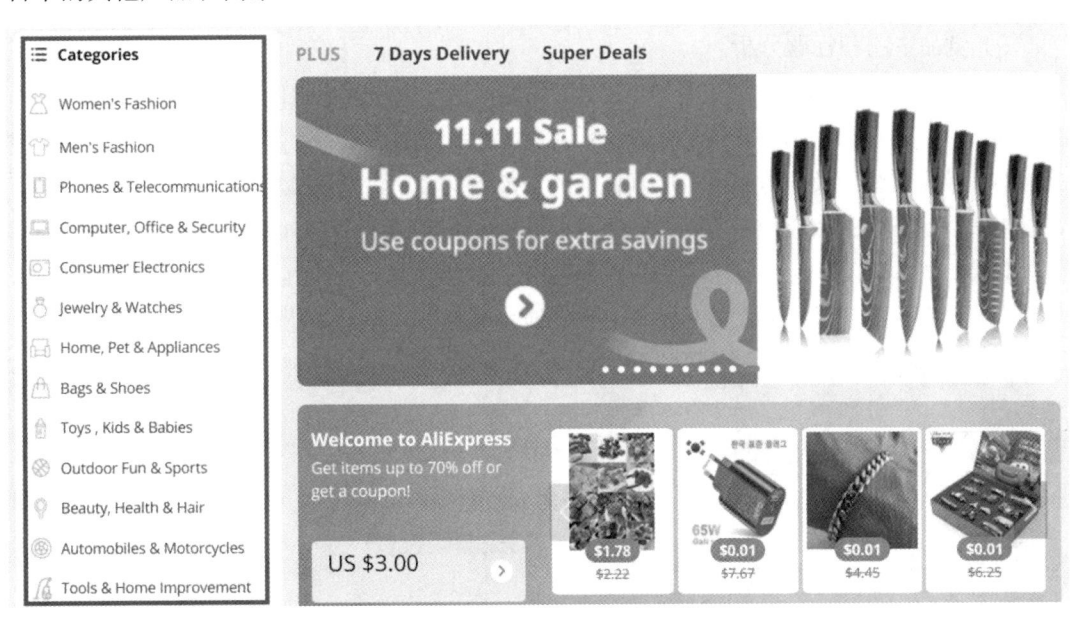

图 6-34　速卖通平台"产品类目"页面

② 通过产品关键词识别竞争对手

可以通过经营类目产品的关键词在速卖通平台上搜索与我们经营的类目最相似的卖家，再通过添加更具体的产品属性使得竞争对手更为精确。

如图 6-35 所示，在搜索框内输入"wall mounted lamp"，可以得到大量的搜索结果，也就找到了同品类下大量的竞争对手，然后我们可以通过应用场景等属性，进一步识别竞争对手。

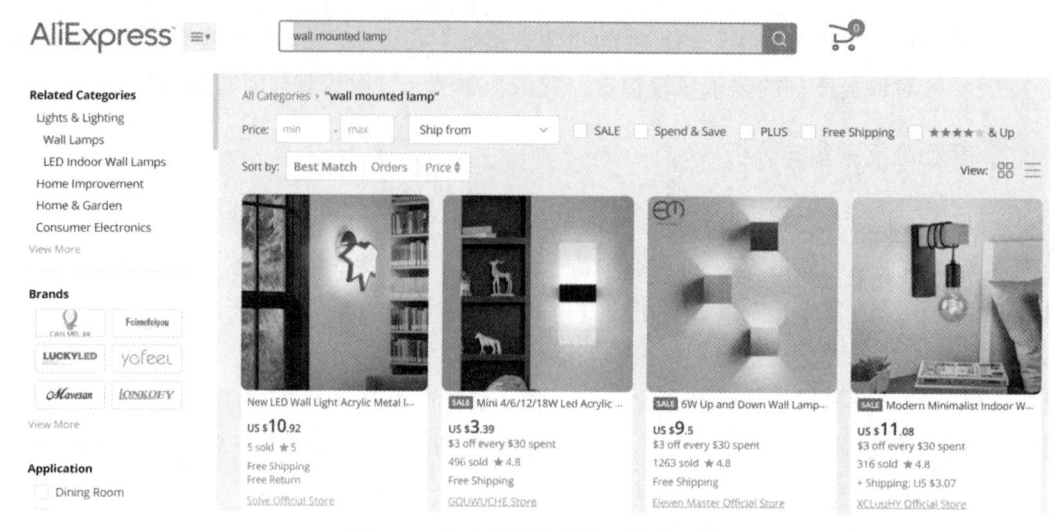

图 6-35　速卖通平台关键词搜索页面

（2）竞品分析的内容

我们在做竞品分析时，需要对一些数据进行观察并加以记录。一般我们可以从竞品本身获得所需数据，如竞品自身信息，包括竞品性能、竞品卖点、竞品优势等数据，以及竞品的运营信息，如用户群体覆盖及市场占有率、运营策略、活动策略等信息。

① 竞品主图和标题分析

标题在 listing 中具有举足轻重的作用，商品的标题可以体现出该商品的属性以及特性，而主图可以直观体现出商品的款式及优点。所以观察竞品的标题及图片，不仅能够看到竞品的款式特点、产品属性以及优势，还可以确认竞品与描述是否一致。商品标题与图片匹配度越高，越能增加买家下单的信心，提高下单转化率。如果标题展示的属性与商品不符，则会影响商品的转化率。如图 6-36 所示，分析竞品的主图展示的主要信息，以及其他五张图是如何展示的，从而在上架商品的时候能够在商品图片中更好地突出自己的卖点，进行图片布局。

图 6-36　速卖通竞品标题和主图页面

同时，对自己的商品标题进行分析，优化标题以及主图，确保自己的标题展示的属性与主图展示出来的信息相匹配。也可以参考竞品标题里面的热搜词、长尾关键词以及一些属性热词。

【相关知识】

跨境电商中 listing 的含义

跨境电商的 listing 就是一个产品页面，一件商品一个页面。listing 包含六大要素，即产品标题、产品图片、产品主要功能与特征、产品描述、产品评论和产品评级。不进行 listing 的优化，产品排名会很低，这样消费者便看不到你的 listing，便不会有流量，没有流量就不会有订单。卖家遵循 listing 中每一个要素的优化要点进行操作，提升 listing 排名应该不会有太大的问题。

② 竞品价格分析

商品价格是大部分客户下单时候最重要的参考因素。在进行选购前，多数买家已经有一个心理预期价格，所以卖家需要对比分析自己商品与竞品的价格。如果单品价格远高于竞品价格，那么自己商品的竞争力就会下降。

分析竞品价格时，卖家要确认竞品的价格自己是否能做到，还要分析竞品价格低的原因，思考自己的哪些卖点能赋予商品更高的价值。一般情况下，卖家需要权衡是要单个商品的利润还是要总的利润。单个商品的利润率高，单量少；单个商品的利润率低，单量多。

所以我们在对比分析之后，可以结合目标客户群体，对商品价格进行调整，提高商品的转化率，以提高自身商品及店铺的市场竞争力。

③ 竞品收藏数分析

收藏数指的是在浏览商品时点击收藏商品的买家数，它从侧面反映了商品受买家喜爱的程度，如图 6-37 所示。卖家做竞品分析时，可以进入竞品详情页面，观察和采集竞品的收藏数，对比自身商品，找出差距。卖家可以以周为单位，统计竞品及自身商品每周收藏数量，然后将数据制作成折线图，以便观察竞品及自身商品收藏数量的变化趋势。

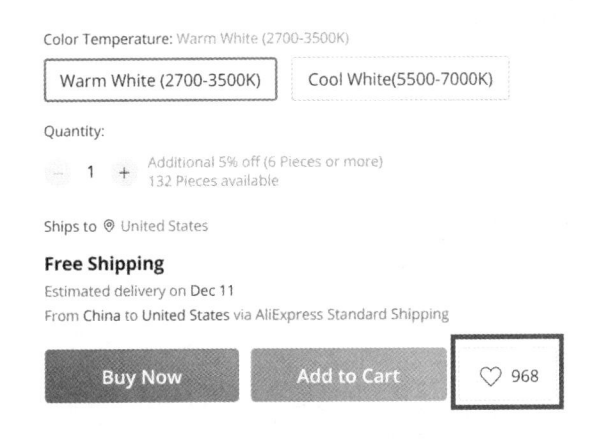

图 6-37 速卖通竞品收藏数页面

④ 竞品活动优惠分析

活动和优惠分析，即分析竞品有没有设置店铺优惠活动，如店铺优惠券、满减活动等，以及有没有报名平台活动，了解优惠活动的力度以及时间安排，如图6-38所示。同时，也可以观察竞品是否加入了平台权益计划。店铺优惠活动可以提高商品转化率，而加入平台的一些权益计划将获得额外的打标、曝光等权益。通过竞品分析，我们在运营自身商品的过程中，可以提供营销推广活动设置方面的参考，此外，也可以在优惠方式的设置上，与竞品区分开来，以获得更多展示机会。

图6-38 速卖通竞品活动优惠页面

⑤ 竞品销量分析

进行竞品分析的目的是优化自身商品，提升自身商品的销量，因此商品订单量分析是竞品分析的重点。在商品详情页面，可以直接看到该商品近6个月的订单量，如图6-39所示。

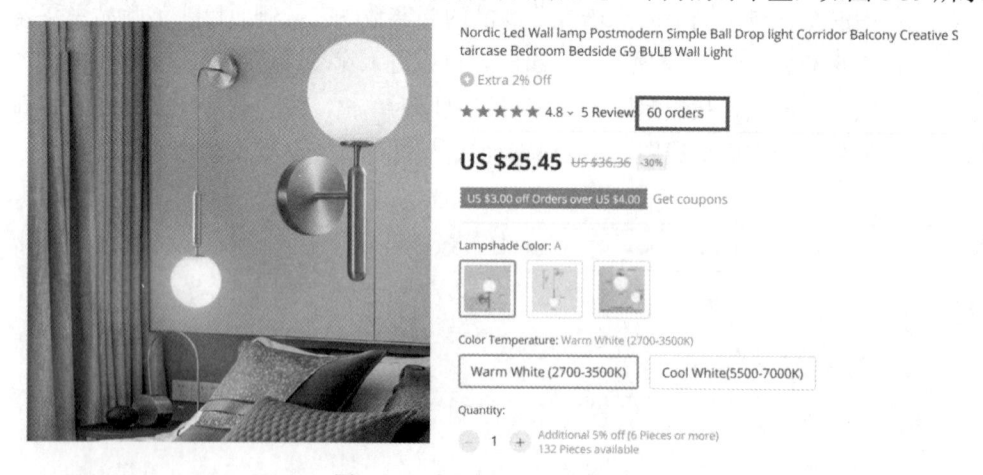

图6-39 速卖通竞品销量页面

⑥ 竞品运费模板分析

查看竞品的物流模板，你可以查看竞品选择了哪些物流方式，是否包邮，是否需要补运费差价，如图6-40所示。一方面，可以给我们选择物流方式、设置运费模板提供参考；

另一方面,也可以给我们设置运费补差价提供思路。有些买家愿意为了更快收到商品而付费,所以运费补差价也可以参考。

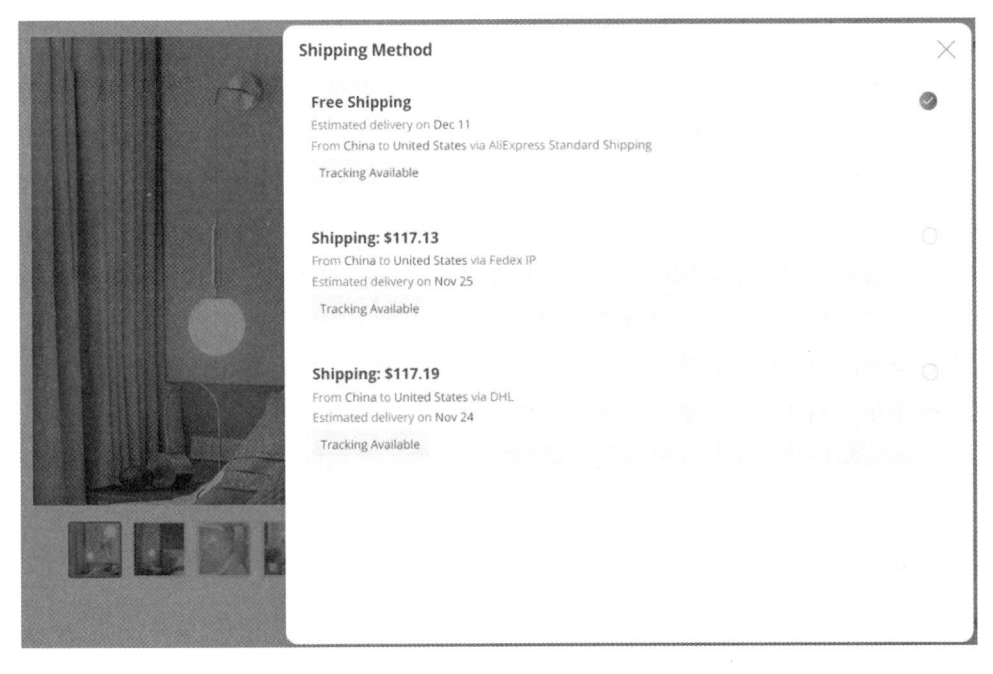

图 6-40 速卖通竞品运费模板页面

⑦ 竞品属性分析

如图 6-41 所示,卖家发布商品时,会填写商品属性。商品属性分为系统属性和自定义属性,商品属性的匹配度有可能会影响商品的搜索排名,所以商品属性填写得越匹配越好。我们在查看竞品属性的时候,一方面可以了解竞品的功能、材质、卖点等信息,从而了解自身商品与竞品之间的差异;另一方面我们在编辑商品属性时可以参考竞品的系统属性以及自定义属性,不一定要一模一样,但是可以参考竞品属性的全面性,自定义属性也建议填写。

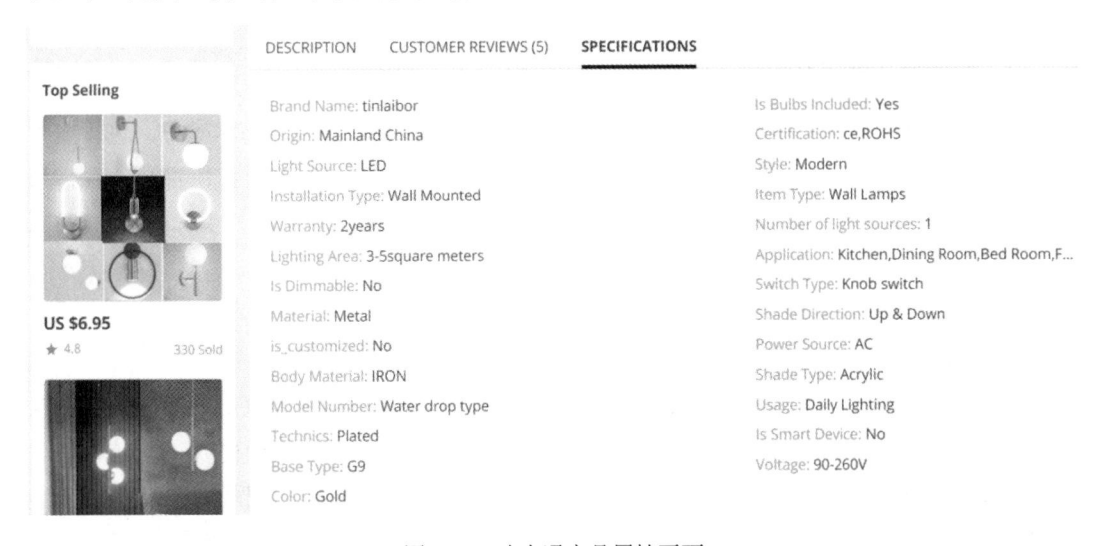

图 6-41 速卖通竞品属性页面

【想一想】

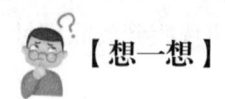

竞品属性分析应该关注哪些点？

分析一下如图 6-41 所示的商品的属性，说一说该商品的使用场景有哪些。作为消费者，你会关注该商品的哪些属性？请说明原因。

⑧ 竞品评价分析

如图 6-42 所示，综合分析竞品的订单评价，不仅要关注竞品的好评，还需要关注竞品的差评及买家秀。在买家好评中，我们可以了解买家认可的部分，提取竞品的卖点，从而取其长处，优化自身商品。在差评中，我们可以看出买家不满意的部分，如此一来，我们在上架自身商品的时候可以提前规避可能给商品带来差评的部分。而在买家秀中，我们可以看出竞争对手的商品包装信息、是否有赠品等，从而确定自己发货的时候需要怎么做。对比分析竞品和自身商品的订单评价，可以为自身商品或店铺服务的优化创新提供思路。

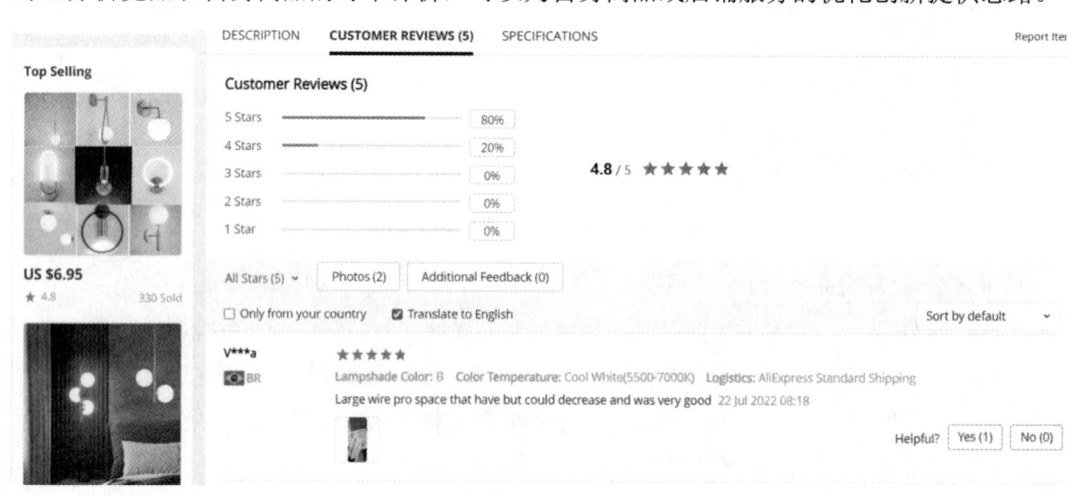

图 6-42　速卖通竞品评价页面

3. 店铺运营数据分析

在速卖通后台的"生意参谋"板块，我们可以在首页查看到店铺基本概况，包含实时概况、整体看板、流量看板、转化看板、客单看板及物流看板。在实时概况部分，我们可以观察到店铺实时数据、店铺层级、实时商品访客数、实时商品支付榜、实时国家访客榜、实时国家支付榜等模块数据。

（1）店铺流量数据分析

① 流量看板

如图 6-43 所示，在"流量看板"模块可以从日、周、月不同维度查看到店铺的数据及变化趋势，比如店铺访客数、浏览量、跳失率、人均浏览量、平均停留时长、新访客数和新访客数占比等。通过这些数据及其变化趋势，卖家可以了解店铺的表现情况。

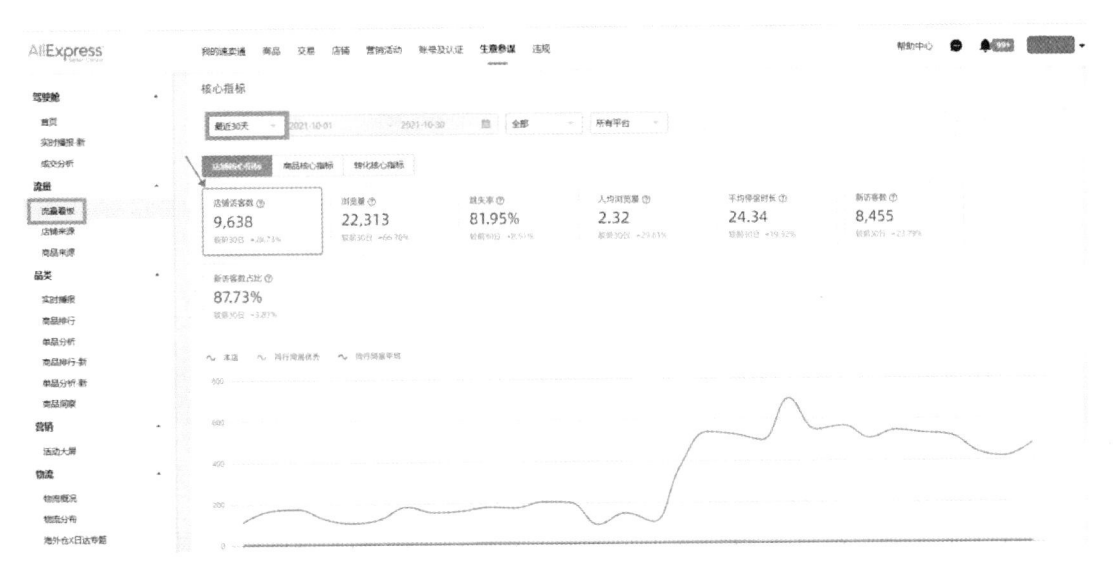

图 6-43　速卖通后台"流量看板"数据页面

如图 6-44 所示，还可以查看自身店铺与同行同层平均、同行同层优秀的对比数据，从而了解自身店铺所处位置。同行同层平均指店铺所在的主营二级类目中，处于行业 60%分位的同行的指标值，超过这个指标值，意味着自己的店铺处于行业前 40%范围内，表现相对优秀，反之则说明店铺还未进入行业前 40%范围内。同行同层优秀指店铺所在的主营二级类目中，处于行业 90%分位的同行的指标值，超过这个指标值，意味着自身处于行业前 10%范围内，店铺表现优异。

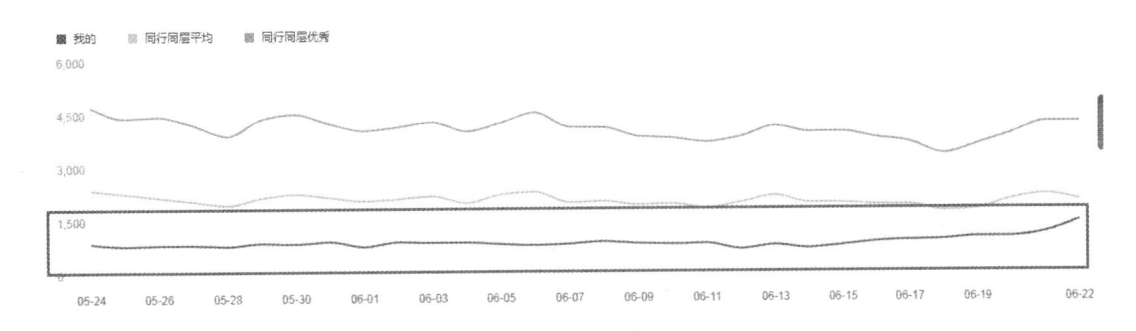

图 6-44　速卖通后台流量对比数据

② 店铺来源

在该页面，可以以实时、日、周、月的不同时间维度查看店铺访客来源、访客数量及访客占比，还可以查看流量变化趋势。通过这些数据能够清楚地看到不同来源路径的访客数及访客数占比，并且了解不同来源路径访客数的变化趋势，从而确认店铺哪些来源路径能带来大量访客，需要继续维持；哪些流量来源路径访客数很少，可以进行优化，提升该来源路径访客量。

如图 6-45 所示，我们可以看出，通过内容、社交进来的访客数较少，而内容主要指的是 feed、短视频等渠道，所以如果想要提高访客数，可以尝试在 feed 频道发帖、发布短视频，或者在社交平台实行老带新、裂变券等方式。

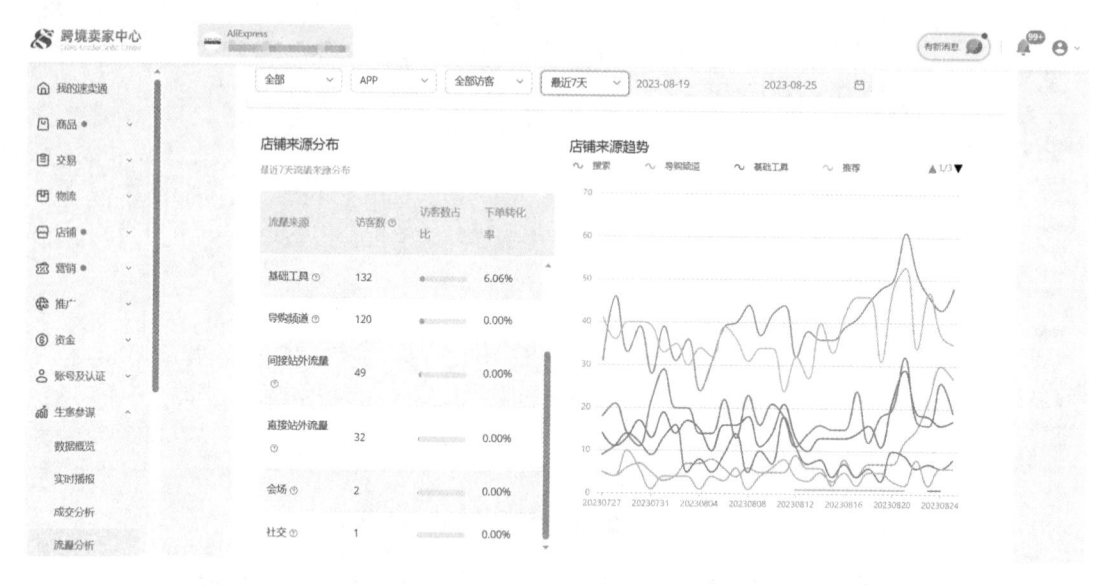

图 6-45　速卖通后台店铺来源趋势

③ 商品来源

在商品来源页面中，可搜索查看商品的流量变化，进入商品来源页面可以对商品粒度各渠道流量进行分析，通过分析核心商品的数据变化并做出策略调整。

如图 6-46 所示，搜索输入商品 ID 找到对应商品的流量变化，点击趋势，可重点查看该商品核心渠道下访客数、商品收藏人数、商品加购人数的变化。

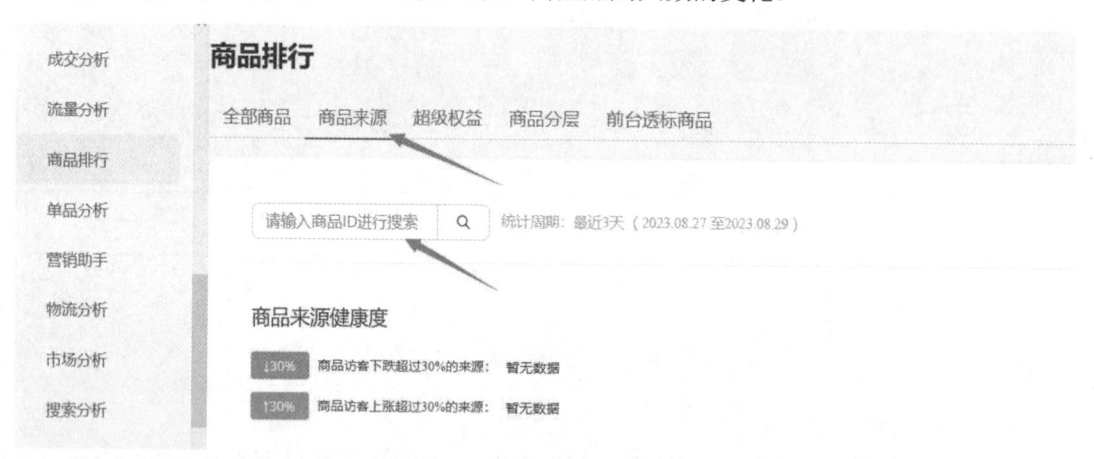

图 6-46　速卖通后台商品来源趋势

（2）店铺商品数据分析

① 实时商品排行

如图 6-47 所示，实时商品排行页面可以展示店铺商品的支付榜、访客榜数据，可以查看访客榜前 100 的单品的相关数据。该页面支持数据下载及历史数据查看。

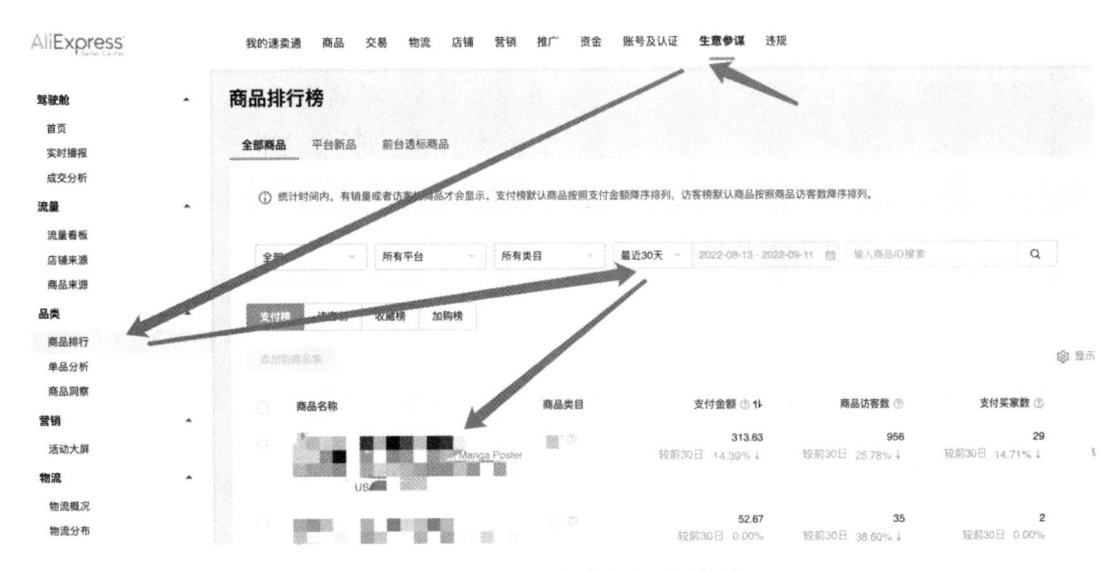

图 6-47 速卖通后台商品实时排行情况

② 商品核心数据指标趋势

如图 6-48 所示，商品核心数据包括流量数据、互动数据和支付数据，流量数据主要和商品的排名有关，而商品的排名权重又和上百种灰度的指标有关。

图 6-48 速卖通单品分析——商品核心数据指标及趋势

如果商品的曝光量呈现下降趋势，而大盘又没有下降的情况下，那么就是你的商品排名被下调了。这个时候我们要去分析商品最近的转化率是否有所下降，或者商品的价格是否有变动，以及商品的上网率是否有问题，并通过优化点击率来维持流量的平稳。

③ 商品搜索关键词数据分析

我们发布的商品主要通过英语展示出来，但是有些国家的商品数据表现会特别好，因此我们也要关注关键词的语种。如图 6-49 所示，关键词按搜索曝光量降序排列，由大词逐步变成长尾词。通过分析我们可以在确保语序通顺的前提下把搜索曝光量高的关键词放入标题的前 60 个字符，提高商品搜索曝光率。

图 6-49　速卖通单品分析——搜索关键词

④ 商品服务表现数据分析

如图 6-50 所示，商品服务表现数据支持按自然日维度查看商品的成交不卖率、上网率、未收到货纠纷率等服务信息。我们可以通过商品服务表现数据提前知道商品在报名活动前是否符合活动要求，并且有针对性地优化商品服务能力。

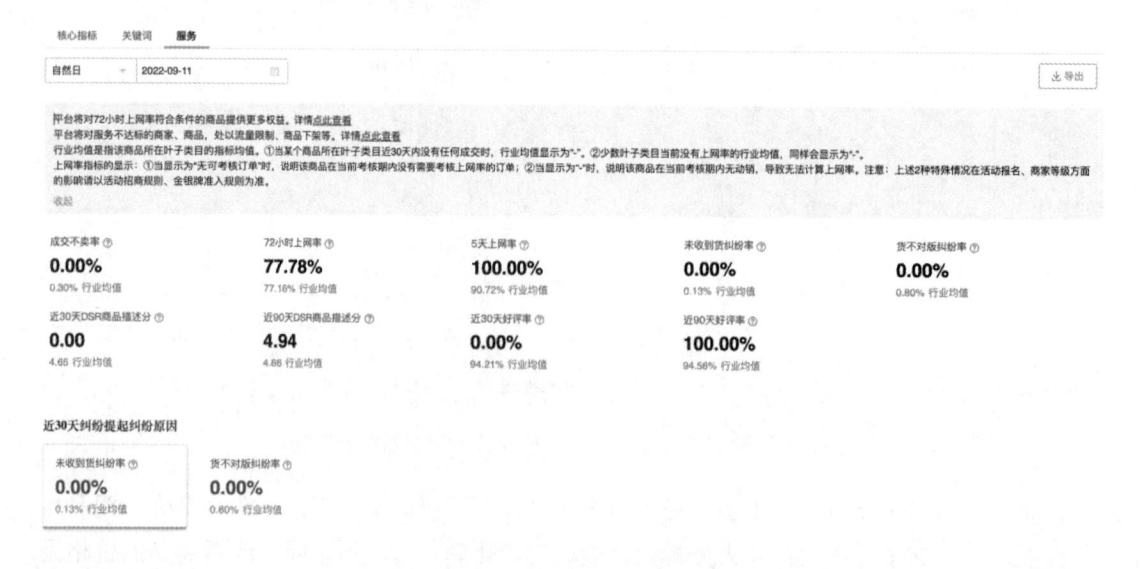

图 6-50　速卖通单品分析——商品服务表现

⑤ 商品访客数据分析

如图 6-51 所示，我们可以看到按照国家表现出来的商品访客数和支付金额等数据。我们还可以发现，这款商品大部分的访客来自法国、俄罗斯、美国，并且法国的支付金额占比最大。因此，我们可以把商品标题用多国语言设置，尤其是法语。此外，还可以在商品的主图或详情页中加入一定的法语描述，从而有效提高转化率和点击率。

国家/地区	商品访客数	访客数占比	支付金额	支付金额占比	支付买家数	商品加购人数	件单价
全部	956	100.00%	$ 313.63	100.00%	29	145	$ 10.81
法国	239	25.00%	$ 207.37	66.12%	20	41	$ 10.37
俄罗斯	195	20.40%	$ 30.78	9.81%	3	26	$ 10.26
美国	69	7.22%	$ 0.00	0.00%	0	8	$ 0.00
西班牙	43	4.50%	$ 0.00	0.00%	0	5	$ 0.00
墨西哥	35	3.66%	$ 0.00	0.00%	0	3	$ 0.00
沙特阿拉伯	34	3.56%	$ 0.00	0.00%	0	7	$ 0.00
波兰	30	3.14%	$ 0.00	0.00%	0	1	$ 0.00
意大利	25	2.62%	$ 0.00	0.00%	0	2	$ 0.00
乌克兰	24	2.51%	$ 0.00	0.00%	0	2	$ 0.00

图 6-51　速卖通单品分析——商品访客数据

（3）店铺物流数据分析

① 物流单量

如图 6-52 所示，我们可以查看所选支付日期截至最近统计时间的物流运行数据。可以通过日、周、月不同时间维度查看支付订单量、发货订单量、上网订单量、签收订单量数据。按照支付日期统计支付订单量、发货订单量、上网订单量及签收订单量。支持通过图片形式或表格形式展示。

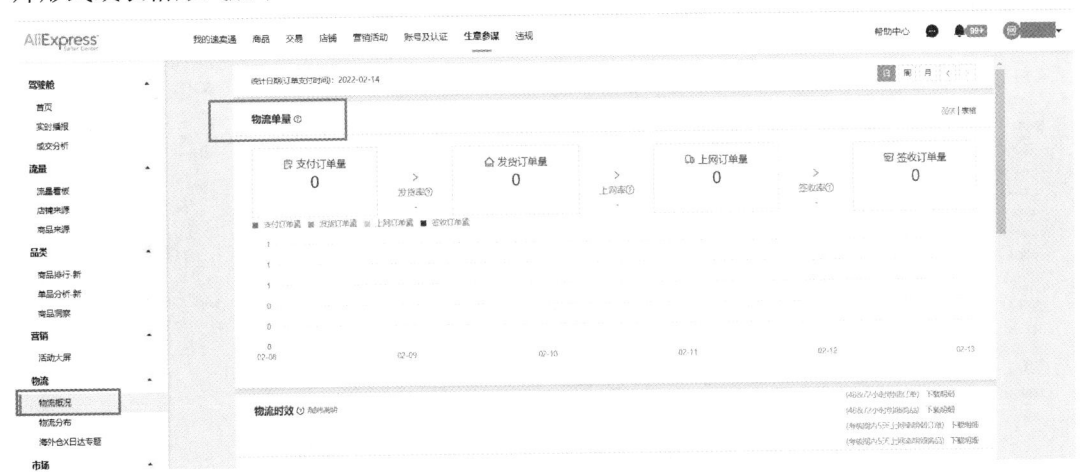

图 6-52　速卖通后台物流单量数据

② 物流时效

如图 6-53 所示，我们可以查看店铺订单物流时效数据，包括 48 小时上网率、72 小时上网率及 5 天上网率。该页面数据统计日期均为当前日期下往前推 7 天的近 30 天的订单数据，如当前日期为 9 月 15 日，则统计订单为 9 月 8 日前近 30 天的订单数据。同时通过与同行优秀、同行平均数据的对比，卖家可以找出自身店铺物流时效的不足之处，提升店铺物流时效，优化买家体验。

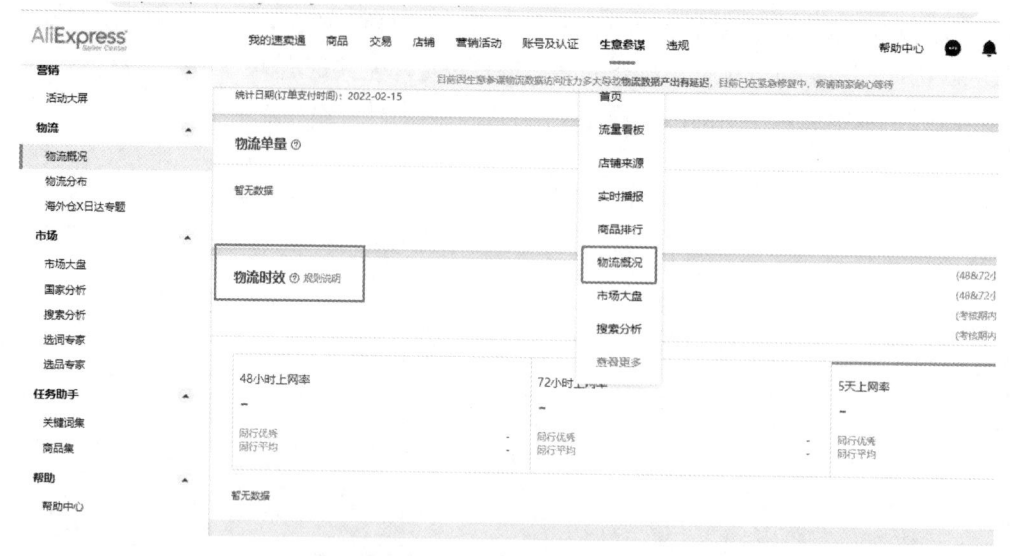

图 6-53　速卖通后台订单物流概况

（4）客户数据分析

在速卖通后台的营销活动板块中，可以看到客户营销功能。通过客户营销功能，可以查看店铺的全部客户数据，进行客户分组管理及人群分析等。

① 场景营销

如图 6-54 所示，场景营销板块可以筛选、查看不同的客户人群，并为筛选的买家设置分组，方便后期营销。如设置活跃老客人群，领券人群，潜力访客等客户分组，圈定店铺有下单意向的买家进行定向营销等。

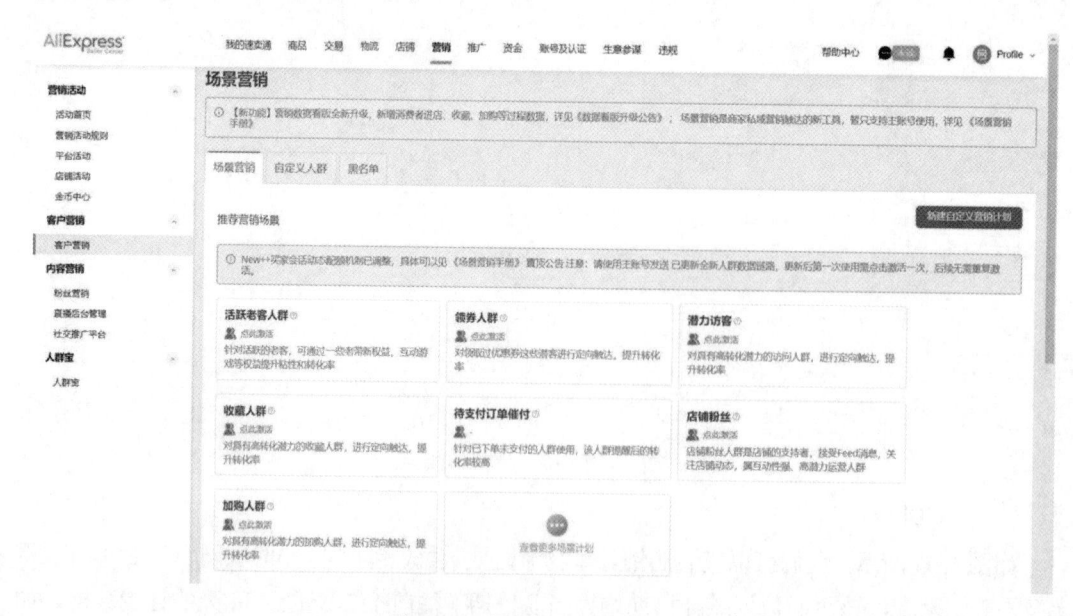

图 6-54　速卖通客户管理分组

② 自定义人群分析

如图 6-55 所示，自定义人群分析可以根据买家属性圈选目标人群，对其进行商品或者优惠券的精准推送。

图 6-55　客户自定义人群分析

（二）亚马逊店铺数据分析

1. 行业数据分析

（1）亚马逊平台产品市场调研

以 "wall mounted lamp" 为例，我们需要推算市场大致的竞争热度。一个最简单的方法，我们可以打开亚马逊输入一个关键词，搜索的结果数可以反馈市场的竞争热度。如图 6-56 所示，该搜索结果是 2000 个，说明该产品的市场竞争不是特别激烈。

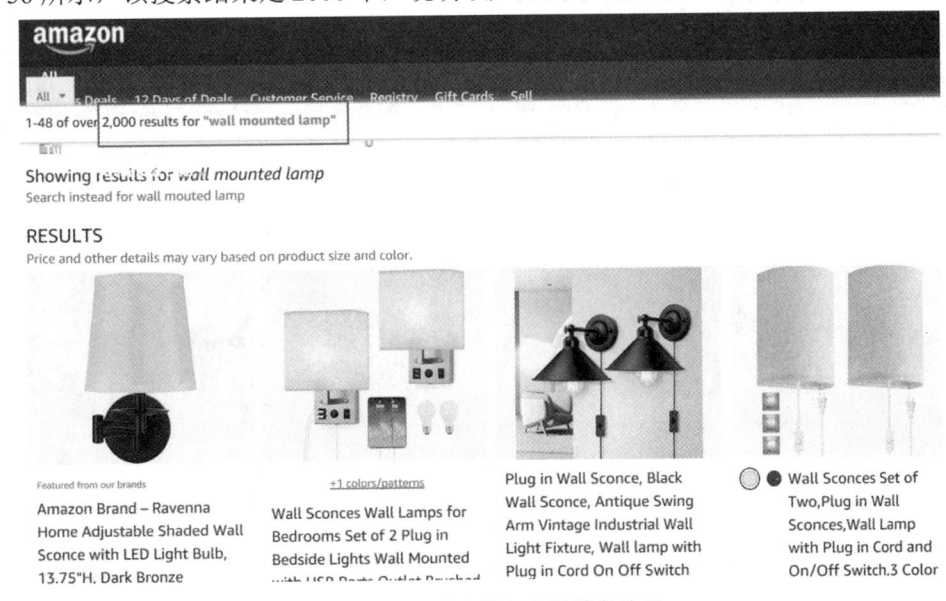

图 6-56　亚马逊前台产品搜索结果

（2）TOP 100 卖家分析

我们需要用第三方软件，抓取子类目里面的 TOP 100 的卖家，进行深入的分析。做行业分析时，一般取前 50、前 100 或前 200 的商品就可以大致判断这个行业的现状，如图 6-57 所示。

图 6-57　亚马逊 TOP 100 卖家分析

2. 竞品数据分析

对于亚马逊平台而言，平台更关注的是卖家的单品 listing 运营，也不强调店铺的概念。因此卖家需要确定自身产品的竞品，并对竞品数据进行多维度观察与分析。通过分析，了解产品的价格、基本属性、销量情况、营销活动、商品评价、详情页设计等，找出自身产品与竞品之间的差距，取长补短，提升自身产品的流量及销量，进一步了解竞品和市场动态，在市场竞争中掌握更多的主动权。

（1）竞争对手识别

① 关键词识别

某公司计划将壁挂式灯具投放到亚马逊北美市场，前期就要先调研、识别他的竞争对手。在亚马逊搜索前端输入"wall mounted lamp"，出来的搜索结果，如图 6-58 所示，排名靠前的，都是我们需要学习的竞争对手。

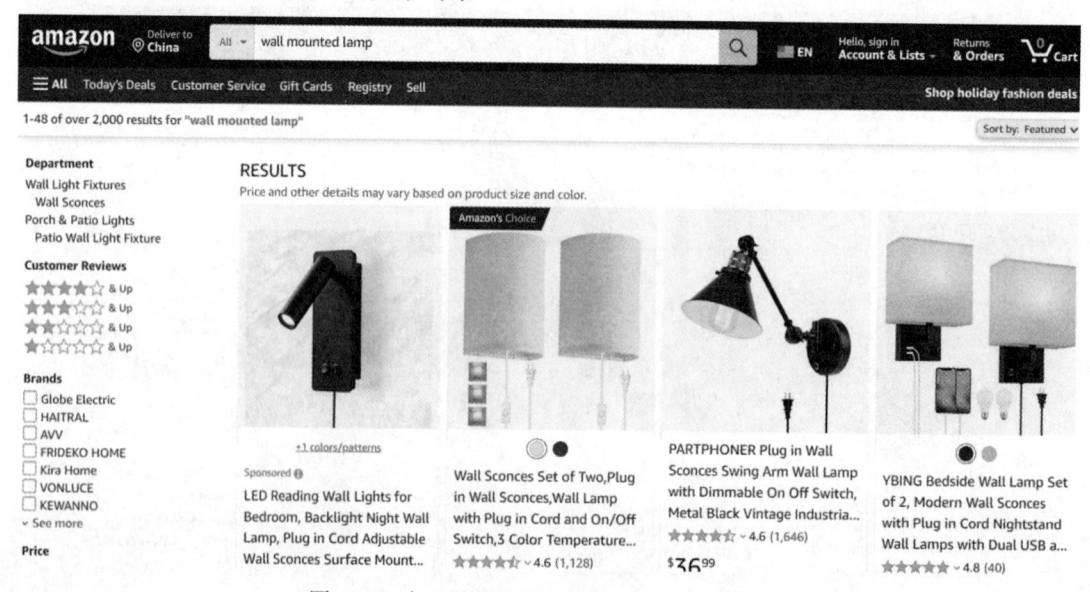

图 6-58　在亚马逊前台用关键词识别竞争对手

② 类目识别

通过前端类目层级进入"Tools→Home Improvement→Wall Light Fixtures→Wall Sconces"，然后选择价格在 30~70 美元的区间，如图 6-59 所示，排在前面几页的，都是我们需要学习的竞争对手。

图 6-59　亚马逊前台用类目识别竞争对手

（2）竞品分析的内容

① 主图和标题分析

对自己的产品标题进行分析，优化标题以及主图，确保自己标题展示的属性与主图展示出来的信息相匹配。也可以参考竞品标题里面的热搜词、长尾关键词以及一些属性热词，如图 6-60 所示。

图 6-60　亚马逊竞品主图和标题

【想一想】

对比图 6-61 中的两种产品主图,哪种更吸引人?为什么?

图 6-61 亚马逊产品主图对比

右图展示了壁灯工作时亮灯的状态,不仅配色上更加抢眼,还展现了壁灯的使用场景,能让消费者有一种代入感。

② 价格分析

产品价格是大部分客户下单时最先考虑的因素。在进行选购前,多数买家已经有了一个心理预期价格,所以需要对比分析自己产品与竞品的价格,如果自己产品的价格远高于竞品价格,那么产品的竞争力就会下降。竞品价格如图 6-62 所示。

图 6-62 亚马逊竞品价格展示页面

③ 促销活动分析

店铺优惠活动可以提高产品转化率,而加入平台的一些权益计划将获得额外的打标、曝光等权益。通过竞品分析,我们在运营自身产品的过程中,可以提供营销推广活动设置方面的参考。此外,也可以在优惠方式的设置上,与竞品区分开来,以获得更多展示机会。竞品促销活动如图 6-63 所示。

图 6-63　亚马逊竞品促销活动页面

④ 评价分析

亚马逊平台不能看到产品的销量，只能看到产品的评论数，这是亚马逊平台为了保护卖家而设置的。但是我们可以通过前端产品的评价人数，估算这个产品的销量，并且根据竞争对手的评价内容进行选品和卖点分析。竞品评价如图 6-64 所示。

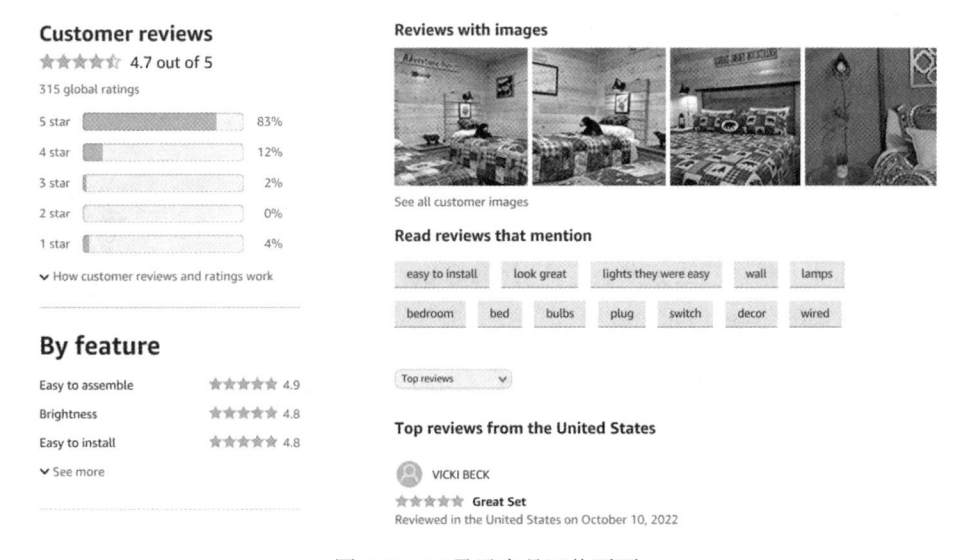

图 6-64　亚马逊竞品评价页面

【课堂案例】

亚马逊美国站建议卖家使用"客户评论"选项卡提高产品评级

亚马逊美国站建议卖家使用"客户评论"选项卡，通过分析评论来帮助卖家推出评价较高的产品，以更好地了解客户偏好、当前趋势以及必须优先考虑的特定功能。作为产品机会浏览器工具的一部分，"客户评论"选项卡允许卖家通过以下方式了解客户评论趋势：

① 正面和负面评论：通过分析按功能提及频率排序的客户评论片段，确定客户喜欢、不喜欢或感觉缺少哪些产品功能。

② 产品功能对评级的影响：无论是正面评论还是负面评论，卖家可以通过它们了解每个产品功能对产品整体星级评级的影响有多大。

③ 基准测试和改进机会：将卖家的产品的客户反馈和功能满意度与任何 ASIN（包括畅销产品）进行比较。

3．店铺运营数据分析

（1）业务报表分析

业务报表是亚马逊自动为卖家设置的一个店铺数据统计，里面包含了卖家的销售量和买家访问量等各类数据，可以看到访问量、点击率、购物车占比、销售额、转化率等数据情况。

步骤1：在 Sales Dashboard 板块，选择 Business Reports，点击 Detail Pages Sales and Traffic，下载业务报表，如图 6-65 所示。

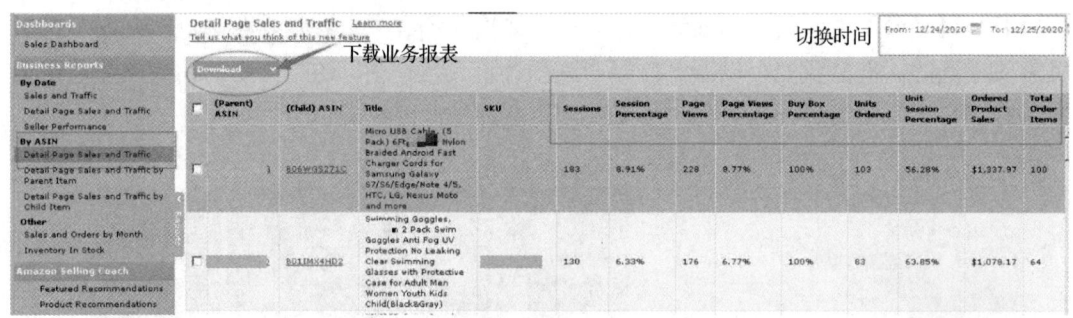

图 6-65 亚马逊后台 Sales Dashboard 页面

步骤2：打开下载好的业务报表，按 Units Order（订单量）进行降序排序，如图 6-66 所示。

图 6-66 亚马逊店铺业务报表

可以从以下几个方面对业务报表进行分析：

① 订单转化率

订单转化率较低，说明买家感兴趣点击到我们的商品页面，但是却不能让其产生购买的欲望，因此我们需要检查商品的 listing，包括价格、卖点描述，以及对商品的评价等，如图 6-67 所示。

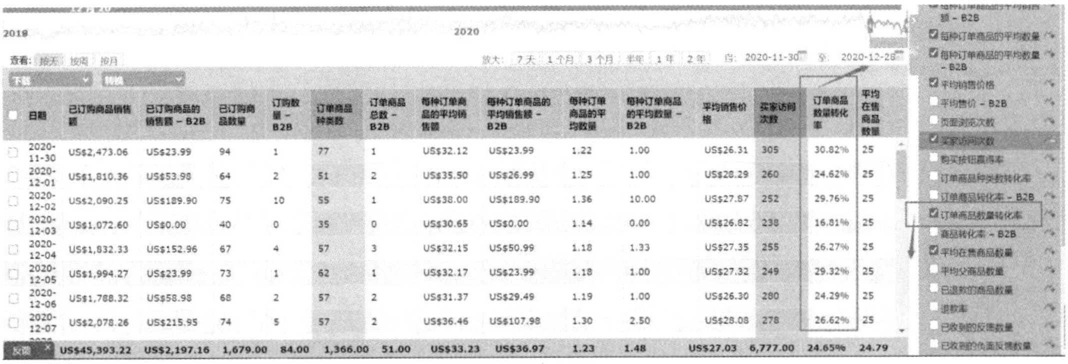

图 6-67　亚马逊店铺订单转化率数据

② 买家访问次数

买家在前端浏览时，你的商品要有高的曝光率，以便能够被买家看到。如果买家访问次数较少，说明你的商品的主图、价格对买家没有吸引力，买家没有足够的兴趣点进去，如图 6-68 所示。

图 6-68　亚马逊店铺买家访问次数数据

（2）CPC 广告数据分析

运营亚马逊店铺，不仅要关注亚马逊卖家前端的产品排名、评价以及关键词搜索之后出现的位置等一定要关注和统计的核心点，还要关注这些核心点背后的数据。分析广告后台的数据也是非常有必要的，比如：曝光、点击、转化、花费、广告投入产出比（Advertising Cost of Sale，ACOS）、关键词竞价等数据。

步骤 1：CPC 广告建立开启后，第二天可从卖家后台下载广告数据报表，点击 REPORTS→Advertising Reports，下载广告数据报表，如图 6-69 所示。

步骤 2：打开报表，将报表根据活动名称进行筛选，按照曝光、点击、ACOS、转化率指标进行排序，找出 Customer Search Term，即顾客搜索词，将这些词放到前台一一进行搜索，看是否与自己的产品相关，不相关舍弃，相关的看搜索量有多大，如图 6-70 所示。

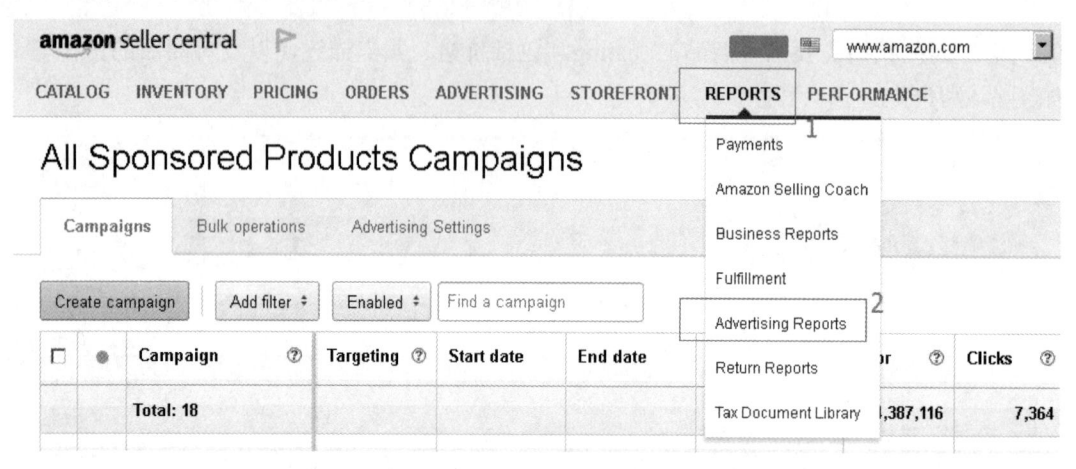

图 6-69　亚马逊后台下载广告数据报表页面

图 6-70　亚马逊后台 Customer Search Term 分析页面

如果一个产品做了 CPC 广告之后效果不好，可以从 Search Term Report 分析其原因，从而确定如何优化，可分为以下 4 种情况，如表 6-5 所示。

表 6-5　亚马逊 CPC 广告数据分析

序　号	情况描述	分　析　解　读
1	有曝光，低点击	如果一个产品广告有曝光，低点击，原因可能是你的产品图片和标题不够吸引买家点击它、打开它去看详情页。这时你就要想办法优化你的图片和标题，可以参照卖得很好的同类产品的图片和标题，但同时也要有自己的亮点。还有就是关键词设得不够精准，太宽泛了，比如 car charger 会比 charger 的转化概率大，所以关键词要精准
2	有曝光，有点击，低转化	原因可能是你的产品页面做得不够好，比如细节图没有给到买家想要看到的点，卖点不够吸引人，描述不够仔细或不够专业，产品没有特点，价格比亚马逊同一页推荐的同类产品高，评价没有那么好等。这些问题都要一一解决，其实就是把 listing 优化好
3	曝光低，低转化	首先要检查你设的关键词是不是有搜索量的，如果确定这个关键词是比较精准的，而且搜索量也比较大的话，就可以把竞价提高一点再观察
4	曝光低，有点击	可能是买家搜不到你的产品，这说明你的产品标题里的关键词的搜索量较少，要添加搜索量大的关键词

【相关知识】

什么是ACOS？

ACOS是广告成本和由广告带来的直接销售额的百分比，称之为广告投入产出比，英文全称是Advertising Cost of Sales。ACOS数值低，代表广告投入小，销售额高，相应的，广告效果也较好。但这并不意味着ACOS越低，广告效果就越好。

（三）阿里巴巴国际站店铺数据分析

"数据参谋"是阿里巴巴国际站开发的一项全新功能，为外贸企业提供店铺运营与生意决策的参考依据。该功能主要反映公司在阿里巴巴国际站操作及推广效果的数据。它通过多重数据统计分析，不仅让公司清楚地了解自身的推广状况，更能针对薄弱点，有效提升网络推广效果。登录我的阿里巴巴，选择"数据参谋"，可以清楚地看到公司的各类模块数据，如图6-71所示。

国际站数据分析

图6-71 阿里巴巴国际站"数据参谋"页面

1. 市场数据分析

（1）行业市场需求分析

市场需求总量是了解目标市场对该类商品的出口情况，确定该市场的市场规模及近年来的采购趋势，判断是否进入一个新市场的重要依据，如图6-72所示。

（2）关键词搜索指数

关键词搜索指数是指买家搜索该关键词频次的加权数据，频次越高搜索指数越高。关键词指数包含行业热词、蓝海趋势词，阿里巴巴国际站"数据参谋→关键词搜索指数"页面可以查询关键词。搜索榜单展示这几方面的数据：排序、关键词、是否加入词库、类目搜索指数、搜索涨幅、点击率和卖家规模指数，如图 6-73 所示。

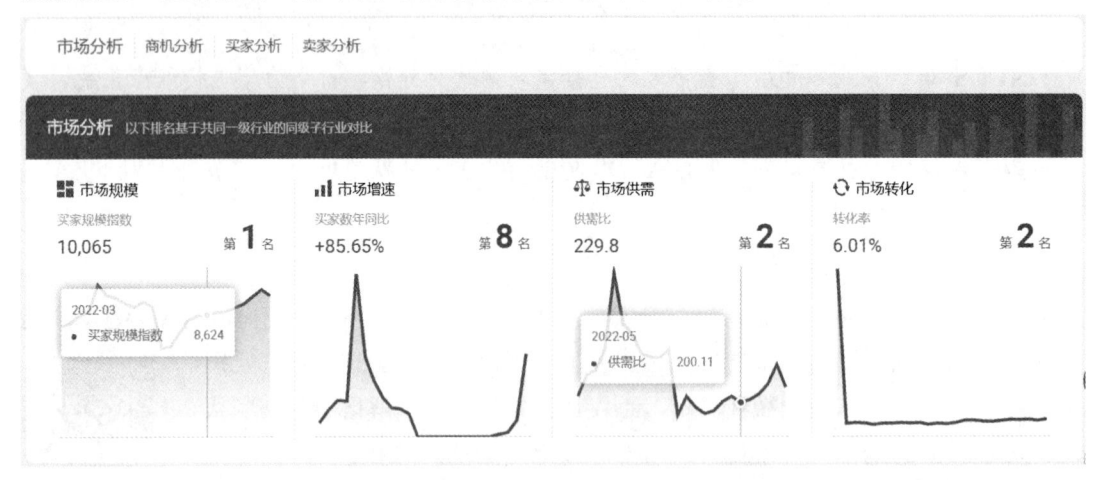

图 6-72　阿里巴巴国际站"市场分析"页面

图 6-73　阿里巴巴国际站"关键词搜索指数"页面

2．店铺运营数据分析

店铺运营是核心环节，商家必须充分了解自己店铺的经营数据，并利用数据分析店铺运营的各方面情况，解决店铺的问题，才能有效提升店铺的营业额。

（1）数据概览

如图 6-74 所示，在店铺数据概览中，可直接查看店铺运营数据的 6 个指标，分别是：搜索曝光次数、搜索点击次数、店铺访问人数、询盘个数、询盘人数和 TM 咨询人数，此外还有对应的较前日的环比数据。

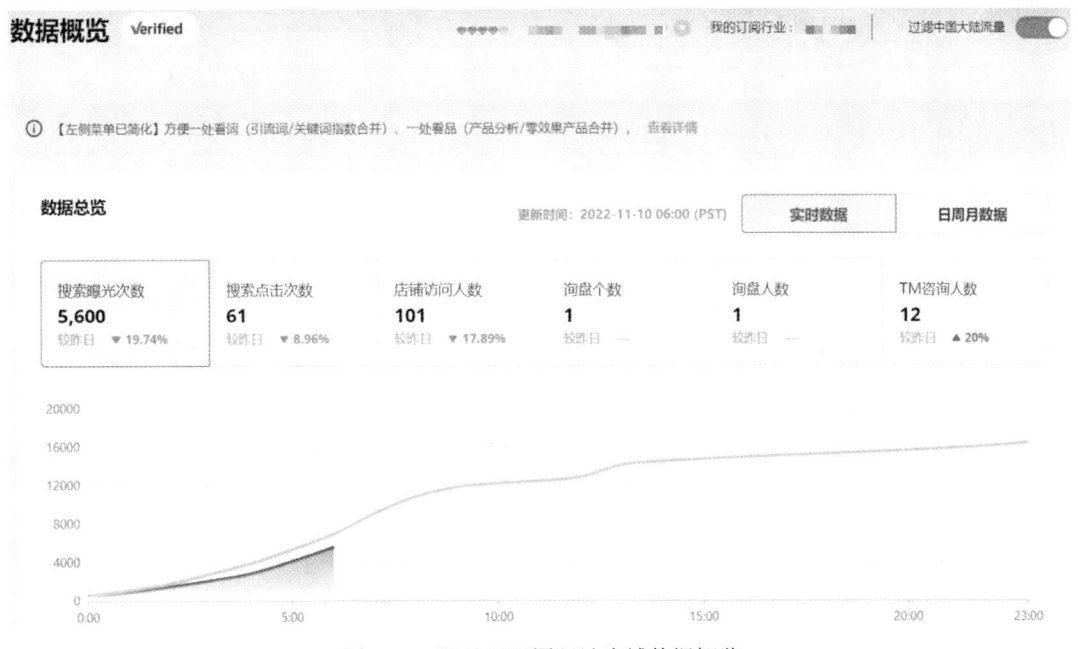

图 6-74　阿里巴巴国际站店铺数据概览

① 趋势分析

如图 6-75 所示，可直接查看店铺趋势分析，蓝色线为我的店铺所呈现的数据趋势，绿色线为行业平均所呈现的数据趋势，橙色线为同行优秀的数据趋势。

图 6-75　阿里巴巴国际站店铺趋势分析

② 国家及地区分析

如图 6-76 所示，可直接查看店铺访问人数占比及店铺访问人数国家分布。

店铺访问人数占比

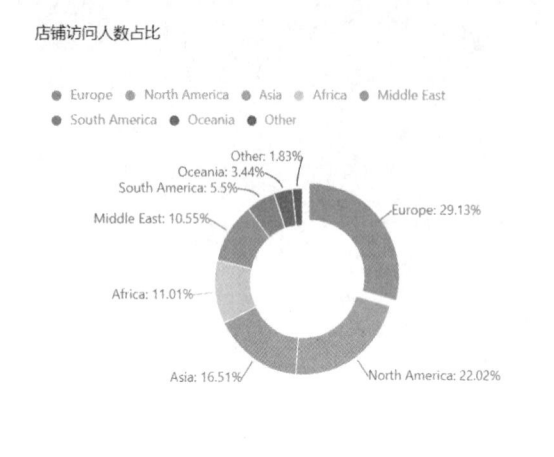

- Europe
- North America
- Asia
- Africa
- Middle East
- South America
- Oceania
- Other

- Other: 1.83%
- Oceania: 3.44%
- South America: 5.5%
- Middle East: 10.55%
- Africa: 11.01%
- Asia: 16.51%
- North America: 22.02%
- Europe: 29.13%

店铺访问人数国家分布

国家及地区TOP10	店铺访问人数	店铺访问人数占比
France	17	3.9%
United Kingdom	11	2.52%
Italy	11	2.52%
Germany	11	2.52%
Russian Federation	8	1.83%
Spain	7	1.61%
Belgium	7	1.61%

图 6-76　阿里巴巴国际站店铺访问人数占比及国家分布页面

（2）经营分析

如图 6-77 所示，在客户概览中，可直接查看店铺运营数据的 6 个指标，分别是总客户数、询盘客户数、同行平均、L1+总客户数、L1+询盘客户数和同行平均。

客户概览

总客户数	询盘客户数	同行平均	L1+总客户数	L1+询盘客户数	同行平均
68,498	222	54	24,546	136	32

图 6-77　阿里巴巴国际站店铺客户概览

① 客户来源分析

如图 6-78 所示，近 30 天 L1+询盘人数为 146 人，高于同行平均。L1+客户询盘渠道主要来源于询盘，L1+国家来源主要来自美国。

询盘人数	同行平均	L1+询盘人数	同行平均
236	57	146	34

询盘渠道分析（询盘、店内、搜索、其他、系统推荐、会ători、直接访问）

L1+国家来源分析

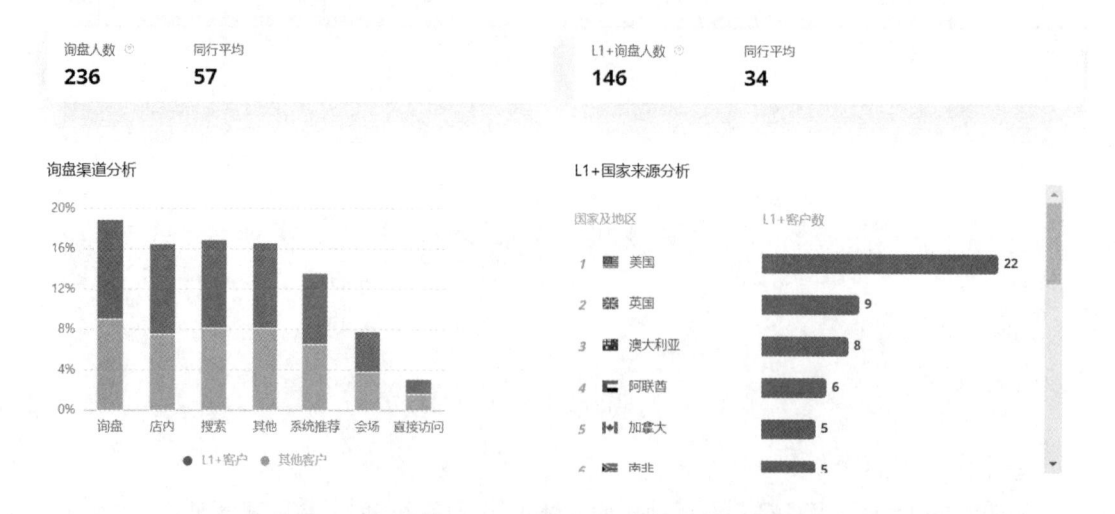

国家及地区	L1+客户数
1 美国	22
2 英国	9
3 澳大利亚	8
4 阿联酋	6
5 加拿大	5
6 南非	5

图 6-78　阿里巴巴国际站店铺询盘渠道分析及 L1+国家来源分析

② 客户转化

如图 6-79 所示，近 30 天 L1+询盘转化率为 1.95%，低于同行平均。

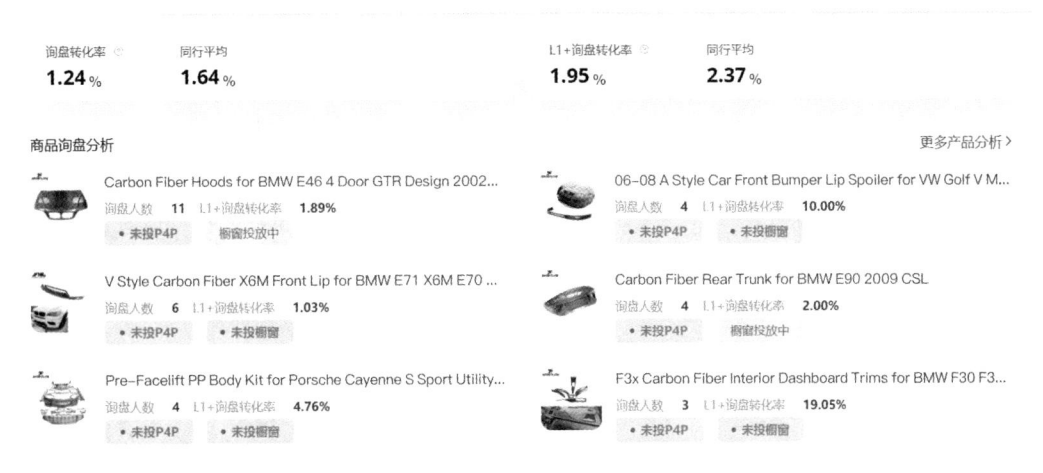

图 6-79　阿里巴巴国际站店铺客户转化分析

③ 客户服务

如图 6-80 所示，近 30 天 L1+深度沟通占比 34.08%，低于同行平均。

图 6-80　阿里巴巴国际站店铺客户服务分析

3．客户数据分析

（1）客户画像分析

如图 6-81 所示，店铺买家明细可以让卖家通过数据了解客户的概况及身份偏好。

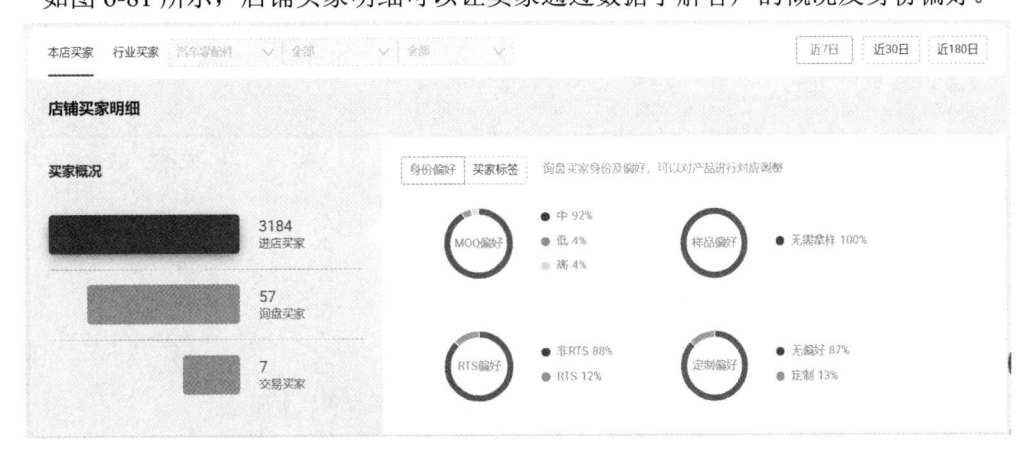

图 6-81　阿里巴巴国际站"店铺买家明细"页面

（2）客户行为分析

如图 6-82 所示，利用客户数据信息，商家可以了解每一个客户的购买行为，通过对这些客户行为的分析可以了解客户的真正需求，可以知道哪些行为能够对商家造成影响，知道如何调整策略来改变客户的行为。

访客	国家及地区	浏览次数	停留时长	全站偏好关键词	旺铺行为	网站行为
D2211101 L1+		5	45s	drz400 headlight ...		总浏览量10 浏览1个供应商
D2211103		1	2s	car spoilers		总浏览量3 浏览1个供应商
D2211104		1	11s	car accessories 2022 car films kia k3 2018 acces... body kit for kia k3		总浏览量93 浏览32个供应商
D2211105 L1+		1	10s	carbon fiber hood...		总浏览量19 浏览7个供应商
D2211106 L1+		2	72s	tv stands professional audio		总浏览量10 浏览2个供应商

图 6-82　阿里巴巴国际站"店铺访客行为分析"页面

4．直通车营销数据分析

在阿里巴巴国际站卖家后台中可以进行外贸直通车（Pay for Performance，P4P）的花费、反馈计算，判断直通车的花费效果，也可以进行市场转化效果的计算。

步骤 1：如图 6-83 所示，在营销数据分析中进入"基础报告→产品报告"，调整好产品分析对应的时间，将产品报告导出。

图 6-83　阿里巴巴国际站"店铺 P4P 产品报告"页面

步骤 2：如图 6-84 所示，按花费进行降序，筛选出花费较高但是意向商机量较低的产品。

产品id	产品信息	曝光量	点击量	意向商机量	点击率	花费	平均点击花费
11000002427976	Auto Rear Diffuser	19333	58	4	0.30%	¥303.06	¥3.52
1600443414465	Carbon Fiber MK8	17401	58	4	0.33%	¥179.35	¥3.09
1600335167388	JCSportline Carbor	18510	35	3	0.19%	¥153.17	¥4.38
1600415056392	Modify Luxury Dry	17670	29	2	0.16%	¥122.54	¥4.23
1600478684351	Dry Carbon Fiber F	8468	17	0	0.20%	¥115.53	¥6.80
62124135012	Carbon Fiber C63	12025	32	5	0.27%	¥102.53	¥3.20
1600496319736	Carbon Fiber High	6903	26	7	0.38%	¥93.13	¥3.58
1600529353765	Dry Carbon Fiber R	10618	24	0	0.23%	¥90.45	¥3.77
1600390756840	Model3 T Style Car	4160	10	0	0.24%	¥78.72	¥7.87
1600550890688	Dry Carbon Fiber N	5507	19	2	0.35%	¥76.82	¥4.04
60443598334	Q50 Carbon Fiber	3321	19	0	0.57%	¥64.87	¥3.41
1600503190045	A5 S5 Carbon Fibe	872	11	0	1.26%	¥55.44	¥5.04
1600530871177	A4 B9 Dry Carbon	3314	6	0	0.18%	¥47.50	¥7.92
1600530878154	W205 C Class Carb	2722	12	0	0.44%	¥41.44	¥3.45
1600619964658	Carbon Fiber C8 R	3109	7	1	0.23%	¥29.96	¥4.28
1600560762936	Prepreg Carbon G	3588	6	0	0.17%	¥26.69	¥4.45
1600595353834	JC Style C8 Carbor	1721	3	0	0.17%	¥11.41	¥3.80

图 6-84 阿里巴巴国际站"店铺营销数据报表"

步骤 3：如图 6-85 所示，复制筛选出的花费较高的产品的 ID 或者标题，进入"数据参谋→产品分析"页面，将时间与 P4P 时间段对应好，进行查询。

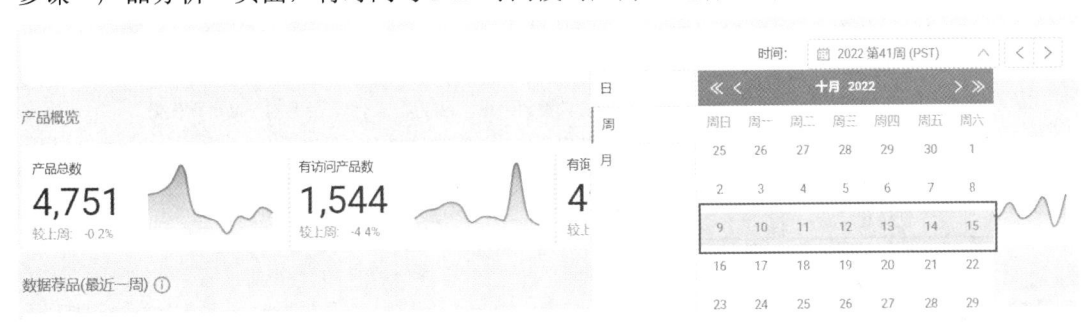

图 6-85 阿里巴巴国际站"店铺 P4P 产品查询"

步骤 4：如图 6-86 所示，对查询到的产品进行产品分析。

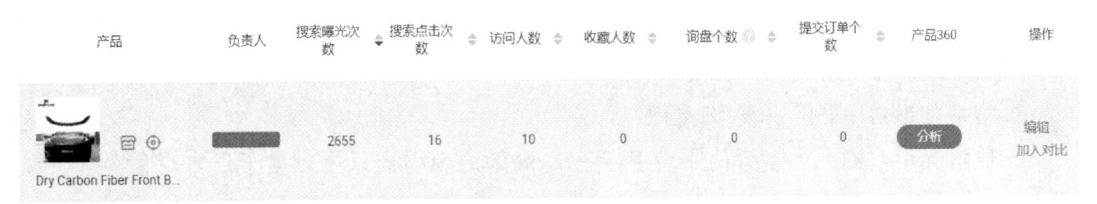

图 6-86 阿里巴巴国际站"店铺 P4P 产品分析"

步骤 5：找到对应产品的询盘数据后，将所需数据进行汇总，完成表 6-6。

表 6-6 阿里巴巴国际站店铺 P4P 数据汇总表

产品名称	总曝光	总点击	P4P 曝光	P4P 点击	P4P 花费	询盘数	P4P 曝光占比	P4P 点击占比	平均询盘出价

续表

产品名称	总曝光	总点击	P4P 曝光	P4P 点击	P4P 花费	询盘数	P4P 曝光占比	P4P 点击占比	平均询盘出价

对一个产品做了 P4P 广告之后，我们可以从以下 3 种情况进行分析及优化，如表 6-7 所示。

表 6-7　阿里巴巴国际站 P4P 广告数据分析

序　号	情　况　描　述	分　析　解　读
1	低曝光，低点击	查看产品广告位排名，可相应提高出价。查看产品主图，主图质量满意，不用更换图片；主图质量不佳，优化主图；主图质量不佳且不可优化，直接换产品优推（老产品上出现得较多）
2	高曝光，低点击	查看关键词： • 大热词，降低花费或者保持不变；极热词可以考虑选择时间段开启，其他时间关闭 • 中热以上词，查看关键词位置，相应提高出价，并且对产品进行优化 • 中热以下词，直接出价前五，并且对产品进行优化
3	高点击，低转化	对产品详情以及各项属性进行优化，创造卖点，吸引客人询价

【相关知识】

认识 P4P

P4P 曝光占比 = P4P 曝光/总曝光

P4P 点击占比 = P4P 点击/总点击

平均询盘出价 = P4P 花费/询盘数

一般情况下，刚开始运营的平台 P4P 占总流量的 50%或以上时属于正常现象。自然流量较低，只要一关停 P4P，就会影响店铺数据，这种情况需要特别注意。

对于有一段时间的数据积累的平台，当 P4P 占总流量的比例小于 20%的时候，P4P 可以适当减少费用；当 P4P 占总流量的 30%~40%时，店铺数据趋于正常。

【任务小结】

通过该任务的学习，学生能够掌握如何利用数据分析工具采集跨境电商主流平台店铺的数据，并进行数据分析。然后根据数据分析结果找出店铺的潜在问题，有针对性地进行店铺运营优化。

【任务评价】

根据表 6-8 进行评价。

表 6-8 跨境电商主流平台店铺数据分析学习评价表

评价内容	自我评价（20分)		同学互评（20分)		教师评价（60分)	
	分值	平均分	分值	平均分	分值	平均分
速卖通店铺数据分析	5		5		20	
亚马逊店铺数据分析	5		5		20	
阿里巴巴国际站店铺数据分析	10		10		20	

【拓展实训】

1. 运用速卖通数据纵横中的"商品分析"工具查看店铺异常商品的情况，并对异常商品进行相应的优化。

2. 在阿里巴巴国际站店铺后台中采集店铺经营数据，分析该店铺存在什么问题，应该如何优化。

项目七　跨境网络营销策划

【学习目标】

◎ **知识目标**
1. 了解品牌营销相关知识。
2. 了解产品营销相关知识。
3. 了解活动营销相关知识。

◎ **技能目标**
1. 能够掌握跨境品牌营销的相关技能。
2. 能够策划简单的跨境产品营销。
3. 能够策划简单的跨境活动营销。

◎ **素质目标**
1. 培养学生的创新创业意识和能力。
2. 培养学生的行业敏感度，使其善于捕捉行业和市场最新信息。
3. 培养学生主动进取、敢于挑战的精神，激发学生对跨境电商网络营销的职业向往与热情。

【思维导图】

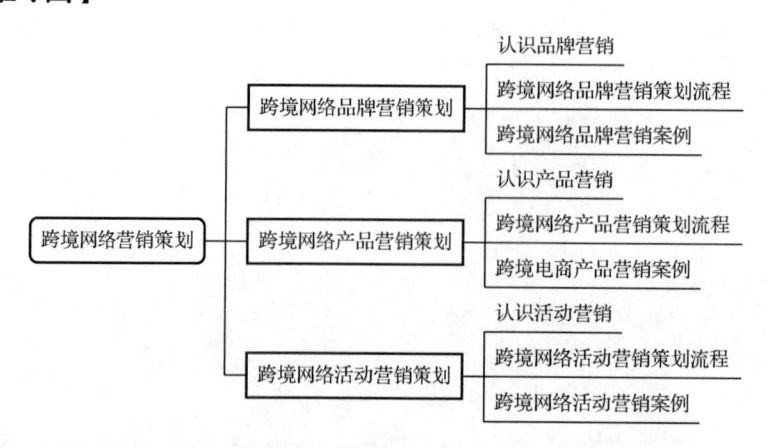

```
                                    ┌── 认识品牌营销
                  ┌── 跨境网络品牌营销策划 ──┼── 跨境网络品牌营销策划流程
                  │                 └── 跨境网络品牌营销案例
                  │
                  │                 ┌── 认识产品营销
跨境网络营销策划 ──┼── 跨境网络产品营销策划 ──┼── 跨境网络产品营销策划流程
                  │                 └── 跨境电商产品营销案例
                  │
                  │                 ┌── 认识活动营销
                  └── 跨境网络活动营销策划 ──┼── 跨境网络活动营销策划流程
                                    └── 跨境网络活动营销案例
```

【情景案例】

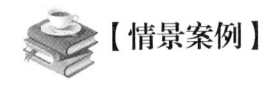

独立站——跨境电商网络营销的新趋势

独立站作为跨境电商的新兴销售渠道,为跨境出口提供了新的增量市场,市场占比不断攀升。其独特的运营模式,可以使卖家直接掌握消费者数据资产,形成用户画像,便于精准营销。相对于入驻大型电商平台,独立站具有四大优势:

(1) 降低成本

独立站交易佣金成本低,无须缴纳第三方平台的交易佣金及年费。第三方平台如速卖通、Wish、亚马逊的佣金费率分别约为商品实际售价总额的 5%~8%、15%、8%~15%,独立站则省去这一笔开支,帮商家提升了利润。

(2) 不用被规则制约

卖家自己全权运营,自主权高,优惠活动完全由商家自主决定,灵活性较高,不用遵守在国外电商平台销售所需遵守的相应平台制度,不必担心因规则变动影响运营,真正实现了商家运营的独立可控,可以提高商品的溢价空间。

(3) 提升自身数据化运营能力

将消费者数据资产完全掌握在自己的手中,实现数据安全和增值并形成用户画像,还可以实现数据的二次开发,以便后续的精准营销和有针对性的 SKU 规划。

(4) 塑造企业品牌,提升客户黏性

通过独立站可不断积累企业品牌,不仅可以提升消费者的信赖度,增加复购率,也可以为网站做推广,方便客户了解产品,提升客户黏性,更好地打造品牌,形成品牌优势。

独立站能占据重要地位和国外市场环境有很大关系。从市场大小来说,除美国外,欧洲、南美洲、东南亚等地区的国家市场都不大,很难形成大平台一家通吃的情况。即使如亚马逊这样的全球跨境电商巨头,也不一定比本地电商平台或者品牌独立站有优势。同时,国外市场长期以专卖店形式为主,流量采购精准度高,为品牌独立站的发展提供了市场空间并产生了积极影响。

国外的 IP 地址是固定的,互联网公司对人群的定位非常精准,独立站可以通过服务商精准定位目标用户群。从技术上来说,做独立站并不难,像天擎天拓这样的跨境服务商,就已经打通了独立站的线上营销环节,只需一两周的时间就能完成营销功能布局。一大批做跨境物流、支付等环节的公司也推出了 SaaS 解决方案,帮助商家更快捷地建好独立站。

中国产业链分工越来越细,众多服务商足以支撑中小外贸商家独立建站,让商家以相对较低的运营成本去实现运营。近两三年,很多提供独立站建站、运营的 SaaS 服务公司,客户数量的年增长率超过 100%。很多之前做代工、材料加工的外贸企业,如今都有做独立站的意识,尤其在细分行业排名靠前的公司,发展独立品牌的意识越来越强烈。

【案例解析】

独立站面临的最大风险就是引流难。建站初期没有任何流量,需要卖家通过 SEO 优化、站外推广、软文营销等方式来对网站引流。企业既要宣传独立站,又要运营商品,因此必须具备很强的运营能力,要仔细分析目标消费群体的特点,为消费者带去良好的购物体验。

跨境电商的市场非常大,但想要做好,需要付出更多的耐心。想要走得更远,就需要围绕消费者关心的价格、质量和服务这三个核心需求开展工作。独立站模式虽然值得被借鉴,但更适合有一定体量或者规模的企业,更多的中小企业还是要根据自身的实际情况来布局,因为做独立站需要有强大的自主营销推广和引流能力。

任务一　跨境网络品牌营销策划

【学习目标】

◎ 知识目标
1. 了解品牌、常见营销理论、品牌营销、营销策划的相关知识。
2. 掌握跨境网络品牌营销策略。

◎ 技能目标
1. 能分析跨境电子商务品牌。
2. 能策划跨境网络品牌营销方案。

◎ 素质目标
1. 培养学生诚实守信、刻苦钻研的职业素养。
2. 培养学生的应变能力和探索精神。

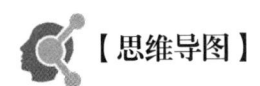

【思维导图】

跨境网络品牌营销策划
- 认识品牌营销
- 跨境网络品牌营销策划流程
- 跨境网络品牌营销案例

【任务背景】

小张在网上找到了一份自己非常感兴趣的兼职，在一家以全网整合营销、整合营销代运营、全网品牌营销网站建设、宣传片拍摄和软件研发为主营业务的互联网公司做营销文案策划实习生。上班第一天他就突然接到任务，要为一个目前只专注于国内电商销售的小商品公司做一份跨境网络品牌营销方案。小张非常珍惜这次实习的机会，希望能尽快对品牌的定义、品牌营销方法、跨境电子商务品牌及跨境网络品牌营销方案策划的相关知识有所了解，为自己营销方案的撰写打下基础。

【任务实施】

（一）认识品牌营销

中国的商品出口经历了"对外贸易""互联网出海"和"全球品牌"三个阶段。在 2022

年的 Think with Google 大会上，谷歌携手凯度公布了"2022 年 BrandZ 中国全球化品牌 50 强"榜单，其中排名前 15 的中国全球化品牌如表 7-1 所示。

表 7-1 2022 年 BrandZ 中国全球化品牌 15 强

排　名	品　牌　名	品　牌　力	品　　类
1	字节跳动	2484	内容型 App
2	阿里巴巴	2258	电子商务
3	联想	1898	消费电子
4	小米	1859	消费电子
5	华为	1674	消费电子
6	OPPO	1349	消费电子
7	海信	1241	家电
8	一加	1124	消费电子
9	海尔	1098	家电
10	SHEIN	1070	线上时尚
11	vivo	975	消费电子
12	ANKER	912	消费电子
13	腾讯	847	移动游戏
14	青岛啤酒	740	酒类
15	中国航空	725	航空

1. 品牌营销的定义

品牌营销（Brand marketing），是通过市场营销使客户形成对企业品牌和产品的认知过程，既是一种组织职能，也是为了组织自身及利益相关者的利益而创造、传播、传递客户价值，管理客户关系的一系列过程，并不是独立的。品牌营销不是建立庞大的营销网络，而是利用品牌符号，把无形的营销网络铺建到社会公众心里，把产品输送到消费者心里，使消费者选择消费时认可这个产品，投资商选择合作时认可这个企业。

2. 品牌营销的价值

企业要想不断获得和保持竞争优势，必须结合自身产品的特点，企业内部资源和外部市场等情况制定有效的品牌营销策略。品牌营销做得好，可以让企业受益匪浅：

（1）如果企业有一种或几种产品线，那当增加一种新产品到产品组合中时，品牌有利于新产品快速在市场上树立形象，减少进入市场的费用。

（2）企业可以通过品牌传递给消费者特定信息，自然地将消费者划分出不同的群体，有助于企业细分市场。

（3）企业可以通过品牌建立良好的知名度、美誉度和忠诚度，增加产品价值，让人愿意付出更高的价格去购买，有效降低消费者的价格敏感度。

（4）品牌有助于建立公司形象，更容易得到分销商和消费者的信任和接受。

品牌营销不等于推广，它是一个完整的过程，找到目标客户的需求，传递产品价值，提供良好的体验和客户服务。并且凭借这些，不断让境外用户安心、放心地购物，将优秀的产品和服务以更高效的方式带到全球市场。

【相关知识】

营销策划的四个维度

营销策划是根据企业的营销目标，通过企业设计和规划企业产品、服务、创意、价格、渠道、促销，从而实现个人和企业的交换过程的行为，以满足消费者需求和欲望为核心。现代管理学将营销策划分为市场细分、产品创新、营销战略设计及 4P 营销组合战术等四个维度的内容，如图 7-1 所示。

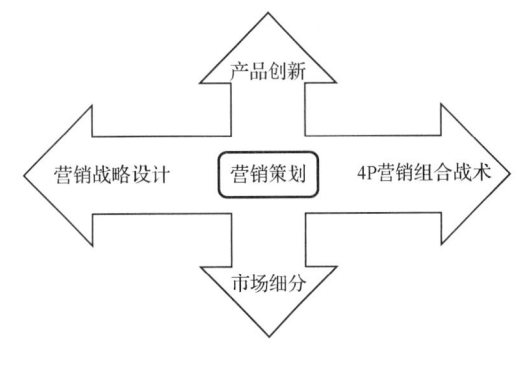

图 7-1　营销策划的四个维度

（二）跨境网络品牌营销策划流程

跨境网络品牌营销是基于跨境电子商务平台，选择品牌化营销策略，来创造产品的品牌价值，提高流量。要策划跨境网络品牌营销方案，首先要收集企业品牌营销策划相关的信息资料，包括宏观经济形势、政策与法律环境、目标市场特性、消费者需求特点、市场需求走向、市场竞争状况和企业自身特点等。可以从下面几个方面入手：

1. 分析跨境市场

（1）市场规模

市场规模大小决定了产品的售卖情况。从目前的情况来看，欧美等成熟市场规模远超其他地区，且增速平稳，但已是红海市场，竞争激烈，新玩家的进入必将面临巨大的挑战。如果想要入局成熟市场，那么制定差异化的产品和营销策略将是重中之重。东南亚、拉美地区的国家则是新兴电商市场的代表，这些地区人口基数大，互联网技术发展迅速，加上后期资本持续注入，在多重因素的共同推动下，未来将有较大的增长空间。

（2）市场需求量

市场需求量也是一个非常实际的问题，如果产品的市场需求量比较小，或者你想要做的这个市场根本就是一个伪需求，那么即使你投入很长的时间和很大的精力去培育市场，最后也很难收获很好的销量。所以，对市场需求的调研是一个重要的环节。卖家可以通过查看产品的搜索排名、搜索量、评价量、销售量等数据，获取最真实的数据信息。

（3）竞争分析

跨境电商最大的成本来自产品和物流成本，其次是运营成本。在产品定价上，首先要保证产品销售出去不会造成亏本，还能获得一定的利润。如果产品价格太低，相应的利润空间就比较小，填补各项成本的难度就更大；如果产品价格过高，会延长顾客的购买决策时间，不容易完成转化。所以，在选择产品时，要多参考市场上相同类目产品的价格。

如果企业想把价格定得比同行高，而又说不出更高的理由，那么就不适合在第三方平台售卖，因为很容易陷入"价格战"中。但如果选择做独立站，做品牌，那么在价格上比同行高出几美元，从价格策略上来说，是合理的。

（4）满意度分析

满意度决定了产品在目标市场的受欢迎程度。一般可以参考同类产品的评论，从好评当中去发现优点、卖点，从差评当中去寻找缺点并尽量避免。找到消费者对这类产品的反馈后，接下来就要考虑这些缺点能不能得到解决，如果能够解决，那就可以把它前置，作为竞争优势。如果解决不了，那在详情页上就不需要赘述。

（5）目标人群

首先要清晰地知道，作为卖家，产品到底是卖给什么样的人群。如果卖的是有一些特殊功能的产品，那就要明确这个功能可以解决目标人群什么样的问题，这些人当下是怎样的现状。进而推断出他们主要集中在哪些国家和地区，会通过什么渠道去了解这个产品等。这部分人就是企业的目标人群，需要提前做好调研工作。

2．确定跨境电商平台

不同的产品适合不同的平台，卖家首先要熟悉主流跨境电子商务平台的特点及运营规则，然后依据产品特性来选择合适的平台。下面介绍几个主流跨境电商平台的特点：

（1）亚马逊

全球最大的网络购物平台，也是网络上最早开始经营电子商务的公司之一，成立于1994年，位于华盛顿州的西雅图。亚马逊拥有庞大的客户群，重视服务和用户体验，有强大的仓储物流系统和服务。主要市场在北美、欧洲、日本，消费人群多为中高端消费者，利润较高，退货率也比较低，严禁刷单和跟卖行为，被发现的就会被封店。

（2）易贝

一个成立比较早的网络购物平台，体系也比较成熟，核心市场在北美。易贝上卖家数量庞大，竞争相对来说也比较大，易贝与其他跨境平台相比类似于国外版淘宝，操作简单，前期投入资金不高，但是这个平台上规则相对比较多，需要充分了解平台规则。

（3）Wish

这个平台主要做移动端的网络购物，上面的商品大多物美价廉，主要市场在美国，消费者多是年轻群体，用户对价格比较敏感。对新手卖家来说操作比较容易，上货商品也比较简单，有个性化推送，推送比较精准。最开始在 Wish 上卖货比较容易，但后面随着平台上的规定和处罚越来越多，还很严格，新手卖家很难生存。

（4）速卖通

阿里巴巴旗下的速卖通于 2010 年创立，是中国最大的跨境零售电商平台，主要客户是发展中国家的中等消费者，目前已经开通了 18 个语种的站点，覆盖全球 200 多个国家和地区，在巴西和俄罗斯发展得很好。售卖商品种类丰富，覆盖 3C、服装、家居、饰品等 30 个一级行业类目，其中优势行业有：服饰、手机通信、鞋包、美容健康、珠宝手表、消费电子、电脑网络、家居、汽车摩托车配件、灯具等。卖家们往往采用低价策略，适合初级卖家。

（5）Lazada

Lazada 主要面向马来西亚、菲律宾、印度尼西亚、新加坡、泰国和越南 6 个东南亚国家，背靠阿里巴巴，入驻门槛高，条件较为严苛。在品牌运营上，要求卖家通过对品牌优势进行包装、提升网页制作的专业度等方式，着力打造品牌。现在 Lazada 也在致力于开发移动端，在移动端也可以开设店铺。Lazada 对卖家的保护政策还是比较好的，不会随意罚款，但可能会以减少订单的方式惩罚卖家，还有暂停店铺营业。

（6）Shopee

虽然比 Lazada 晚了三四年，但 Shopee 在 2015 年成立后发展平稳，迅速成长为东南亚和台湾地区 GMV 最大的电商平台。其本土化策略，早期迅速收获了海量用户，2021 年蝉联东南亚购物类 App 年度总下载量、平均月活数、安卓用户使用总时长三项冠军。Shopee 为新手卖家孵化了完整的发展体系，门槛低，会给新手商家提供帮助，包括前 3 个月返广告金的流量扶持，还会指派专属的运营经理对店铺的装修、运营、引流进行指导。

3. 选择引流渠道

对于跨境电商卖家来说，选择正确的引流渠道，才能获得更加精准的流量，从而实现流量效益最大化。随着行业的不断发展，引流渠道竞争越发激烈，流量价格也迅速提升，卖家可以依据经营的品类、潜在客户的活跃聚集地，以及自己的预算来细化选择。跨境电商的引流方式主要分站外和站内两种，下面以亚马逊平台为例来说明。

（1）站内引流渠道

① CPC 广告引流：这块的效果主要取决于产品转化率，listing 优化的质量以及价格。产品没有做好优化，价格太高，评价质量太差都会让广告的 ROI 过高。

② listing 排名引流：影响这块的主要是产品优化是否做到位，标题、卖点描述以及图片，产品的类目选择，都会影响产品销量排名。当产品排名越高，亚马逊产品权重越大，就会给你更多的流量曝光。

③ 站内活动引流：如优惠券、秒杀，还有满几件打几折等，都是效果比较好的站内引流活动。

（2）站外引流渠道

① 社交媒体引流

国外经常使用的如 Facebook、Twitter 等平台，现如今要引流已经相对比较难，已经不是单纯靠发折扣帖就可以吸引到很多流量和点击量了。但是这些平台用户的基础数据还很庞大，可以进行网红营销。通过关键词搜索，寻找相关度较高的网红，和对方达成合作；通过创意视频、种草帖均可以帮助卖家获得更多的曝光，效果不可估量。

② 视频网站引流

现在已经是视频为王的时代，TikTok 算是近年来火爆的短视频平台，培养属于自己的国外视频账号，从而引流到电商平台，已经是很多人在做的事情。YouTube、Instagram 也是不错的选择。可以预想，如果亚马逊也像淘宝一样做直播，培养一大批视频平台的粉丝大 V，竞争力肯定会很强。

③ 搜索引擎引流

搜索引擎最大的优势是灵活和精准，建议用 SEO 和 SEM 相结合的方式进行引流推广，可以在前期较快获取流量，也较容易提升海外站点排名。谷歌和 Facebook 是搜索引擎引流的主阵地，客户有需求基本会在这两个平台搜索，流量也相对会比较精准，广告费用也比较高，效果也相对不错，基于平台搜索数据，对跨境电商卖家的选品也有很大的参考意义。

④ 测评网站和导购促销网站引流

可以在谷歌搜索引擎上去查找相关的测评网站，有很多相关的资源介绍。也可以选择常用的导购促销网站来进行推广，优点是耗时短、合作快、见效快，属于长尾流量，用户黏性高，性价比高。不过这些平台均有自己的发布要求，包括评价数量要求、产品评分等，所以卖家在发帖前要看自己是否符合要求，否则有可能会被删帖。因此，Deal 是个脉冲式短期助力渠道，但是想依靠它来长期获得流量和销量并不可取。

⑤ 独立站引流

跨境企业搭建自己的独立站，规则可以自己掌握，有想法就可以想办法去落实。既可以自行设计，也可以套用平台现有的模板，在页面的设计和产品展示上都能有个性化的体现，同时可以向客户输出企业的文化，塑造企业的品牌。可以从自己公司的独立站官网引流到跨境电商平台，相对流量精准，也可以有不错的效果。

4．进行品牌塑造

良好的品牌形象可以帮助卖家提高竞争优势，促进用户消费，获得忠实用户群体。品牌塑造是持久战，鲜明、独特的品牌个性能在产品功能上赋予更深层次的情感价值，当用户的需求得到满足后，就会对品牌产生黏性。从中小卖家到大卖家，都需要有足够的品牌意识，可以从以下思路着手进行品牌建设。

（1）选择热门大品类中的细分赛道

对于中小型卖家来说，在热门大品类中与头部品牌竞争，是非常困难的事情，但如果选择热门品类中的细分赛道，就相当于从红海品类跨入了蓝海细分赛道。这样，中小型卖家成长为大卖家的机会就更大。比如汽车这一大类目，如果卖家选择的是以整车为切入点，那难度就要大得多；但如果以刹车片或其他零配件为细分定位，则更加容易切入，逆袭翻盘的概率也更大。

（2）在细分赛道中打出差异化

在小众赛道中，通过分析用户画像、购买行为、获得用户购买倾向和消费变化，来做出差异化定位。通过用户市场数据分析，深入了解用户使用产品的心得、痛点、反馈，从而来指导产品的迭代和创新，不断推出高性价比产品，为品牌留下更多的忠实用户。在满足用户需求的同时，为用户创造需求，在细节中创新，实现品牌的不可替代性，实现品牌溢价。

（3）品牌定位

高度依赖互联网、追求个性化、喜欢享受生活，这些是年轻人的标签，同时也是跨境品牌塑造要考虑的重要目标客户特点。因为年轻人是跨境消费的主力军，并且未来的消费潜力也非常大。每一代人都有每一代人的特点，首先要根据他们的性格特点，提前做好品牌规划，让品牌更好地俘获年轻人的心，塑造品牌个性，才能拉近品牌与消费者之间的距离。

成功的品牌定位可以充分体现品牌的独特个性、差异化优势，这是品牌的核心价值，也是品牌的灵魂所在，是消费者喜欢乃至爱上一个品牌的主要力量。当消费者可以真正感受到品牌的优势和特征，并且被品牌的独特个性吸引时，品牌与消费者之间建立长期、稳定的关系就成为可能。跨境企业应多关注用户的内在需求和情感需求，聚合资源，创新产品，实现品牌承诺，不断塑造自身。同时，制订的各种长短期营销计划都不能偏离品牌定位。

（4）规范品牌审美视觉

视觉定调是为了让用户通过相关场景，能一眼识别出品牌特性。比如，店铺的视觉风格、产品图片的视觉风格，以及产品实物等相关视觉，需要有统一识别力。

（5）通过权威背书

每个行业都有相关的行业测评平台，通过他们颁发的一些相关证书，可以为品牌背书。在条件允许的情况下，可以与行业大 V 合作，拍摄一些大 V 使用品牌产品的场景视频或者图片，可以有力地带动消费者对品牌的信任度和忠爱度。随着品牌的影响力提升，越来越多的用户会通过搜索品牌词来了解和购买品牌产品。用户对品牌词和品牌+行业词的搜索，说明品牌更进一步赢得了用户的认可，最终真正达到了品牌溢价的目的。

（6）加大品牌推广力度

通过品牌分析工具分析用户画像、搜索词表现以及单个产品的转化数据，再结合用户评价和行业调研，精准把控用户消费行为，实现精准销售的目标。

5. 优化服务体验

成功地将潜在用户引流到店铺或独立站后，想让他们达成购买意愿，甚至成为忠实客户或进行复购，就需要给他们较好的服务体验。服务体验是店铺和用户在互动中形成的，良好的服务体验是塑造品牌形象重要的一步，既可以带给用户愉悦感，又能很好地帮助企业将品牌形象传播出去。例如，美国一个比较大的电商企业 Zappos 在当地是出了名的服务好。Zappos 为了提高品牌忠诚度，客服 24 小时在线，很有耐心地回复每一个问题，还承诺买的鞋子如果不合适，可以免费换货和退货。这一服务理念被总结为"鞋合适就穿，不合适就换",并一直持续至今,成为品牌文化和营销策略的一部分,成功推广了品牌,还拥有了一批忠实顾客,提高了企业知名度并增加了企业收益。

良好的用户体验是影响消费者购物的关键因素之一,但大约只有不到一半的消费者得到了满意的用户体验,很多消费者在购物时是有不满的。良好的用户体验,也是差异化竞争中的重要战略之一。对于跨境卖家来说,除了物流,其他用户体验都是在线上的,因此网站的优化就变得尤为关键。设置在线客服、提供搜索功能、设置 FAQ、极速退款、简化购买流程等,都能提升用户体验。

【想一想】

跨境电商突破万亿规模,开启粗放式的发展模式后,跨境企业面临平台规则变化、消费市场规范化治理的多重挑战。在经历了物流费用和广告成本增长、多渠道营销逐渐普及、平台封号事件等诸多行业风波之后,很多企业开始重新思考自身发展模式。

想一想:这些企业该如何在实现业绩增长的同时提升品牌价值?

(三)跨境网络品牌营销案例

1. 蓝弦跨境网络品牌营销案例

蓝弦(Bluedio)是享誉世界的移动音频设备制造商,提供专业音频及无线通信解决方案。它创立于 2002 年,并于 2009 年在美国率先获得国家颁发的品牌注册商标,主张极致、时尚和简约,强调音乐是人类最重要的精神享受,专注于革命性创作信念,追求极致的生活态度。蓝弦以优质的产品(见图 7-2)以及服务,使其蓝牙耳机畅销国内外,得到市场及用户的认可。

图 7-2 蓝弦的产品展示

(1)坚定决心树品牌

深圳华强北是中国跨境电商 3C 卖家的货源集中地,但是这些产品不一定有自己的品牌，蓝弦选择推出自己的蓝牙耳机品牌，并将其成功推向海外市场。它利用电商平台、社交网站、邮件、博客、搜索引擎等推广渠道提升品牌知名度，向全世界公民传达品牌理念。

（2）做好产品布局和引流，以用户体验细节赢得客户

蓝弦非常注重细节，不断提升店铺经营技巧及用户体验。

① 做好基础工作

上传产品时它采用高质量的清晰图片，一般尺寸大于 1000×1000px；产品介绍包含外观、性能、价格的详细介绍；详情页一定要注明产品特点、售后保障服务，让买家能完整了解产品并信赖产品。

② 品牌注册和保护

保护产品，防止跟卖；申请产品加锁，防止产品资料被改；登记品牌，申请通用产品代码（Universal Product Code，UPC），也叫产品代码或条形码，是美国统一代码委员会制定的一种商品专用条码。

③ 引流（站内和站外）

站内，保证产品竞争力，图片、标题、促销和广告一定要认真做；站外，注重 SNS、EDM 和 SEO 和其他付费广告，利用 WordPress 博客平台建立自己的博客。最终吸引目标客户，产生客户黏性，实现重复购买。

④ 提升客户体验

第一封邮件营销告知客户产品已经发出，预计什么时候到达；产品到达后再发第二封邮件询问客户有什么需要帮助。

⑤ 产品布局策略

蓝弦品牌主要走精品化路线，会有规划地分阶段推出新产品，根据市场情况每个类目布局 3~5 款产品。时刻关注客户需求的变化及最新科学技术，做好产品自主创新、营销创新。结合公司自身的情况、客户反馈、跨境电商平台特点、同类产品分析、市场调查、展会反馈等做好产品定位。为国际消费类电子产品展览会（International Consumer Electronics Show，CES）提供样品，通过展会推广，非常有效果。

【想一想】

① 蓝弦畅销的秘诀在哪里？

② 跨境电商品牌该如何提升用户体验？

2. 赛维时代跨境网络品牌营销案例

赛维时代是一家以亚马逊平台销售为主的 B2C 跨境电商品牌公司，公司定位为时尚类跨境卖家，服饰品类收入占比约为一半，近两年百货家居、运动娱乐占比有所提升。赛维时代的竞争力在于品牌爆款占据头部链接，形成卡位优势，流量运营出彩，掌握爆款复制能力，数字化系统运营效率高。

赛维时代以亚马逊为主要销售渠道，北美为主要销售阵地。作为一家技术驱动型的跨境电商品牌企业，赛维时代通过快速反应能力满足全球消费者高品质、个性化的时尚生活需求。秉持"让美好生活触手可及"的使命，以全链路数字化能力和敏捷型组织为基石，逐步构建集产品开发设计、品牌孵化及运营、供应链整合等于一体的全链条品牌运营模式。

赛维时代已建立品牌矩阵雏形，多个品牌的多款产品居于亚马逊畅销榜细分品类前五，但与亚马逊培养的强消费者心智的品牌仍有距离。相比成熟的独立站，赛维时代旗下自营网站 SHE SHOW 社交流量占比较大，但仍依赖媒体投放种草等外部方式获取流量。赛维时代的成长发展历程，如图 7-3 所示。

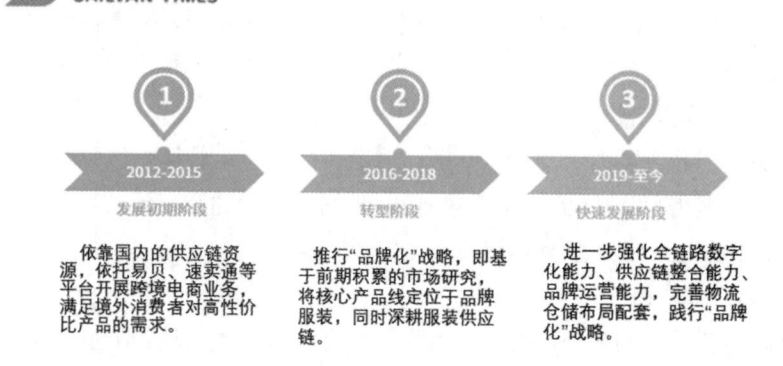

赛维时代 SAILVAN TIMES

① 2012—2015 发展初期阶段
依靠国内的供应链资源，依托易贝、速卖通等平台开展跨境电商业务，满足境外消费者对高性价比产品的需求。

② 2016—2018 转型阶段
推行"品牌化"战略，即基于前期积累的市场研究，将核心产品线定位于品牌服装，同时深耕服装供应链。

③ 2019—至今 快速发展阶段
进一步强化全链路数字化能力、供应链整合能力、品牌运营能力，完善物流仓储布局配套，践行"品牌化"战略。

图 7-3 赛维时代成长发展历程

赛维时代在亚马逊平台打造爆款和自有品牌的能力强，不同品类爆款多点开花，链接形成后可产生飞轮效应巩固先发优势。目前，赛维时代的服饰配饰品类涵盖家居服、女装、男装、功能服等领域，以满足全球消费者多样化、时尚化、个性化的着装需求。截至 2021 年末，赛维时代共拥有主要发明专利 2 项、实用新型专利 6 项、外观设计专利 165 项，合计 173 项，另有主要软件著作权 110 项。赛维时代的业务需求和研发特征共同决定了其在大数据技术应用及底层信息系统构建方面的同行业领先地位。

赛维时代以数据驱动销售运营，实现站内外广告自动投放，达到品牌孵化运营的"精细化""自动化"。品类复制叠加先发优势，公司销售额超过千万的 SPU 数量逐年增加，驱动收入持续提升。赛维时代已孵化了三十多个营收过千万元的自有品牌，占总销售收入的 72.75%，其中十多个品牌营收过亿元。

【想一想】

亚马逊对同一主体直接拥有多个账户的情况进行管控，但并未明确限制间接控制账户开设多个网络店铺的经营行为。因此很多公司用大量子公司账号开店并未明确违反相关电商平台现行有效的注册及运营规定，未突破平台开店数量限制。该模式普遍应用于跨境电商行业。赛维时代的 A 股上市申报材料及审核问询回复显示，赛维时代的 822 家子公司仅用于开立店铺，并未实际经营。

想一想：多账号开店是否符合亚马逊平台的注册及运营规定？是否可以规避平台开店数量限制？该情形是否在同行业中普遍存在？

3. SHEIN 跨境网络品牌营销案例

在欧美市场，快时尚行业因鼓励过度消费引发质量和环保问题而饱受诟病，因此可持续时尚频频高调进入公众视野。但这并没有阻挡中国快时尚跨境品牌 SHEIN 的"低调"野蛮生长。在 YouTube 上搜索 SHEIN，大家可以发现大量视频博主分享她们在 SHEIN 上购买女装的经历，测评衣服的上身效果和性价比。在照片分享平台 Instagram 上，SHEIN 的官方账号粉丝高达 2400 万。"SHEINinspo"话题下，成千上万的女孩分享她们的 SHEIN 穿搭。打开 SHEIN 的美国官网，满屏的欧美快时尚风格，不少消费者以为这是一家美国土著公司。

根据"2022 年 BrandZ 中国全球化品牌 50 强"榜单，SHEIN 排在第 10 位，排在字节跳动、阿里巴巴、华为、小米、联想、海尔等品牌的后面，排在腾讯、青岛啤酒、中国航空、大疆、TCL 等品牌的前面。数据显示，在 2022 年五一劳动节期间，SHEIN 登上苹果应用商店美国地区所有类别 App 下载排行榜榜首，超过了 TikTok、Instagram 和 Twitter 等社交 App，远远领先亚马逊，估值高达千亿美元，高于京东，顶得上两个拼多多，堪称"中国最隐秘的跨境电商独角兽"。优秀的跨境品牌营销和策划能力，是 SHEIN 成功的关键。

（1）以低价和时尚锁定目标消费者

有个消费群体叫 Z 世代，大意是 1995 年到 2009 年之间出生的人，也被称为网络时代人、互联网时代人，是受互联网、平板电脑、智能手机等一些科技产物影响较大的一代人。这是一个对价格极其敏感且挑剔的族群，55%的 Z 世代认为价格是购买时尚产品时最重要的因素，SHEIN 在推广时始终突出低价和时尚的搭配，使消费者心甘情愿为其买单。

（2）有效利用海外网红营销

SHEIN 成立之初就开始大量合作各种类型的网红 KOL，主要是时尚、风格、美容、化妆品等类型，从粉丝不足一万人的 KOL，到粉丝几百万人甚至上千万人的重量级红人。形成了小网红做流量和外链，中部网红带货，头部大网红做品牌传播的有机流量生态环境。同时，SHEIN 还深谙明星偶像的力量，虽没有明星代言人，但是凭借时尚度获得了明星的青睐。

（3）联盟营销计划

SHEIN 还在其官网的左下角设置了联盟营销计划，邀请世界各地的粉丝加入其联盟计划，推广其产品，在社交媒体进行病毒式传播。在这种营销模式下，SHEIN 打造了核心竞争力，精准定位了受众人群，同时打响了在海外的知名度。网红和粉丝在自己的社交媒体上宣传 SHEIN，让潜在客户点击帖子，下单即可获得佣金。很多网红名人乐此不疲，歌手兼 YouTube 主播金佰利·洛艾莎就连续几个月一直分享其在 SHEIN 的专属折扣代码。

（4）打造内容品牌力

SHEIN 的用户多为年轻群体，他们更多希望通过社交媒体充分表达自己的意见，分享自己对服装的体验，传播自身的心情与感受。因此 SHEIN 十分重视消费者的真实体验，善于进行联合内容营销，聚焦用户互动，传递品牌温度。创建了充满活力又趣味相投的购物者社区，让大家可以在这里面分享他们的服装风格和灵感来源，带来了源源不断的真实流量，不但为品牌流量注入了活力，还能潜移默化地塑造品牌形象，推动很多博主自发为 SHEIN 种草宣传。

【想一想】

① SHEIN 为什么可以让人上瘾？
② SHEIN 的品牌化转型，是从哪几个方面进行的？

品牌建设是跨境电商企业摆脱同质化竞争，实现差异化突破的主要途径。但品牌的形成并非一朝一夕，只有经过日积月累的打造，才能走向成功。在多元化态势下，中国品牌想要赢在这一阶段，不仅要从流量思维转变到产品和用户思维，更需要在产品开发、品牌建设和市场营销方面采取更"长期主义"的策略，将盈利能力放在这场"持久战"的核心。在用户思维的大背景下，盈利不能单纯通过节省成本或是缩减支出来实现，而应该通过布局"多元化"战略来达成。

【任务小结】

通过该任务的学习，学生能够了解跨境网络品牌营销的相关知识，并能将所学的知识应用到营销策划当中，为跨境企业解决实际运营中遇到的问题出谋划策。

【任务评价】

根据表 7-2 进行评价。

表 7-2 跨境网络品牌营销策划学习评价表

评价内容	自我评价（30分）		同学互评（30分）		教师评价（40分）	
	分值	平均分	分值	平均分	分值	平均分
认识品牌营销	10		10		10	
跨境网络品牌营销策划流程	10		10		10	
跨境网络品牌营销案例	10		10		20	

【拓展实训】

很多全球化品牌的国内代工企业单单赚钱、现金流稳定，赚得盆满钵满。发展到一定规模后，很多代工企业就想做自有品牌，但事实上，能成功的是极少数。

同样质量的产品，代工企业的产品比一些大品牌有很大的成本优势，可为什么他们做自有品牌会失败？

任务二　跨境网络产品营销策划

【学习目标】

◎ 知识目标
1．了解产品营销及产品营销价值相关的概念。
2．熟悉跨境网络产品营销策划流程。
3．熟悉跨境电商产品营销策略。

◎ 技能目标
1．能分析产品营销案例。
2．能策划跨境产品营销方案。

◎ 素质目标
1．培养学所有长、学有所用的职业素养。
2．善于捕捉产品市场的动态需求。

【思维导图】

跨境网络产品营销策划
- 认识产品营销
- 跨境网络产品营销策划流程
- 跨境电商产品营销案例

【任务背景】

在小张策划的跨境品牌营销方案得到领导和同事们的高度赞扬，首战告捷后，小张要进一步为该公司策划一份跨境网络产品营销方案。面对这个新的工作任务，小张想要尽快了解跨境网络产品营销的相关知识，包括产品、产品策略，以及如何策划产品营销方案等内容。

【任务实施】

（一）认识产品营销

1．产品营销定义

企业的产品营销策略是其市场营销组合策略中的重要组成部分，是企业采取的一系列有关产品本身的具体营销策略,也指企业在生产、销售产品时所运用的一系列措施和手段。主要包括商标、品牌、包装、产品定位、产品组合、产品生命周期等方面的具体实施策略。良好的产品策略可以帮助企业在激烈的市场竞争中获得优势,包括产品定位、产品组合策略、产品差异化策略、新产品开发策略、品牌策略以及产品的生命周期运用策略。

【相关知识】

产品的五个基本层次

产品的五个基本层次如表 7-3 所示。

表 7-3 产品的五个基本层次

序 号	产品层次	具 体 内 涵
1	核心产品	是指向顾客提供的产品的基本效用或利益。从根本上说,每一种产品实质上都是为了解决问题而提供的服务
2	形式产品	是指核心产品借以实现的形式,由五个特征构成,即品质、式样、特征、商标及包装
3	期望产品	是指购买者在购买产品时期望得到的与产品密切相关的一整套属性和条件
4	延伸产品	是指顾客购买形式产品和期望产品时附带获得的各种利益的总和,包括产品说明书、保证、安装、维修、送货、技术培训等
5	潜在产品	是指现有产品包括所有附加产品在内的,可能发展成未来最终产品的潜在状态的产品

2. 产品营销价值

(1)驱动产品创新

现在,我们似乎越来越少见到通过一个大创意引爆传播的案例。相反,越来越多的营销思路成为提高产品附加值的有效途径,从而带动产品销售。互联网产品在这方面有天然的优势,体验最为直接。

比如,微信红包是最为经典的案例之一。单拿微信红包这个产品本身来说,它是一次不折不扣的创新,颠覆了传统的发红包方式,让中国人发红包的习惯借助微信这个强关系平台更加便利地实现。微信红包的成功,本身就是微信开发的一个创新功能,不仅进一步提升了微信的用户体验,还为腾讯的移动支付拿下了更多的市场份额。

(2)提升产品力

营销渠道都是手段,产品力才是王道。这一点在当下的手机产品营销中,体现得淋漓尽致。以华为手机产品为例,华为在产品和技术上,确实做到了行业领先。毕竟手机是高科技产品,不同技术功底的产品,在体验上是有明显差别的。华为通过品质过硬的产品,口碑不断提升,使公司扎扎实实的技术范儿也得到了展现。

总之,大家并不需要把产品和营销刻意对立起来,将两者融合起来,才能取得更好的推广效果。

（二）跨境网络产品营销策划流程

作为一个跨境卖家应该非常清楚地了解自己的核心消费市场在哪里，客户的需求点在哪里，店铺的特色在哪里，自身的优势在哪里，这些是店铺经营成功的前提，所有的后期推广和运营都以这些为基础。因此，选品是直接影响店铺销售业绩的主要因素之一，错误的产品选择不仅浪费卖家的时间，而且会带来滞销等问题。以下是几个简单有效的产品营销策略：

1. 了解海外市场需求

卖家可以通过谷歌、亚马逊等平台输入关键词搜索一些目标海外市场的网站或商店，进入这些卖家的热门排名，了解平台上相关产品的性能。例如，有多少卖家提供这个产品？它有多少评论或销售历史纪录？买家的反馈是什么？这些都可以成为未来产品选择的基础。

2. 细分商品和利基商品

所谓利基商品，是指对应流行商品的普通商品。虽然消费者追求个性化需求的趋势越来越强烈，但是当他们能够通过某种渠道找到自己想要的商品时，流行商品在他们眼中就不再有价值。一般来说，利基商品受众不多，但需求不一定少，竞争力相对较强，也是社交平台或论坛网站关注和讨论的焦点。目标客户很容易在互联网上找到。例如，大码服装、左撇子专用商品等。因此，大类下的细分商品可能是蓝海商品。

3. 确定目标市场

欧美市场、东南亚市场和中东市场都有不同的需求。例如，在欧美的主流国家中，有相当多的品牌和市场竞争。欧洲二线国家的市场竞争是成本效益，而东南亚的市场竞争是价格。因此，目标市场群体分析和产品定价是产品选择阶段需要考虑的重要因素。

4. 发现商品趋势

跨境电子商务的核心是抓住终端用户。目前，社交媒体是最大的市场需求聚集地。卖家平常可以多关注一些社交网站和流行博客，比如关注 Pinterest、Facebook、Twitter 等社交媒体平台的流行词汇，分析平台上的用户提到的类别和风格，以掌握最新的商品动态。社交媒体营销具有趣味性、精准性等特点，也可以最大限度地留住现有用户，同时也为跨境电子商务带来更大的发展潜力和更具黏性的管理方法，从而保证企业的有效收益。社交媒体营销也是当前经济形势下最重要的网络营销手段之一。

5. 选择引流技巧

通过海外社交媒体渠道设置最火爆的关键词为热搜话题，是 Facebook、Twitter 以及 Instagram 等平台当前内容营销的新趋势。热搜词有助于企业在合适的时间获取合适的受众，把目标受众吸引到其网站上。

（三）跨境电商产品营销案例

1. 江小白跨境产品营销案例

一个白酒品牌，从零做起，每年销售额同比增长100%，短短五年销售额突破10亿元，成为红遍全国的酒类"黑马"，一句"我有一瓶酒，有话对你说"的开场白，奠定了江小白的江湖地位。

这杯"青春小酒"，以"轻"口味高粱酒的形象，让白酒年轻化、个性化，改变了白酒行业几千年来的认知，在年轻消费者心中形成了一种独有的品牌认知。江小白相当于"80后"和"90后"的情绪化酒精饮料，从而占领了这两代人的消费心智。

很多人认识江小白，是从它的文案开始的。源于都市的孤独症和焦虑症，江小白对瓶身进行创意营销，让瓶身变成表达瓶，成为年轻人表达态度和行为的载体，让他们可以发朋友圈炫耀："看，我的广告语印在江小白的瓶身上了！"

同时，江小白也稳步推进了出海战略，如今在日本、韩国等地，也可以经常见到江小白旗下产品的身影，成为中国白酒在海外的新名片。这一现象的出现表明中国生产的酒水产品正在改变其原有的标签，国际化趋势变得越来越明显。

饮酒文化浓郁的日本，不乏各种酒水品牌。在东京的高档超市里，更是云集了来自全球的酒类产品，竞争激烈。江小白是当地货架上非常抢眼的元素，它除了包装别具一格外，产品的品质也大获好评，在当地拥有数量庞大的粉丝。这样的现象不只发生在日本、韩国等国家，江小白早已融入了大家的生活，甚至衍生出了"江小白配刺身""叉烧鸭配江小白"等极具当地特色的餐酒文化。

国际酒水市场角逐激烈，江小白为什么能够成为海外爆款呢？一个很重要的原因是基于江小白对国际饮酒趋势的深入洞察。据了解，国外很多消费者喜欢饮用低度酒，"健康微醺"文化浓郁，江小白以高粱酒作为酒体，研发出了众多的"混饮"产品，且针对不同国家消费者的需求，推出了不同的系列，真正做到了投消费者所好。

除此之外，江小白还一直在打造自己的文化标签，让消费者对中国的酒水产品产生认同感。在江小白看来，进军国际市场绝不仅仅是把中文标识翻译成当地语言，而是要做好文化的输出，让海外的消费者在品尝好喝的酒的同时，还能感受到其中所蕴含着的中国文化，读懂中国故事，进而长期锁定消费群体。

早在2016年，江小白的首批高粱酒就顺利通过检验，出口到韩国，此举标志着江小白国际化进程的开启。时隔五年之后，江小白已经实现了在全球近30个国家和地区的覆盖，特别是在日本和韩国市场上拥有了非常高的品牌美誉度和知名度。相关数据显示，江小白在2018—2020年的总销量超过了5亿瓶，在海外市场的销量也与日俱增，这张靓丽的中国名片也正在越来越多的海外地区亮相，更立体、更全面、多角度地展示中国"质造"的魅力。

【想一想】

① 结合案例分析江小白的成功因素有哪些？
② 江小白通过什么手段延长了产品的生命周期？

2. 安克创新跨境产品营销案例

安克创新科技股份有限公司（以下简称安克创新）成立于 2011 年，是国内营收规模最大的全球化消费电子品牌企业之一，专注于智能配件和智能硬件的设计、研发和销售，连续 3 年成为"Brand Z 中国出海品牌"TOP 10，畅销 100 多个国家和地区，全球用户近亿人，其产品多次成为欧美市场线上销量冠军。安克创新的业务从线上起步，海外销售渠道主要为亚马逊、易贝、独立站线上平台，在亚马逊等境外大型电商平台上占据领先的行业市场份额，拥有很高的知名度和美誉度。同时在北美、欧洲、日本和中东等发达国家和地区，通过与沃尔玛、百思买以及贸易商合作，线下收入增长迅速。

作为精品跨境电商龙头，安克创新主营跨境出口业务，专注消费电子智能移动周边赛道，成功打造以 ANKER 为中心的品牌矩阵。公司借助亚马逊平台打开海外市场，销售区域广阔，已经成为全球范围内消费电子行业知名度和品牌力领先的国产品牌。

采用精品模式的跨境电商盈利能力强，运营效率高，有更强的抗风险能力，其重视品牌塑造的特性契合海外消费市场环境，成长空间广阔。消费电子品类是跨境出口核心品类之一，细分赛道创新不断，新一代 5G 通信技术正与各领域集成融合，智能硬件市场快速发展，公司新品开拓有望持续受益，随着人工智能物联网产业的发展而快速成长。

安克创新在产品力、品牌力、渠道力三个方面构筑护城河，深耕消费电子赛道，把握跨境电商行业机会。产品上，依托国内产业链制造优势，持续创新丰富品类矩阵；渠道上，不断完善线上线下全渠道布局，渠道覆盖更加成熟；品牌上，正向循环已经启动，品牌形象贡献高溢价支撑持续的品牌建设，不断巩固品牌地位，持续助力长期发展。安克创新成功打造 ANKER 品牌，形成良性循环，有望成为精品跨境电商发展的最优范本。

从产品质量来看，安克创新专注于充电小事，实力成就品质，研发投入领先，创新驱动发展，超 1000 个知识产权，10 个研发专利，发明 PIQ 3.0 技术，兼容苹果和安卓系统，首个将氮化镓技术引入充电产品，获得包括红点奖在内的 21 个国际大奖。

从产品结构来看，充电类产品是安克创新的业务支柱。最主要的自有品牌 ANKER 以充电类产品发家，至今已覆盖无线音频类、智能创新类产品，进一步丰富品类布局。公司的充电类产品主要为 ANKER 品牌的移动电源、充电器、充电线、拓展坞、带线多位插座等系列产品。由于疫情影响差旅需求大幅下降，移动电源收入有所降低，但受益于快充需求的快速提升，公司充电类产品收入仍呈现同比快速增长的态势，随着品牌品类不断丰富，公司收入呈持续上升趋势。

【想一想】

① 安克创新采取了什么产品营销战略?

② 从电商运营的角度看,跨境 B2C 电商可以分为两种模式:精品模式和大卖模式。请查询资料回答,安克创新的精品模式和大卖模式在选品和运营策略上有什么不同?

【任务小结】

通过该任务的学习,学生能够了解产品营销、产品营销价值、产品营销策略,能够结合案例的学习制定简单的跨境产品营销策略。

【任务评价】

根据表 7-4 进行评价。

表 7-4 跨境网络产品营销策划学习评价表

评 价 内 容	自我评价（30分）		同学互评（30分）		教师评价（40分）	
	分值	平均分	分值	平均分	分值	平均分
认识产品营销	10		10		10	
跨境网络产品营销策划流程	10		10		20	
跨境电商产品营销案例	10		10		10	

【拓展实训】

1. 产品物美价廉、服务优质到位、设计新颖时尚……很多国货已经用实际行动撕掉了"质量差""档次低"的标签。部分国货甚至玩起了新老品牌的跨界联名,传统文化与时尚元素混搭,打造出了不少爆款产品,成为"新国货"。请选一款新国货产品,为其制订一份跨境产品营销方案,帮助其成为附加值更高的跨境新品牌。

2. 查阅资料,你还知道哪些国内冷、国外热的跨境爆款产品?

跨境品牌数据

任务三　跨境网络活动营销策划

【学习目标】

◎ 知识目标
1. 了解活动营销的概念。
2. 了解跨境电商节日。
3. 了解跨境电商活动营销策略。

◎ 技能目标
1. 熟悉跨境电商节日对应的销售热点。
2. 能策划活动营销方案。

◎ 素质目标
1. 培养学生自主探究的学习能力。
2. 激发学生对跨境电商的职业向往与热情。

【思维导图】

跨境网络活动营销策划
- 认识活动营销
- 跨境网络活动营销策划流程
- 跨境网络活动营销案例

【任务背景】

小张的产品营销方案再次得到了公司领导的认可，接下来，他又要为公司策划一份跨境网络活动营销方案。因此，小张现在需要尽快对跨境网络活动营销策划相关的内容进行全面了解，包括活动营销是什么，应该在哪些时间开展活动营销，如何策划开展活动营销等知识。

【任务实施】

（一）认识活动营销

1. 活动营销的定义

所谓的活动营销（Event Marketing）是指企业通过介入重大的社会活动或整合有效的

资源策划大型活动，而迅速提高企业及其品牌知名度、美誉度和影响力，促进产品销售的一种营销方式。简单地说，活动营销是围绕活动而展开的营销，以活动为载体，使企业获得品牌知名度的提升或是销量的增长。

2．活动营销的价值

（1）提升品牌的影响力

一个好的活动营销不仅能够吸引消费者的注意力，还能够传递出品牌的核心价值，进而提升品牌的影响力。那么，如何让品牌的核心价值为消费者所认同呢？关键就是要将品牌核心价值融入活动营销的主题里面，让消费者接触活动营销时，自然而然地受到品牌核心价值的感染，并引起消费者的情感共鸣，进而提升品牌的影响力。

（2）提升消费者的忠诚度

活动营销是专为消费者互动参与打造的活动，能够提升消费者对品牌的美誉度，进而提升消费者的忠诚度。

（3）吸引媒体的关注度

活动营销是近年来国内外十分流行的一种公关传播与市场推广手段，集新闻效应、广告效应、公共关系、形象传播和客户关系于一体，并为新产品推介、品牌展示创造机会，建立品牌识别和品牌定位，是一种快速提升品牌知名度与美誉度的营销手段。

近年来，互联网的高速发展给活动营销带来了巨大契机。通过网络，一个事件或者一个话题可以更轻松地进行传播和引起关注，成功的活动营销案例开始大量出现。

（二）跨境网络活动营销策划流程

活动策划包括活动目的的确定、目标客户的设定与筛选、活动内容设计以及活动效果预估。

1．明确活动目的

营销活动是指在一个营销策略主轴下展开的一系列前后关联的活动，任何营销活动都必须达到三个目的中的至少两个：强化品牌认知与好感度、带来有效销售线索或在某一议题上建立权威性。

2．设定、筛选目标客户

设定明确的目标客户，其要点在于不要把两种性质的客户混在一个活动中，会导致活动没有重点（如把企业端客户与零售端客户混在一起）。选好目标客户群后需要再做细分，建议选择3~4个细分目标客户群，聚焦经营可以避免营销活动平庸化，可优先邀约有潜力的客户。

3．设计活动内容

活动设计要能让被邀请的人听说活动讯息后产生强烈的参与意愿，与活动相关的人、事、地、物具有特殊性、稀少性，依靠个人能力较难取得；与客户风格、偏好、品味、需求、价值观吻合；让客户有机会自己参与操作，而不是被动地听和看。活动内容的设计或者与产品高度相关，或者能增加客户与企业的互动，创造客户接触机会。

4．预估活动效果

预估活动的成功邀请率和销售转化率，估计活动投报率。评判标准是新客户活动投报率为250%，老客户活动投报率为400%。如果预估投报率大大低于这个标准，活动是否应该举办值得考虑。具体公式如下：

投报率 = 90天内成功销售的营收金额/营销投入

预估累计成功销售数量 = 联系数量×成功邀请率×预计累计销售转化率，其中成功邀请率 = 实际参加活动人数/被联系的所有人数

假设：活动涉及300位潜在客户，根据过去的经验，成功邀请率预估为30%，活动之后7天、30天、90天内的销售转化率预估分别为20%、30%和40%，则预估累计成功销售数量的计算结果如下：

7天：300×30%×20% = 18

30天：300×30%×30% = 27

90天：300×30%×40% = 36

（三）跨境网络活动营销案例

1．欧美"黑五"跨境网络活动营销案例

欧美地区为"黑五"活动营销的第一市场选择。SHEIN、Temu的势头，也借助于美国线上消费的持续兴起。

（1）SHEIN"黑五"活动营销

SHEIN在"黑五"时期，全场低至0.1折，许多珠宝饰品低至0.26美元，服装、美容产品也有不少低于10美元。除此之外，SHEIN还在北美的多个社交媒体上发放了折扣码，在官网基础上折上折。比如输入折扣码CBFDA，可以满49美元减15%、满99美元减20%之类。许多与SHEIN合作的KOL，还有自己专属的折扣码，能令其粉丝再享折扣。

折上折、博主专属口令，这些玩法对于中国消费者来说并不陌生。甚至中国春节的"集福字领福利"活动也以另一种形式出现在SHEIN的促销上。SHEIN公告显示，"黑五"期间，用户可通过App或官网收集含有"S、H、E、I、N"这几个字母的卡片，凑齐SHEIN卡片的用户可以获得5000万的积分点。

（2）Temu"黑五"活动营销

进军美国市场只有几个月的Temu，在某次"黑五"期间下了血本。不仅产品价格击穿地板，还推出各种售后承诺，比如购物满0.1美元包邮、用户超过14天未收到货将免单、90天不满意全额退款。眼花缭乱的活动和疯狂补贴，都为了Temu在美国能更出圈，如图7-4所示。

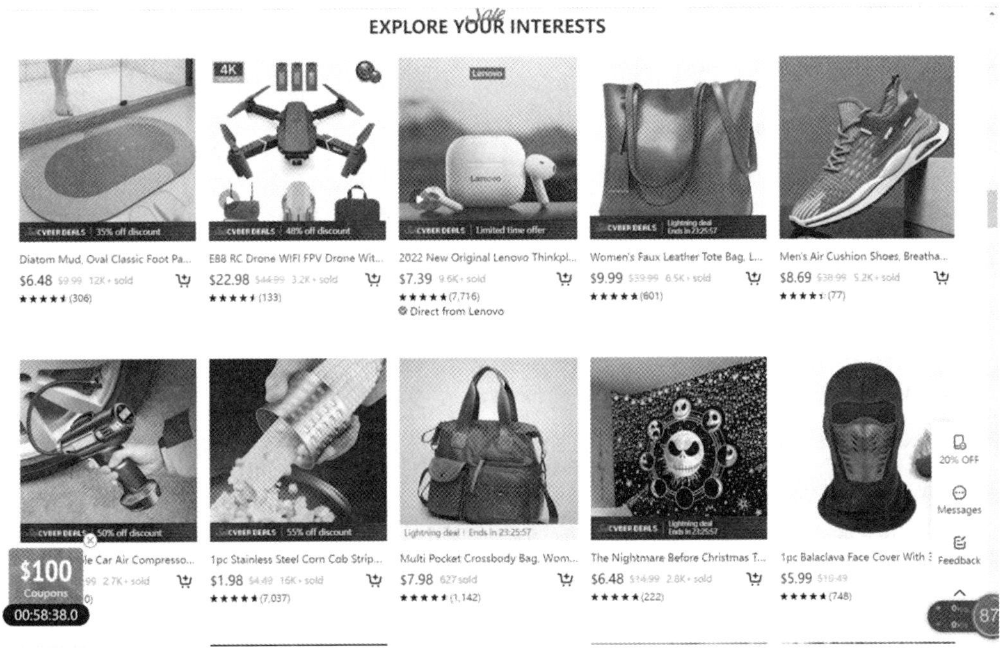

图 7-4 Temu "黑五"促销

"黑五"作为海外购物节始于线下大促,近年来随着跨境电商的参与度逐步提高,线上商店打折力度加大,吸引了大量用户转向网购。"黑五"也是各大出口跨境电商平台每年一度的大促节日,对平台激活老用户、扩展新用户、提升业绩等都有良好的作用。

【想一想】

跨境电商进口平台是否有"黑五"活动营销?请举例说明。

2. 东南亚"双十一"跨境网络活动营销案例

东南亚的"双十一"主战场仍在 Lazada、Shopee 两大东南亚跨境电商平台上,订单成交量、热销商品数、参与用户数量再次刷新纪录,热卖效应已大幅超越部分大促节日。

(1) Lazada 平台"双十一"活动营销亮点

① 偏爱明星,流量造势

为契合东南亚疫情后的消费复苏及当地年轻人的潮流追求,Lazada 邀请在东南亚各国的品牌代言人、当地正当红的潮流明星助阵,通过一系列娱乐营销新玩法,将氛围直接拉满。

② 线上线下联动营销,全面引爆购物热潮

在线上,Lazada 开启了长达五天的 LazLive+购物狂欢节,届时当地正当红的潮流明星将现身 LazLive 直播间,消费者通过 LazLive 观看直播的同时,也能赢取种类丰富的购物优惠券,再现一场引爆东南亚网络的大型"购物+娱乐"盛典。

在线下，11 月 10 日晚上，Lazada 在东南亚多个城市一同开启了规模盛大的"双十一"倒计时活动，邀请各国当红明星现身活动现场，在如潮粉丝的尖叫声中开启"双十一"盲盒，欢庆"双十一"的到来。

③ 大幅让利，激发购物欲

"双十一"大促当天凌晨 0 点到 2 点，东南亚消费者可以享受 Lazada 限时专属的疯狂品牌大促优惠，最大折扣幅度可达 7 折。

（2）Shopee 平台"双十一"活动营销亮点

① 当地网红助阵，激发消费热情

为汇聚更高流量，Shopee 邀请当地网络红人参与大促广告片宣传，激发消费热情。Shopee"双十一"年度网购盛宴请来各路大咖携魔性 BGM 和舞台来助阵，推出超"洗脑"的广告片，为众多卖家引流。

② 差异化本土打法，调动消费者情绪

Shopee 在大促期间推出多重免运礼遇、超值优惠券等福利回馈消费者，并根据各市场不同的网购习惯，为消费者呈现差异化本土玩法。

在越南，Shopee 推出 0 元免运、返现 50%等优惠；在菲律宾，为迎合"圣诞季"，Shopee 重点促销装饰灯串、装饰品等产品；在马来西亚，Shopee 结合当地文化定制平台内小游戏，消费者既可通过游戏获得轻松愉悦的互动体验，又有机会赢取豪华轿车奖品；在泰国，消费者可享受天天 0 元免运，还能领取平台高达 1111 泰铢的优惠券，享受全年最大折扣力度；在新加坡，Shopee 为买家返现 70 新币并发放品牌满减优惠券。

【想一想】

你认为东南亚市场的 Lazada 和 Shopee 平台的"双十一"活动营销策划哪一个更好？为什么？

【任务小结】

通过该任务的学习，学生能够了解活动营销的基本理论、目的、意义以及跨境活动营销策划的关键，熟悉跨境电商节日及相应的营销热点，能结合这些营销热点策划简单的跨境电商活动营销。

【任务评价】

根据表 7-5 进行评价。

表 7-5　跨境网络活动营销策划学习评价表

评 价 内 容	自我评价（30 分）		同学互评（30 分）		教师评价（40 分）	
	分值	平均分	分值	平均分	分值	平均分
认识活动营销	10		10		10	
跨境网络活动营销策划流程	10		10		10	
跨境网络活动营销案例	10		10		20	

【拓展实训】

因目的国宏观政策变化导致的物流清关延误，某企业之前几个月售出的爆款产品——便携式果汁杯因未及时送达导致客户批量退货。12 月初，该款产品集中到货后仓库出现大量积压的情况，请把握近期几个重点节假日的销售契机，为该企业策划一场营销活动，在 1 月中旬前解决库存问题。

附录 A：实训平台免费账号开通指引

本教材配套实训平台账号开通流程如下：

步骤 1：关注广州大洋教育科技股份有限公司公众号，在微信搜索"广州大洋教育科技股份有限公司"或者 ID：itdayang，在消息框发送"试用账号申请"，如图 A-1 所示。

图 A-1　在公众号留言申请试用账号

步骤 2：根据系统回复选择对应身份进行试用账号的申请，申请时相关信息需如实填写，如图 A-2 所示。老师可为授课班级的所有学生统一申请帐号，学生无需单独申请；如无老师代为申请，学生可以个人申请操作。

图 A-2　填写账号开通信息

注意：无论是老师还是学生，在申请实训平台账号时，请务必在需求栏输入以下内容："跨境电商网络营销教材配套实训账号"，如图 A-3 所示。

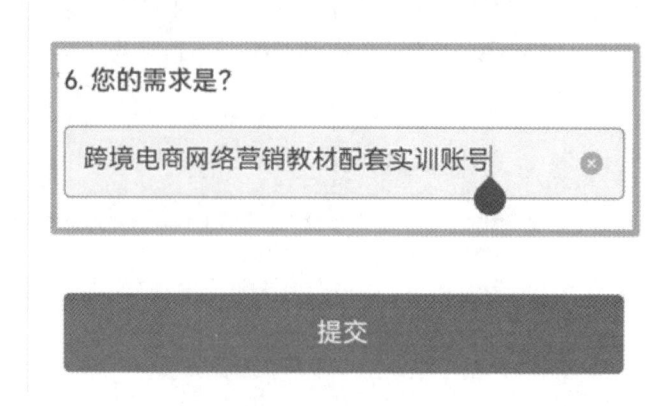

图 A-3 需求信息填写

步骤 3：2 个工作日内，大洋教育客服人员会联系您进行身份信息确认，核实情况后会为您免费开通试用账号，请及时留意公众号信息回复，一般回复内容如下：

"XXX 您好，您的试用账号是 XXX，密码是：XXX，学习网址是 www.xxx.cn。"

步骤 4：请使用谷歌浏览器打开酷校平台官网，使用已开通的账号、密码登录平台，如图 A-4 所示。

图 A-4 登录酷校平台

步骤 5：登录酷校平台之后，点击右上角的"学习中心"选项（见图 A-5），即可开启学习之旅。

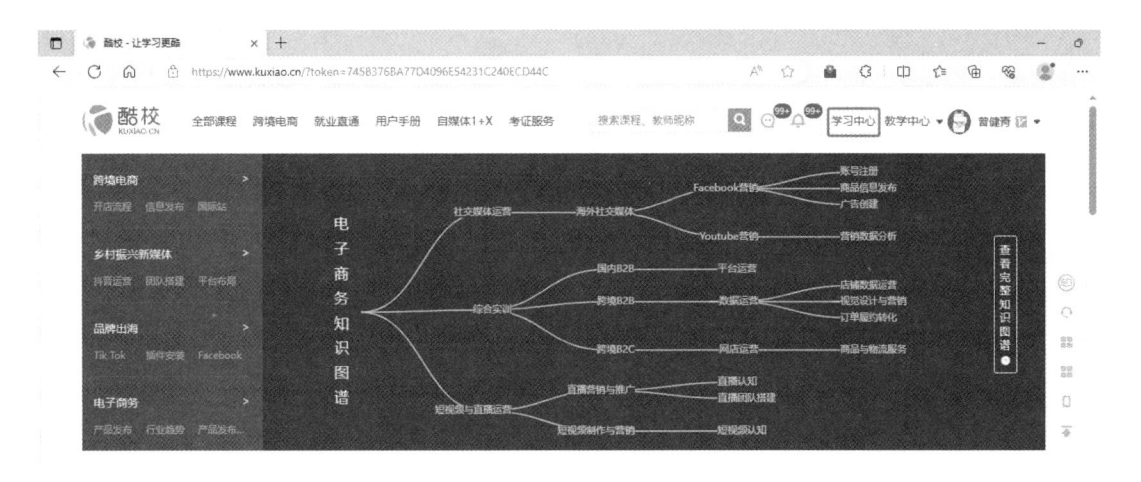

图 A-5 进入学习中心

特别提醒：在使用账号的过程中，如有任何疑问，请及时通过广州大洋教育科技股份有限公司公众号进行咨询。

参考文献

[1] 潘百翔，李琦. 跨境网络营销[M]. 北京：人民邮电出版社，2018.

[2] 徐娟娟，郑苏娟. 跨境网络营销[M]. 北京：电子工业出版社，2019.

[3] 陈璇. 跨境电子商务网络营销[M]. 北京：电子工业出版社，2021.

[4] 胡国敏，王红梅. 跨境电商网络营销实务[M]. 北京：中国海关出版社，2018.

[5] 徐鹏飞，王金歌. 跨境电商独立站运营——Shopify 从入门到精通[M]. 北京：电子工业出版社，2021.

[6] 张国文. 亚马逊跨境电商运营实操大全[M]. 北京：化学工业出版社，2022.

[7] 卞凌鹤. 跨境电子商务速卖通运营[M]. 北京：清华大学出版社，2022.

[8] 李文渊，李志超，张绿明，等. Lazada 官方跨境电商运营全书[M]. 北京：电子工业出版社，2020.

[9] 刘敏，王言炉，高田歌. 跨境 B2B 平台运营[M]. 北京：电子工业出版社，2019.

[10] 陈德人. 网络营销与策划：微课版[M]. 2 版. 北京：人民邮电出版社，2022.

[11] 祁劲松. Google AdSense 实战宝典：用谷歌广告联盟出海赚美元[M]. 2 版. 北京：电子工业出版社，2018.

[12] "跨境电商 B2B 数据运营" 1+X 职业技能等级证书配套教材编委会. 海外社会化媒体营销[M]. 北京：电子工业出版社，2021.